仕事に生かす
アート思考

感性×論理性の磨き方

はじめに

最近、強く感じることがあります。

若い人が可能性はあるのに、飛べない雰囲気があることです。

面白いのかな、ワクワクするのかな、本当にやりたいのかな……。

今、次世代を担う30～40代の多くの方と様々な仕事や研修で接していると、その優秀さに驚かされます。社会課題をしっかり捉え、論理的に物事を考え、議論することができる、そういった方が多い。だけど、何かが足りない。心が揺さぶられない。

彼ら、彼女らがつくるビジネス構想も、一見、ＡＩ（人工知能）やＶＲ（仮想現実）など新しい技術を取り入れ、しっかりきれいに資料を作成していて、よくできたビジネスモデルのように思える。けれど蓋を開けてみると、特に新しい価値が提供されているのではなく、既存の価値を切り貼りしてきれいにつなぎ合わせただけだったりする。

能力はあるけど、枠にはまってしまっていないか、と私は感じます。

枠がポンと外れるとびっくりするほどのエネルギーを発揮し、どんどん面白い発想が出てくる。そしてそこには自分の強い思いや、何としてもやり遂げたい、といった「意志」が入っている。自分でも意識していなかった、周りも知らなかった、想像以上の可能性を持っている。私はそんな場面をたくさん見てきました。

「きっかけ」、それが大事じゃないか。

「本当に自分はやりたいのか」「なぜ自分なのか」「なぜ自社なのか」――考えて考え抜いて、強い思いを持つと、たくさんの創造性が出てきます。そして論理性と掛け合わせ、飛躍的にインパクトのあるビジネスプランが出てきます。

これまで何度かグローバル化に失敗している企業の中でも「今度こそ、本物のグローバル化に成功したい！」と挑戦する若者や、これまで誰も想像しなかった新たな金融商品をグローバルに展開したい、という若者も現れています。また、世界的に問題になっているエネルギー市場でも、新しいモデルを設計してコミットし、世界中に広げようとしている若者もいます。

世界中の企業やビジネスパーソンと働いて感じるのは、日本企業のレベルの高さや日本のビジネスパーソンの信用力です。このベースの上に、若者たちが新しい思考や発想を取り入れポテンシャルを爆発的に活用するとどうなるか、考えるだけでとてもワクワクします。

そして、今まで人々の可能性に蓋をしてきた様々な「枠」、これを外すきっかけとなるのが、アート思考だと確信しています。皆さんが想像を超える自分の可能性に出合い、大きく羽ばたくことを期待しています。

9章

10章

1章

これからのビジネスパーソンが持つべき柔軟性とアート思考

論理性だけではイノベーションは生まれない

新規事業やイノベーションを起こすためには、既成概念を壊すような発想力や創造力が必要だ――そう言葉にするのは簡単ですが、実践するのは容易ではありません。「アート思考」は、そんなビジネスの現場で課題を突破するためのものとして注目が集まっています。人間が本来持っている個性や創造力を発揮し、新たな発想と論理性、そして自分の〝軸〟を統合し、事業を生み出す。これこそが、閉塞感に満ち、先行き不透明な社会で最も求められているアート思考の本質です。

近い将来すらもどうなるか分からない。そんな時代を迎えた今、これまで積み重ねてきた知恵や知見が通用しなくなっています。だからこそ、今までにない新しい発想に変えていく必要があるのです。今、ビジネスにおいて論理性だけを問う場面が多く見受けられますが、果たしてそれだけで新しいビジネスを生み出すことができるのでしょうか。

歴史を振り返ると、視点を変え、常識にとらわれず自由に発想することで、絶対に無理だと思われていたことを実現できたり、皆が常識だと思っていたことを覆し、新たな発見につながったりしました。

イノベーションというと、ＧＡＦＡＭなどのプラットフォーム企業を思い浮かべる方が多いでしょう。ところが、本当のイノベーションはもっと身近な、普段は意識しないようなところにもあるのです。ここでは、世界の歴史と日本の歴史から、「今では当たり前になっているけれど、当時は大きなイノベーションだった」もので、私が好きなエピソードを２つご紹介したいと思います。

１つ目は、阪急電鉄をはじめとする阪急東宝グループ（現・阪急阪神東宝グループ）の創業者、小林一三の話です。

１９１０年ごろ、小林一三はこれからの経済の成長を考えると、都心だけでは宅地が足りなくなると予測し、「郊外に住もう」というアイデアを打ち出しました。しかし、当時の日本は「都心に住む」ことが当たり前の時代で、「郊外に住み、都心の職場に電車で通う」ことは例外中の例外。郊外とは田んぼがあるところで、そこに住んで都心の仕事場まで電車に乗って通うような発想はありませんでした。つまり、郊外に宅地を開発するということは、画期的なイノベーションだったのです。小林一三は自ら「郊外に住もう」という車内のつり広告のキャッチコピーをつくり、それまでの常識に挑戦しました。

このエピソードのように、社会を変えるような変化は大抵、「そんなアホな」と思うような（それまでの視点から見れば）非常識が入っているものです。

その後、多くの方がご存じの通り、梅田というターミナルに百貨店を建てたり、都心の反対側に宝塚歌劇団を創設したりするなど、いわゆる「電鉄モデル」をつくり上げたわけです。その後、このモデルが、日本全国の都市と交通インフラのデファクトスタンダードのような位置付けとなりました。

２つ目は、第二次大戦後の首相、吉田茂です。当時の日本は、戦後の荒廃の中、国土の交通の中心を何にするかが課題でした。官僚や学者は「論理的」に考えて、狭い国土にぴったりの交通手段は「電車だ」と結論を出しました。ところが吉田は「車だ」と言います。「アメリカには戦争で負けた。これからは経済戦争だ。それにはアメリカ最大の産業の車で勝たねばならない」。この構想を基にして全国に道路が敷かれ、車のための国土開発が行われました。結果、日本の自動車会社がデトロイトに勝ったことは皆さんよくご存じでしょう。その背景にはこんなお話があったのです。強い個人の意志が生んだ勝利と言えるでしょう。

このように、今では当たり前と思えるような社会の大きな方向性やインフラのようなものでも、たった1人の個人の思いが、それも論理性だけでは説明できない思いが誕生の発端となる可能性があるのです。人間が作るあらゆるものには、「初め」があります。有名なイノベーションとして残ったものもありますし、誰かが最初にトライしてみたがその人の名前すら残っていないケースもあります。

論理的な答えだけでは、社会的なインパクトを十分出せるとは限らない。創造性も取り入れて、社会課題や経済課題を考えることこそが、次の経済をけん引する。今、存在している大きなものだけが生き延びるのではなく、独自の道はいくらでもある。こういう感覚を持つことはとても大事です。小林一三と吉田茂のエピソードは「極めてアート思考的」と言えます。

注：参考文献『宰相吉田茂』（高坂正堯著、中央公論社、１９６８年）

ＢＯＤＡＩアート思考とは

私が代表を務めるＢＯＤＡＩ（Business Open-mind Design Art Inspiration、ボダイ）では、アート思考を「アーティストのように『自分軸』で創造的なアイデアを生み出すこと」と定義しています。目指しているのは、人間誰もが持っている創造性を引き出し、高めていき、ビジネスに生かすことです。

アート思考を「感性（創造性）」と「論理性（実現可能性）」の２軸で体系化し、主に企業の事業構想のための研修やセミナーを行っています。個の創造性だけでなく、ビジネスに生かすという目的がある以上、「論理性（実現可能性）」は不可欠です。また、新規事業や業務・組織改善などでもアート思考を取り入れ併走、実践しています。

このとき、特に大事なのはプロジェクトメンバーが自分軸を起点に、そこから情熱を引き出すことです。今までにないアイデアやビジョンを生み出すうえで重要なのが、個人の強い意志です。

これまで企業は資本主義の原理に従い、手持ちの資産や技術を活用し、差別化をして競争を制し、利益を得るという原理で成長してきました。それらを率いるリーダーシップは、高い地位を持つ人が最も力を発揮し、優秀な人を選抜。適材適所に配置することにより、成功に導いていきました。組織は、上意下達のピラミッド型で、１つの方向を目指し、統率していくことが大事とされました。従って上下関係は絶対であり、組織の中と外も明確に区別される。一言で言うと「経営が意志をつくり、社員はそれに従う」ことが企業の原理だったのです。

ところが、最近の企業は、このようなやり方では社会課題や顧客の課題を解けなくなってきています。利益や成長より「大義」や「共感」が重視されるようになってきたからです。上司が部下を選抜して力を与えるのではなく、現場で併走するメンター的なリーダーシップが求められるようになってきます。

こうした企業の利益の源泉は、資産や技術だけではなく、幸福やデータも加わってきています。そのため企業全体よりも個人が主役となり、一人ひとりの意志の集合体が企業の意志となってきているのです。それに伴い、組織はフラットになり、様々なプロ集団が提携や連携を行い、マッチングネットワークの重要性も増しています。これまでは企業同士の連携だったものがフラットに分散化され、個人同士の連携が重要になってきているわけです。

こうした状況から、企業の様々な課題や矛盾を解き、新規事業やイノベーションを起こすためには、既成概念を壊すような発想力や創造性が必要だと考えられるようになりました。その手法として取り入れられているのが、デザイン思考をはじめとする様々なフレームワークやメソッドです。そこに新たに「個」に焦点を当てたアート思考が登場し、注目を集めています。

アート思考が注目を集める理由

アート思考のワークショップや研修、講演会を開催すると、「なぜ今、アートの手法を活用す

図1-1 BODAIのアート思考

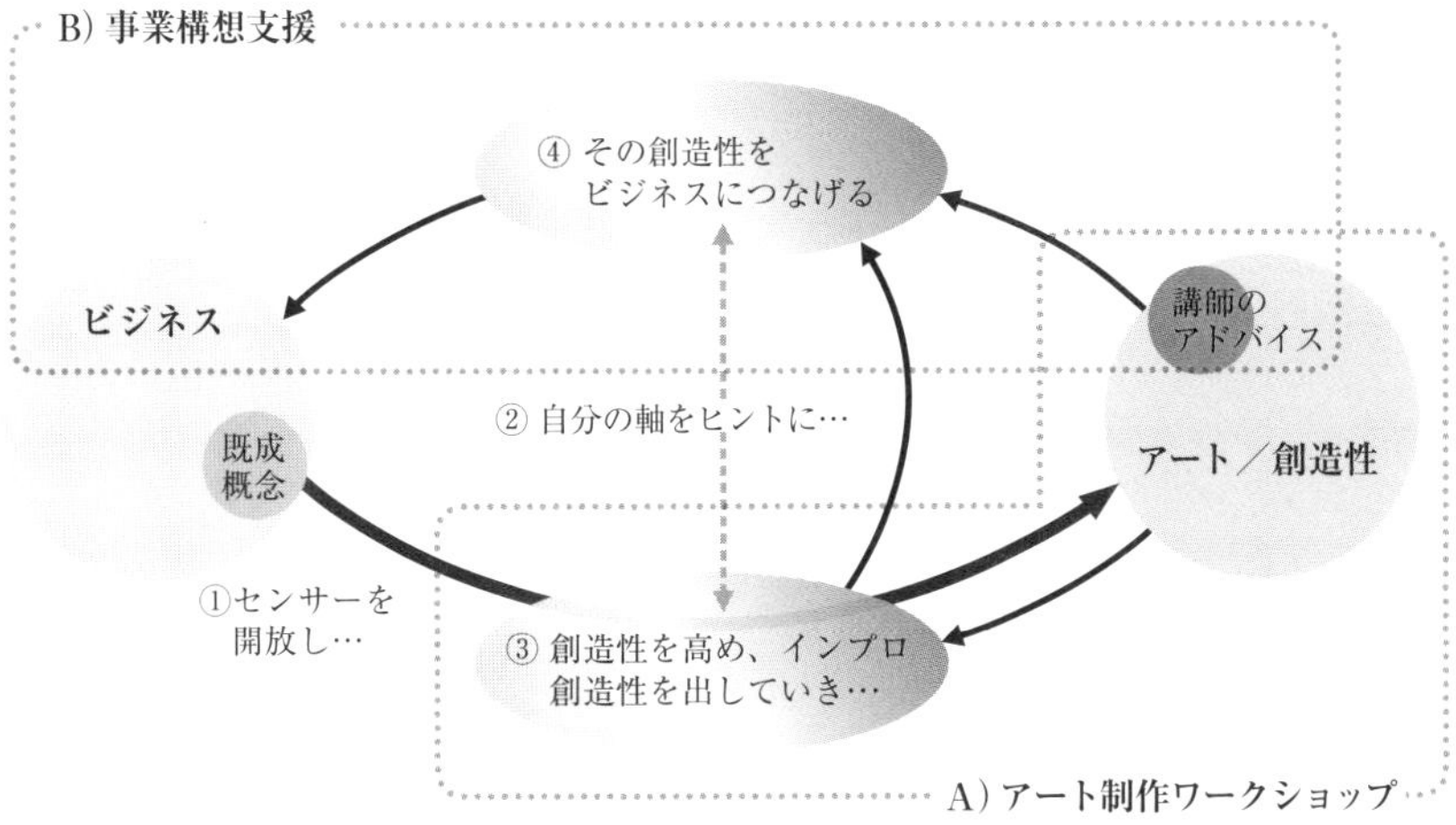

図1-2 社会を表すキーワード

	これまで	これから
意志・ビジョン	経営が意志をつくる 社員はそれに従う	個が主役となり、 その意志の集合体が企業の意志となる
利益の源泉	資産、技術 同市場での差別化	幸福、データ 市場自体の独自性
駆動力	利益、成長、競争 （数字、投資家） 戦略	大義 共感 社会的承認
リーダーシップ	地位と力 選別、選抜	共感と支援 メンター、併走者
組織	ピラミッド	フラット
企業間の関係	内製 上下関係：外部は外注	提携、連携、マッチングネットワーク （各社は得意な領域に特化） 企業連携から個人連携へ

るアート思考なのか」という質問が一番多く寄せられます。アート思考が必要とされている理由は、大きく３つあります。

１つ目は、先にも言ったように、従来通りのやり方ではビジネスの課題を突破できなくなっているからです。これは、企業のコンサルティングを行っている私の経験からも実感していることです。

企業の既定路線の中で、新しい何かを生み出せといっても、簡単ではありません。いついつまでにこれだけの利益を出せとか、３カ年計画の通りにやれとか、そういう指示も必要だとは思いますが、果たしてそれだけでいいのでしょうか。様々な制約条件をいったん脇に置いて、自分軸でものごとを考えると、ちょっと違う視界が開けるはずです。アート思考が最も力を発揮するのは、そういうときです。

図 1-3 なぜ今、アート・アート思考なのか

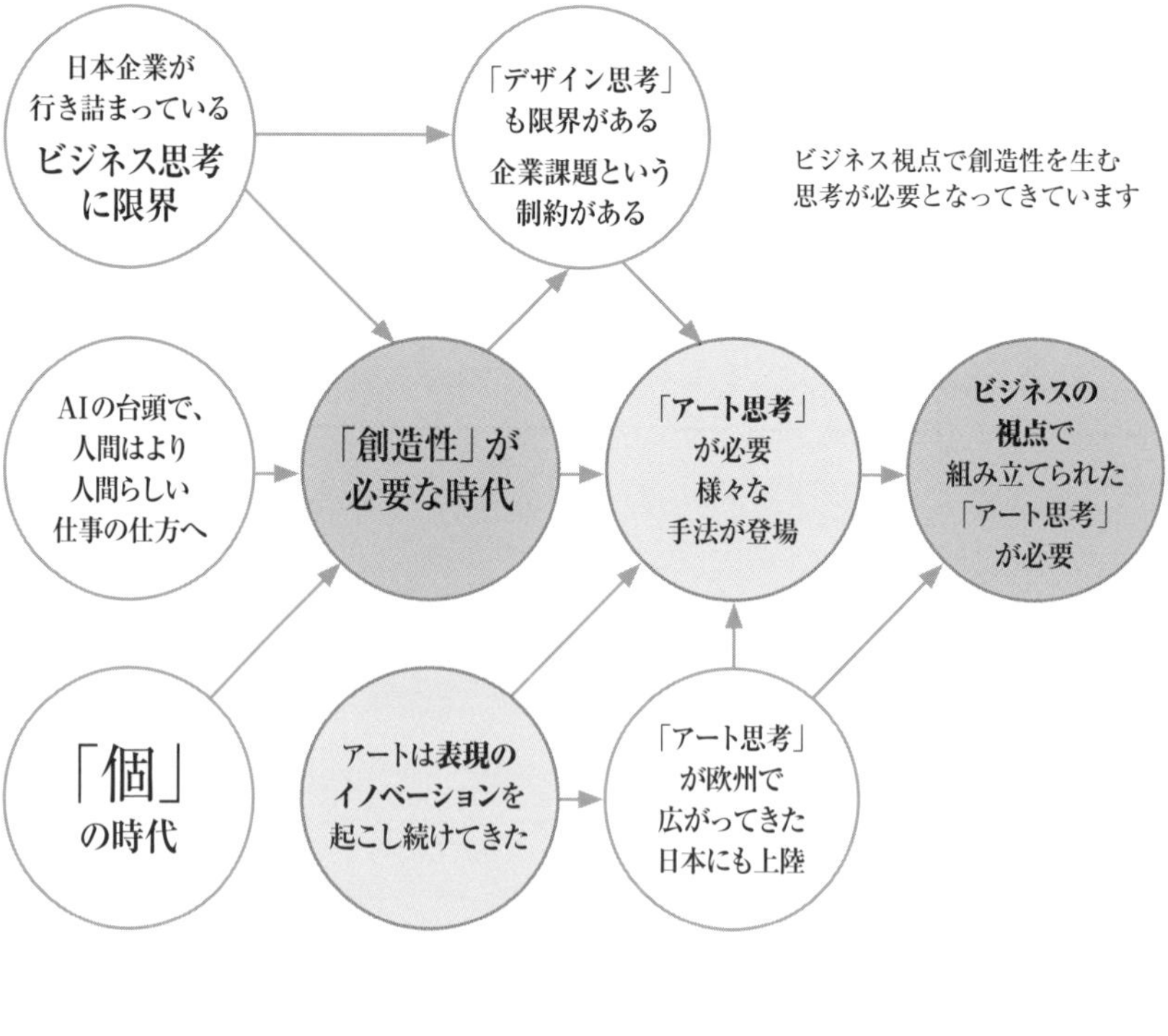

２つ目は、ＡＩ（人工知能）の台頭です。これによって私たちは、ＡＩにはできない人間らしい仕事の仕方とは何か、を考えるようになりました。人間らしさとは、極論すれば一人ひとりの好き、嫌いといった根源的な感情にあると言っていいでしょう。アーティストが自らの内面を表現するように、アート思考は、一人ひとりの内面に目を向け、そこから創造性を引き出します。

３つ目は「個の時代」になったことです。社会はこれまで、細かく分化して、たくさんの役割に分かれてきました。そのため、我々は自分に与えられた役割を果たすことに主に意識が向き、いつのまにか組織の歯車的な存在になりがちでした。多くの人々が仕事における自分の意志、個としての意志や全体感を失ってしまったと言っていいでしょう。

未来がある程度予測でき、課題が明らかで、それを解決する答えもある。その答えをいち早く見つけ出し、モノやサービスを生産する効率を高めていけばいい社会では、こうした手法も十分に意味がありました。しかし、これからは地図のない時代です。解決すべき課題は何かさえ明確ではありません。そんな中、私たち一人ひとりが個としての意識を高め、進むべき方向を考える必要があるのです。個が創造性を発揮して初めて、新たな発想や過去とは違う切り口の事業アイデアが生まれます。そのプロセスをサポートするのがアート思考なのです。

自分軸で考える

ＢＯＤＡＩのアート思考研修では既成概念、すなわち、これまでの自社の事業の成功要因や、それを基にした自社の方法論、意思決定方法、上司のスタイルなどからいったん離れ、ビジネスから遠い感性（アート）の世界からスタートするのが特徴です。

なぜアートなのか。「自分軸＝アーティストのように考える」という点もありますが、一番大きい理由は、アートはビジネスから遠く、表現の自由があるからです。既成概念を取り払うのに最も適したものなのです。

最も大事にしているのは「自分軸」です。アーティストが「自分らしさとは」「これは自分らしいテーマや表現なのか」と自問しながら自分軸を柱にアウトプットを続けるように、ビジネスパーソンも自己探索して、自分軸を意識することが重要です。常に自分軸と向き合うことで、「情熱（パッション）」が出てきて、ビジネスの様々な過程で悩み苦しんでも、実現に向けてモチベーションとなり、壁を突破する力となります。受け身ではなく自発的に走り抜き、最後まで粘り、最終的には良い形に持っていける確率が上がります。

この自分軸を見つける第一歩として、研修の前に自己探索をお勧めしています。自己探索について詳しくは21ページのコラムで解説しています。

図 1-4　自分軸があるとできること

体験・体感を重視する

ＢＯＤＡＩが提唱するアート思考は、一般のビジネススキルとは相当違ったもので、どちらかというと、体験・体感を重視して何度も繰り返し、創造的で独創的なアイデアを生み出すのが「癖のようになる」ことを目指しています。決して「これをすれば必ず創造的になる」ものでもありません。

そもそも創造性は取り扱いが難しいもの、と思っておくほうがいいでしょう。これは後で詳しく説明しますが、発想や創造性は、追い求めても必ず得られるとは限らない、ある確率で出てくるもの、と思っておくのがちょうどいい感覚です。

逆に、自分では「創造性のかけらもない」と思っていても、他人から見たら「創造性は出ているよ、面白いよ」というケースもあります。創造性とはなかなか一筋縄では捉えられないと思っていたほうが、本質がよく分かるような気がします。

アート思考研修でできること

・自己探索
自分の内面と対話して、情熱に火をつけるきっかけとなる（詳しくは21ページ）
・センサーが開放される（自分の殻を破る）

図 1-5　アート思考の効果

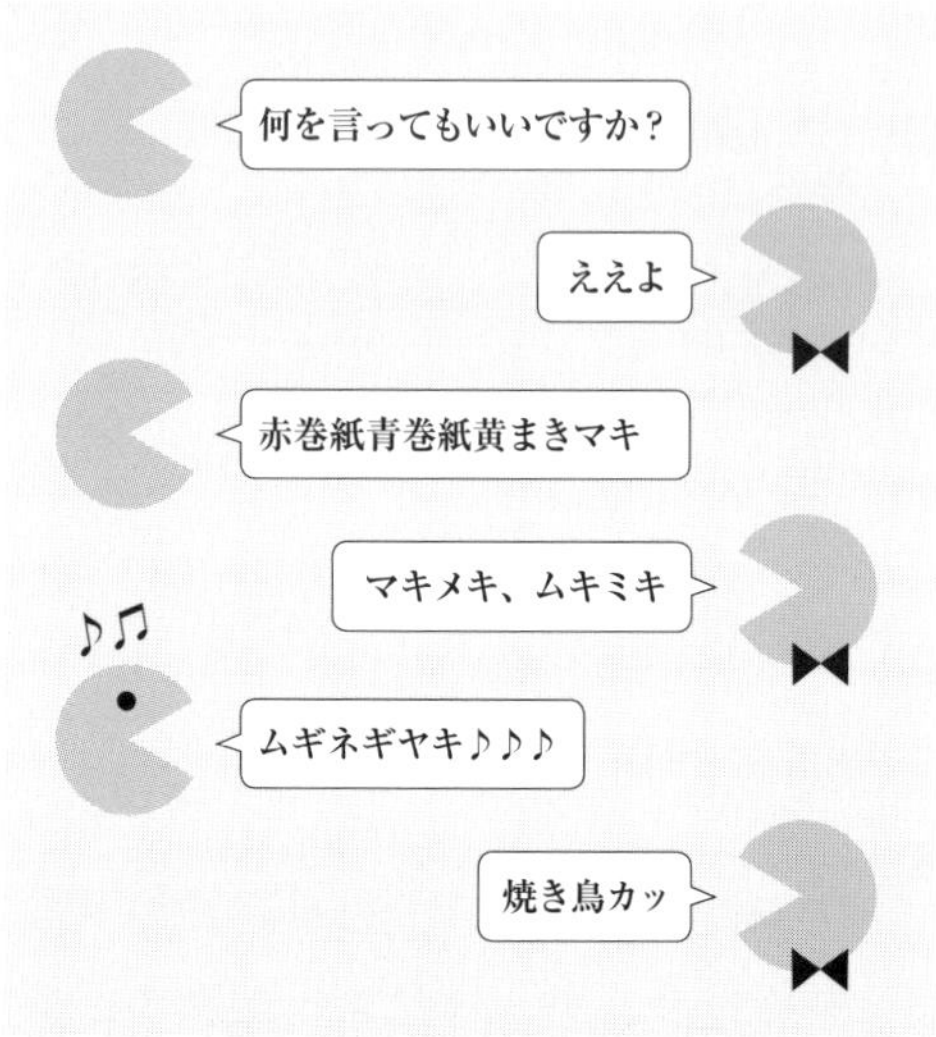

- 心理的安全性が得られる
- センサーが開放される
- 意見を言い合える
- 柔軟な視点を持てる
- 創造性が高まる

図 1-6　アート思考の失敗

- 心理的安全性が得られない
- センサーが開放されない
- 意見を言い合えない
- 創造性が高まらない

これまでの視点や思考をいったん捨て、ビジネスの領域から出て、自由の中に飛び込む（詳しくは131ページ）

・心理的安全性が得られる（詳しくは129ページ）
・チームビルディング（詳しくは136ページ）
・人を信頼し、人の創造力に気づくことができる
・お互いを受け入れ、認め合うカルチャーが生まれる
・新規事業、事業構想づくり（詳しくは158ページ）

アート思考を取り入れ、自分軸、創造性を入れた事業構想をつくる

アート思考をビジネスに取り入れるために

アート思考をビジネスに取り入れるために大切なことが、大きく2つあります。1つは、意思決定をする経営陣が「ビジネスには感性も欠かせない」と理解していること。もう1つは、次の時代を担うビジネスパーソンが、自分軸を意識した「経営者目線」を持つことです。

❶ビジネスには感性も欠かせない

意思決定をする経営陣やミドルマネジメントが、コストや売り上げ、黒字転換の時期など論理的な実現可能性だけを追求し、部下のアイデアを頭ごなしに否定していませんか。面白さや創造

性に関心を持たず、「売り上げは？　コストは？」といった追及ばかりしていると、言われたほうは萎縮してしまい、発想を出すことが難しくなっていきます。もちろんビジネスですから論理性は大事ですし、売り上げ、コストも考えなければいけません。ですが、最初にそれだけを強調してしまうと、途端に既成概念にとらわれ、論理的な解、つまり「誰に説明しても納得感のあるもの」を探すようになります。結果、創造性が出るはずの発想の広がりが狭められ、創造性のある事業は生まれにくくなります。つまり、意思決定者にとって感性（創造性）の価値を認めることはとても大事なことなのです。

❷自分軸を意識した経営者目線

経営者目線とは、会社全体に目を配り、包括的な視点でできるだけ大きな思考の自由度を持つことです。ただ、自由の海は、何らかの軸がないと泳ぎきれません。そのために自分軸を意識し、明確にしておくことが大事です。経営者でなくても、自分軸を意識した経営者目線を持つと、自分のやっている事業も違った目で見え、何か気づきがあるかもしれません。

しかし、企業で働いていると、会社の方針やクライアントの意向に合わせて物事を考えることが増えてきます。それが癖になってしまうと、自分が心の底から本当にやりたいことや、良いと思うことが分からなくなり、いつの間にか自分の軸を見失っていることがあります。やりたいことすべてを仕事で実現することは難しいですが、自分と対話して自分軸を意識することは、自分らしさを取り戻すことでもあります。視座を高く、自分らしくビジネスと向き合っていきましょう。

COLUMN

「自己探索ワーク」＝自分軸の探し方

ＢＯＤＡＩが行う研修は、「自分の軸」を意識することから始まります。極めて優秀でパフォーマンスも高いビジネスパーソンがなぜか壁を突破できないのは、自分の軸がいつの間にか組織やほかの考えに埋もれてしまっているから、ということが少なくありません。そもそも、自分が本当にやりたいことを意識しないことが普通になっている気がします。

自分に問いかけ、自分のことをよく知る。これからの時代には、自分の軸が重要な拠り所となります。

自分の軸とは、自分の行動の指針、人生の目的、目標になるものです。そこから離れると自分らしさを失うもの。強い興味を持っているもの。自分の周りにある、様々な出来事の中心に位置するものと言えます。

軸を意識すると認識が強まり、思いと行動が一致してきます。そして今後の人生における大きな拠り所、自分を突き動かす情熱となります。これがあると、人の心を揺さぶり、共感を集める力になります。自分が最後までやり抜けるテーマともいえます。

自分の軸とは、大きく２つ考えられます。

❶相手があるもの

自分の行動規範的なもの、人との接し方、仕事の仕方など。こちらを考えることは大事なことで、これらも自分軸ですが、今回は次の❷を考えてみましょう。

❷自分の内面

創造性を出すためにＢＯＤＡＩアート思考で使う自分の軸とは、「自分の内面にある柱となるもの」です。「好きなもの」「面白いもの」「誰にも頼まれずに自分の意志でやったこと」、そして人生の目的、目標になるものです。小さい頃から自覚していることもありますが、人に言われたことを受け身でやっている間に、そのことに関心が湧き、強い興味を持つようになっていくこともあるでしょう。

自分の軸について、既によく自覚されている方も、この機会に改めて考えてみてください。まだ自覚できていない方は、これをきっかけに考えてみてください。

なお、自分軸の反対は、「トレンド軸」とでも言えるでしょうか。独自性を大事にし、世の中の流れとは一線を画す自分軸の反対は、世の中の流れに敏感になり、トレンドを追うようなイメージです。これを持つのはマスマーケティングでは大事です。アート思考が大事にしている自分軸とは対極に位置する、というだけです。

図 1-7　自分軸とトレンド軸

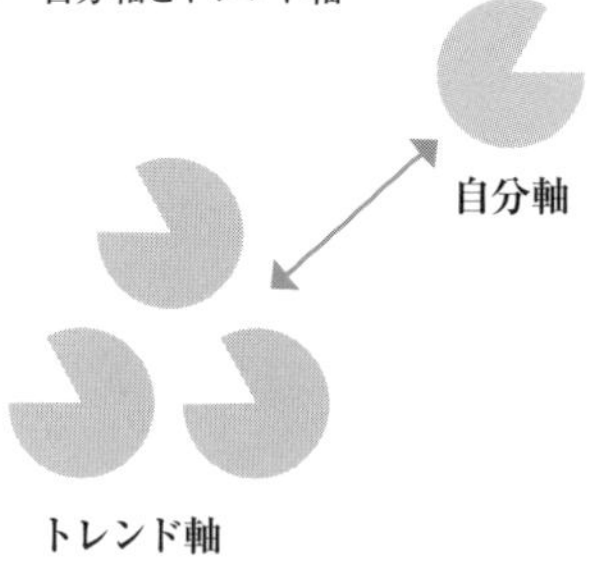

図1-8　自己探索「好きなこと」の書き出し

1. 自分の内面と対話する

▶ 自分を構成するもの

- 「そういう状態でありたい」もの
- 「心地よさ」「面白さ」があるもの

今
- 好きなこと
  面白いと思うこと
  「誰にも言われなくてもやっていること」

過去
- 好きだったこと
  面白かったこと
  「誰にも言われなくてもやったこと」

▶ モチベーションの源となるもの

▶ 複数あって構わない

- 思いついたもの全部
- 後で気づいたものも付け加える

2.「好きなこと」リスト

例

- 絵を描く
- 学園祭のイベントを演出する
- レストランメニューをデザインする
- 分かりやすく説明するのが好き
- 高い確率で売れる営業トークスキルをつくる（バイト）
- あっと驚かせるのが好き
- 楽しい雰囲気が好き
- 本を読むのが好き
- 人に教えるのが好き
- 美術留学する
- Jazzが好き
- 創造性を出すメカニズムを解明する
- アナログな手法を使うのが好き

⋮

意義

▶ 今の自分、過去の自分を見つめて、俯瞰してみる良いきっかけとなる

▶ 無意識の意識化

▶ リストはしっかり保管して、見返しましょう
▶ 様々なアイデアのきっかけになることもある

ただ、トレンド軸に従って追い求める市場は、レッドオーシャンになる確率が高いとも言えます。これまでポジティブだったトレンド自体も、人々の価値観が入れ替わればむしろ足を引っ張るものになるかもしれません。

自分軸の探し方　5つのポイント

ポイント①

あなたがこれまで生きてきた中で「面白かったこと」「好きだったこと」「幸せだったこと」「自分らしかったこと」、そして何より「誰にも頼まれずに自分の意志でやったこと」をたくさん書き出してみてください。履歴書を作ることが目的ではありません。経歴とは一切関係なく、ご自身が熱中してきたこと、面白いと思ったこと、自分の意志でやったことを思い出すのです。もちろん仕事のことでも結構です。とにかくできるだけ多く書き出しましょう。「自分らしかったことの歴史年表」のようなものを書いてみるのもいいですね。

ポイント②

書き出した「好きなことリスト」そのものが自分を構成する要素なので、しっかり保管をして、思いつくたびにどんどん追加していきましょう。そしてこの先、発想に困ったとき、モヤモヤしているとき、このリストを見返してみましょう。思わぬヒントが得られるかもしれません。

図 1-9　自己探索「共通する思い」の抽出

2.「好きなこと」リスト

例

- 絵を描く
- 学園祭のイベントを演出する
- レストランメニューを
  デザインする
- 分かりやすく説明するのが好き
- 高い確率で売れる営業トーク
  スキルをつくる（バイト）
- あっと驚かせるのが好き
- 楽しい雰囲気が好き
- 本を読むのが好き
- 人に教えるのが好き
- 美術留学する
- Jazzが好き
- 創造性を出す
  メカニズムを解明する
- アナログな手法を使うのが好き

⋮

抽出 ➡

3.「共通する思い」の抽出

▶ **自分だけでなく
様々な（世界中の）人の
創造性を高めること**

▶ **静かな時間を持つこと**

ポイント③

「好きなこと」リストから「共通する思い」を抽出してみましょう。好きなこと、面白いと思ったことを俯瞰して、自分にとって大事なことは何かを分析してみてください。共通して何が面白いと思ったのか、自分の内面に問いかけて、何に重みを置いているのかを抽出してみてください。「自分の内面にある柱となるもの」、つまり「自分軸」が見えてくるでしょう。あるいは増えていくでしょう。そうです、自分軸は1つの人もいるでしょうけれど、複数軸あってもいいのです。

ポイント④

もしあなたに、信頼できる先輩や友人知人がいるなら、遠慮することなく相談してみましょう。自分でも気づかない「これが好きでは？」「あれを面白そうにしていたよ」という点を指摘してくれるかもしれません。過去に言われたことを思い出しても構いません。

ポイント⑤

一度意識した「自分の内面にある柱となるもの」、つまり「自分軸」が、どんどん変わっていっても構いません。これは流されることとは違います。自分に真剣に問い続けると、あるとき、ふっと変わることがあるからです。

注：「自分の軸」は最初から明確なものがなくても構いません。ゆっくり気づく人もいますし、与えられた仕事を一生懸命やることで、その仕事が好きになって軸になったり、その中で得意なことに気づいたりすることも、また多いからです。思いつかない場合、無理に「それらしい」ものを書くことはお勧めできません。また、軸だと思っていたものが将来変わるかもしれません。それでも大丈夫。ポイントは、偽りのない「今の心」で書くことです。

INTERVIEW

ビジネスパーソンの「人間らしさ」を取り戻す アート思考はイノベーションへの第一歩

松村卓人 氏　セルム 執行役員

セルムは、大手企業を中心に社員研修をはじめとする人材・組織開発のコンサルティングを手掛けている。各企業の課題やリクエストに応じて、同社に登録する１３００人超のコンサルタントと共に解決策を企画・提案する。その中に著者によるアート思考研修もある。そんなセルムの執行役員・松村卓人氏が、社員研修における大手企業のニーズや、著者が行っているアート思考を取り入れた研修の可能性について語った。

——近年、大企業はどういった研修を必要としていますか。

松村卓人氏（以下、松村）　５、６年前から要望として多いのは、イノベーションやＤＸ（デジタルトランスフォーメーション）、両利きの経営といったテーマです。その背景には、日本企業の多くが長年にわたって抱えている「今までなかった新しい価値を生み出す」という共通の課題があります。デザイン思考をはじめ、イノベーションを起こすための手法に取り組まれた企業も多いのですが、事業化には至らなかったという声を聞くことは少なくありません。そこで、「創造性を高めたい」というニーズが増えてきています。

また、新しい価値創造を目指していろいろな企画を立てても、最終的に事業化には至らない要因の一つは、企画を立てた人に、「自分が何としてでも事業化したい」という熱意のようなものが足りないからだと感じています。

――アート思考で、その部分が変わる可能性がありますか。

デザイン思考は課題解決型の手法ですが、アート思考はまず、自分自身を探究し、社会に対しての大義を見いだすところから始まります。大企業の優秀なビジネスパーソンは、与えられたことを完璧にこなすことは得意ですが、自らの創造性を発揮し、白紙に自ら点を打つような「ゼロからイチを生み出す」ことは苦手という人も多いようです。アート思考を取り入れた研修は、そうした苦手意識を払拭できる可能性があると考えています。

――ＢＯＤＡＩのアート思考の研修と、ほかのイノベーションを起こすための研修との違いは何でしょうか。

松村　アート思考は、「思考」とは言っていますが、既成概念の枠組みから外れる瞬間を「体感」するものだとも言えます。自分を内省するだけではなく、アートを使ったワークショップを通じて自分の考えを可視化していく。その過程で自分の創造性に気づくことができるのでしょう。ビジネスに置き換えると、「突破」という言葉が近いかもしれません。

企業の創業者は、極めてクリエイティブな人たちです。一方、ビジネスパーソンは、創業者がつくり上げたビジネスを「焼き直す」ことが役割になっているのではないでしょうか。アート思考を使った研修で、ビジネスを生み出す本質を知る。そのお手伝いをしていきたい、と思います。

2章

アート思考をビジネスに取り入れる

新入社員から経営陣まで

アート思考が特定の業種あるいは特定の組織レイヤーに向いている、ということはありません。実際、我々のクライアントとしてアート思考を取り入れようという企業は、大手メーカー、流通、商社、金融、デザイナーと様々です。組織レイヤーでいうと、役職のある経営陣から新入社員の方まで幅が広いです。

アート思考を取り入れた研修や新規事業・事業構想づくりの特徴は、論理性（実現可能性）から考えず、自分軸でやってみたいことを考えること。企業で働いていると、会社の方針やクライアントの意向に合わせて物事を考えることが求められます。ただ、それが癖になってしまうと、自分が心の底から本当にやりたいことや、良いと思うことが分からなくなり、いつの間にか自分の軸を見失ってしまいます。普段の仕事ぶりが真面目であればあるほど、忠実に「今の事業を前提にして考えよう」となってしまう面もあるので、まずは頑張って既成概念から離れる必要があります。

既成概念から離れ、自分軸を意識しながら自由に発想すると、面白い、創造性のあるアイデアがいろいろと出てくる確率が上がるでしょう。ただ、現在のビジネスシーンでは当然、面白さだけ追求するのではなく、論理性もなければ成り立ちません。やっと既成概念から離れ、解放されて自由に発想したのに、次はまた論理性を考えなければいけない。答えの見えない中で模索するもどかしさ、難しさがあります。でもその大変さに向き合い挑戦すると、論理性だけで考えて壁を突破できずにいた既存事業や新規ビジネスのアイデアがパッと開けたり、全く違った発想を使って事業案が出てくる可能性が高まります。

私はその挑戦に併走し、創造性と論理性の両方がバランス良く入ったアイデアになるよう、体験・体感を大事にしながらビジネスアイデアを磨いていきます。

「インプロ創造性」とは

あるレベル以上の創造性と論理性が入ったアイデアを、私は「インプロ創造性」と名付けました。「面白い」「意外性がある」そして「もしかしたらいけるかも」と思えるような、ひらめきのようなものでもあり、感性と論理性を兼ね備えたアイデアのことです。自分軸をきっかけに、意識だけでなく無意識も使って生み出します。感性と論理性の間で行き来し、生みの苦しみもあります。だからこそ今までにないアイデアであり、イノベーションにつながる可能性もあるのです。この体験が、アート思考の醍醐味と言えるかもしれません。

「インプロ」とは2つの言葉を組み合わせた造語です。1つ目は、「インプロバブル（あり得ない）」。これは、フランスのアート思考をけん引する、ビジネススクールＥＳＣＰのシルヴァン・ビューロー教授が開発したアート思考ワークショップのタイトルとして使われていたものです。2つ目は、「インプロビゼーション（即興）」。「ひらめいた！」というのがこれに当たります。「アイデアが降りてくる」感覚を大切にしています。シルヴァン教授が開発した「インプロバブル」については、82ページで紹介します。

アート思考の2軸で見てみよう

アート思考を体系化した「感性（創造性）」と「論理性（実現可能性）」の2軸を解説します。まず、横軸が感性（創造性）軸で、この軸の右に行くほど面白さや意外性が高まっていくイメージです。縦軸が論理性（実現可能性）軸で、この軸の上に行くほど、人に論理的に説得できるアイデアで、実現する可能性が高まっていきます。

図の左下に位置するのが初期段階の「ベースのアイデア」で、目指すのは右斜め上に位置し、感性も論理性もそろったインプロ創造性です。そして、ここに至るまでのアイデアの変遷を、私は「挑戦の旅」と呼んでいます。挑戦の旅をぐにゃ

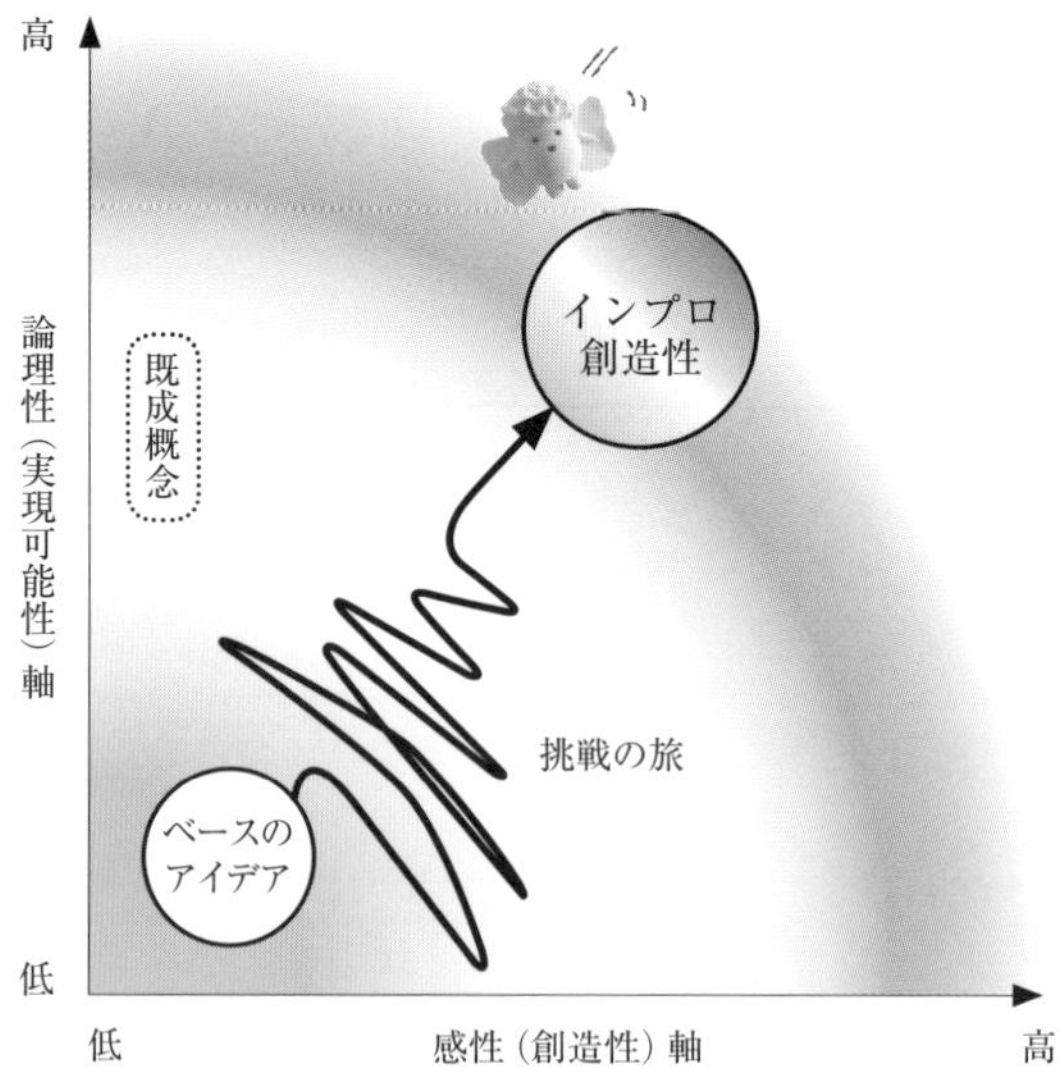

図2-1 感性と論理性の2軸（ベースのアイデアの基本形）

ぐにゃとした線で表しているように、感性と論理性の2軸の間を行き来しながら、右上を目指します。これまでワークショップや研修、コンサルティングの現場でたくさんの挑戦の旅を見てきましたが、どれ一つとして同じ軌跡はありませんでした。

挑戦の旅の途中では、「実現可能性の天井」や「発想の壁」にぶつかります。頭をやわらかくしたり、視点を変えたりしながら、これらの天井や壁を乗り越える方法を考え抜き、インプロ創造性を目指します。

このとき注意していないと、創造性の谷に落ちたり、せっかく論理性から離れようとしたのに、気づくと、論理性の谷に落ち込んだりして、結局上がって来られなくなります。私の役割は、このタイミングと高度をよく見て手を差し伸べることです（37ページの画像はそれを直感的に表したものとなります）。

図 2-2 「インプロ創造性」へ至る道

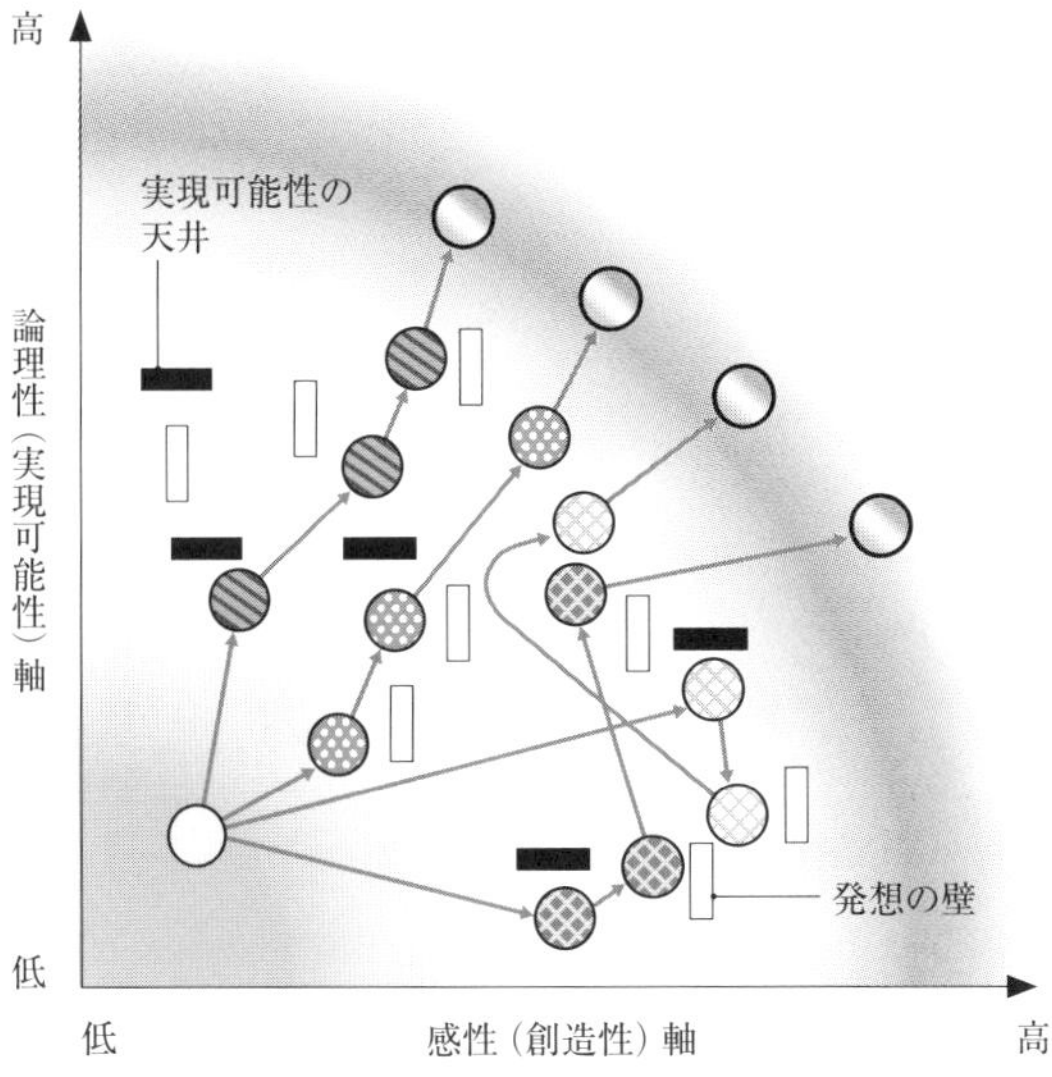

図 2-3　感性と論理性の2軸（ベースのアイデアの論理性が強い場合）

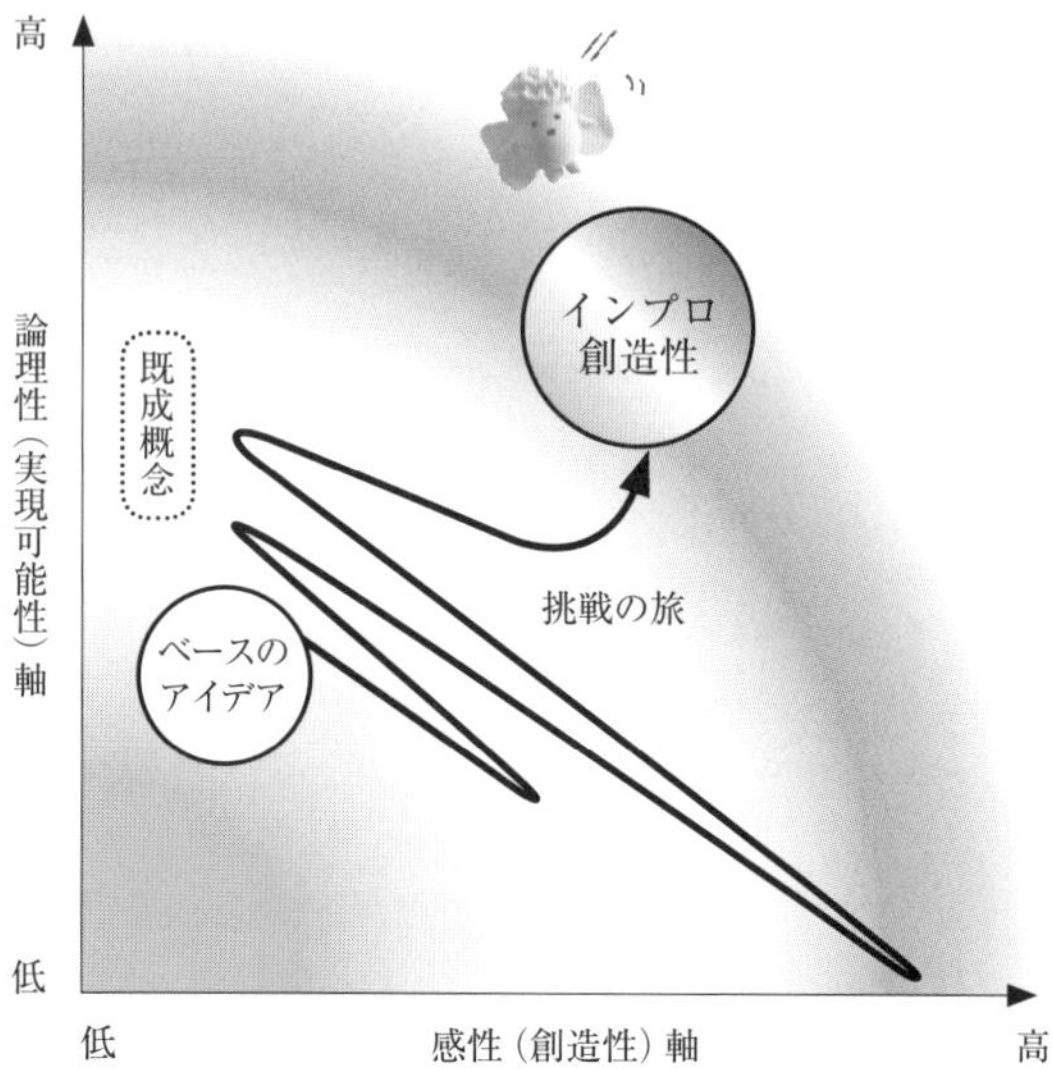

図 2-4　感性と論理性の2軸（ベースのアイデアの感性が強い場合）

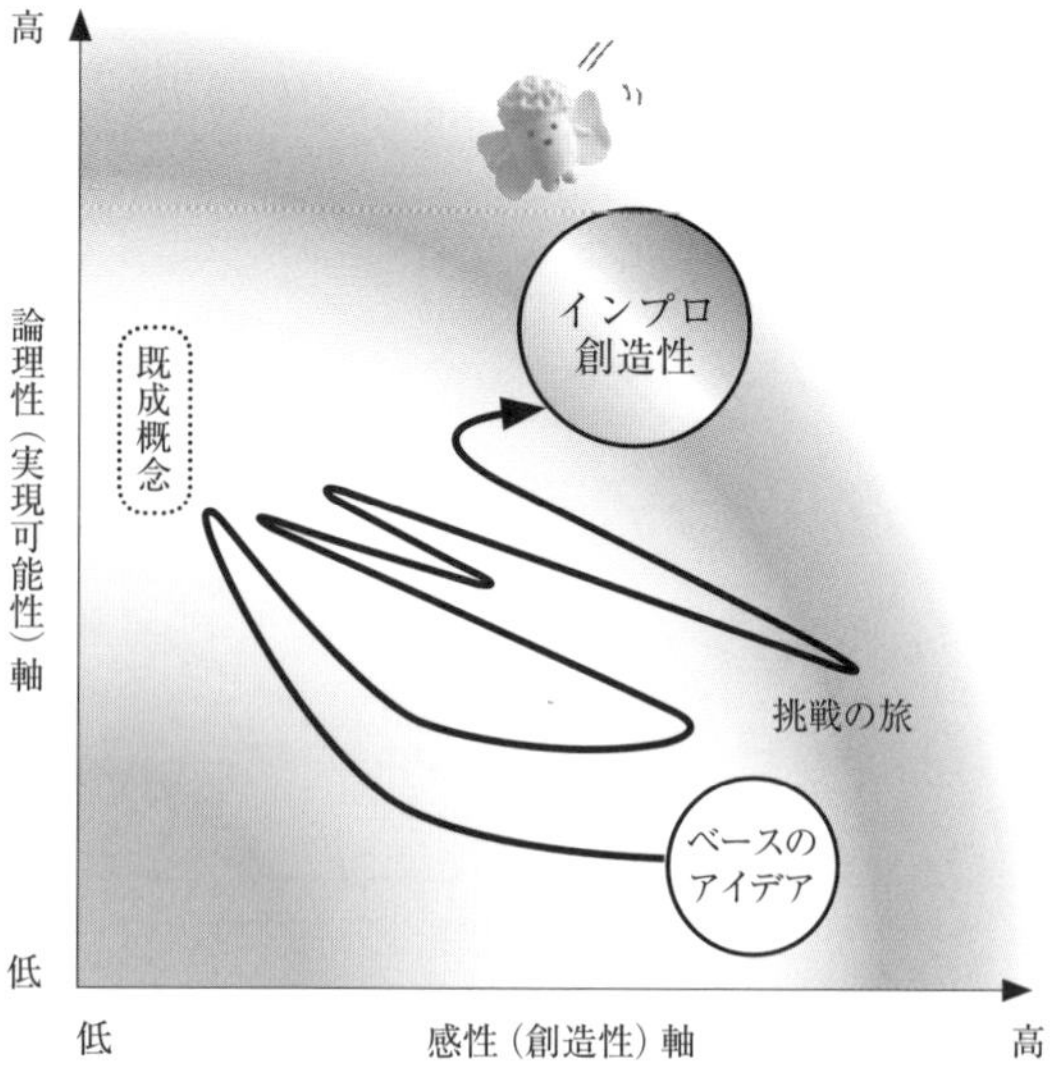

注：右の図2-3のベースとなるアイデアは「論理性軸は中くらいで、感性軸が低い」、図2-4は「感性軸は高いが、論理性軸が低い」位置にありますが、実際には様々なものがあります。本書では図の分かりやすさを考慮し、以降はすべてベースとなるアイデアは図2-1のように感性軸も論理性軸も低い左下をスタート地点としています。

創造性との向き合い方

❶たくさんの異質な体験をする（インプット）

「新しいアイデアはこれまでのものの組み合わせにすぎない」。これは経済学者、シュンペーターの言葉です。本質的に創造性を育むには、たくさんの経験、それも「たくさんの異質な体験が必要」ということになります。文化芸能に触れる、音楽ライブに行く、旅に出る、アートを鑑賞する、他業界の人と話す、などいろいろあるでしょう。この体験を、脳は「無意識」に蓄積するようです。間違ってほしくないのは、「何でも組み合わせれば創造性が出るわけではない」ということです。イノベーションは、既にあるものの組み合わせであることは多いですが、今あるものを適当に組み合わせればイノベーションが起こるとは限りません。

　同質の体験がいくら増えても、新たな視点は得

2軸のバランスの難しさ

にくいと思います。とはいえ、似たような体験でも視点が違えば、異質な体験になることもあり得ます。

例えば、海岸に行ったとき、貝殻を探して掘り起こす体験と、ビーチのそよ風を感じる体験は全く異質です。普段の通学路や通勤路も、いつもと違う道を選んだり、一駅前で降りて歩いてみたりするのは、異質体験を得る簡単で良い方法です。また、会社で所属している部署が営業部の場合、技術部など違う部門の人と話したり、違う部門の業務を体験したりするのもいいですね。同じビジネスに携わっていても、お互い全く違った視点や視野、時間軸で捉えていることに気づくでしょう。

❷「4B」開放（アウトプットを促す方法）

異質な体験をするのも大事ですが、それだけでは脳が無意識にそれらを格納するだけなので、創造性を発揮することにはつながりません。創造性を出すことはスキルやプロセスではなく、再現性も高くないものなので、様々な工夫が大切です。

マッキンゼー・アンド・カンパニー時代に、アイデアの出し方について尊敬する先輩や同僚に取材したことがありました。このとき、共通したプロセスやスキルが抽出できないかを探ってみましたが、十人十色で、共通する情報は集まりませんでした。ところが、ある人が「発想が出やすい場面（オケージョン）は意識している」と言っていたので調べてみると、「4つのB」に行きつきました。Bed（朝のもうろうとしたとき、夜寝る前）、Bus（交通機関に乗っているとき）、

Bar（飲んでいるとき）、Bath（シャワーや風呂に入っているとき）の4つの場所で発想が出やすくなる、というものです。

iPS細胞で知られる京都大学の山中伸弥教授は、シャワーを浴びているときに後のiPS細胞につながる発想が「降りてきた」そうです。

創造性が降りてくる確率が高い「B」は人それぞれにあるようですが、人が定期的に旅に出たくなるのは、旅には4つのBが詰まっているからかもしれません。脳科学（ニューロサイエンス）的に言えば、頭を真っ白にしていると、脳に記憶されている何かと何かがつながって、何かが降りてくる。逆に脳が何かに集中していると発想が出にくくなる、ということだそうです。

なお、これらの共通点は、「脳や身体がリラックスしている状態」「何も考えていない状態」です。脳科学では、この状態を「デフォルト・モード・ネットワーク（DMN）」と呼び、創造性と相関が強いことがサイエンスでも証明されているそうです。その意味では、無理に4Bのみにこだわる必要はなく、海や山など大自然の中でボーッとリラックスする

図2-5 1日の中で脳がリラックスしているとき（例）

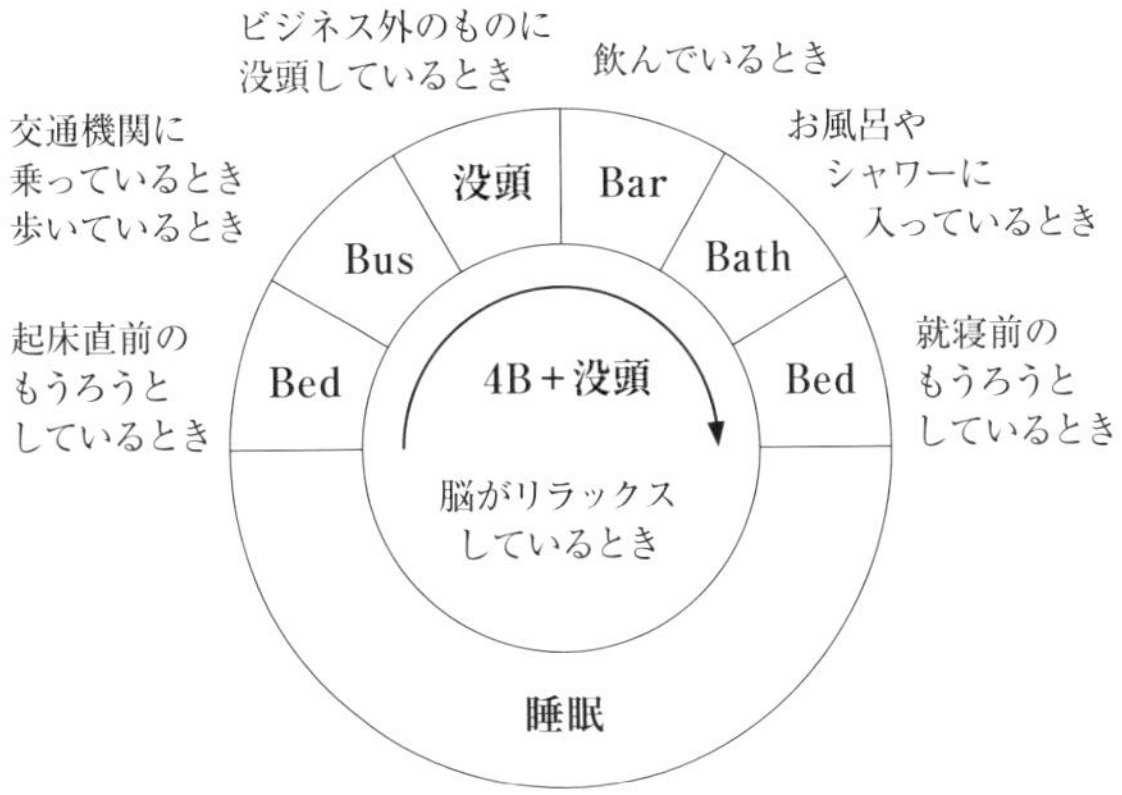

のもよいでしょう。これが答えだというものはなく、自分なりの、自分らしい場面・状況を探すことが大事なのです。

❸降りてくる？ 選ばれる？

創造性の扱い方には秘訣があります。米国の作家、エリザベス・ギルバートの『Big Magic: Creative Living Beyond Fear』によると、「創造性はこちらから追いかけるものではなく、創造性（や良いアイデア）が自分を選ぶ」そうです。つまり、「こうすれば絶対に良いアイデアが出る」というものではなく、「創造性とは準備をしている人にだけ、ある確率で降りてくるもの」といえます。たとえ創造性や発想が降りてこなくても、ダメだと諦める必要はなく、「今日はそんな日だったのかな」「でも準備だけはしっかりしておこう」と気軽に構えていればいいのです。ウンウンうなって出てくることもあるかもしれませんが、創造性が出ないときもある、むしろそのほうが普通だ——そう思うだけで、心構えが随分変わります。

ビジネスのイノベーションをアート思考で見る

創造的なビジネスを生んだ有名なイノベーションを、感性（創造性）軸と論理性（実現可能性）軸の2軸の図で見たらどうなるでしょうか。

図 2-6　感性軸の裏にあるもの

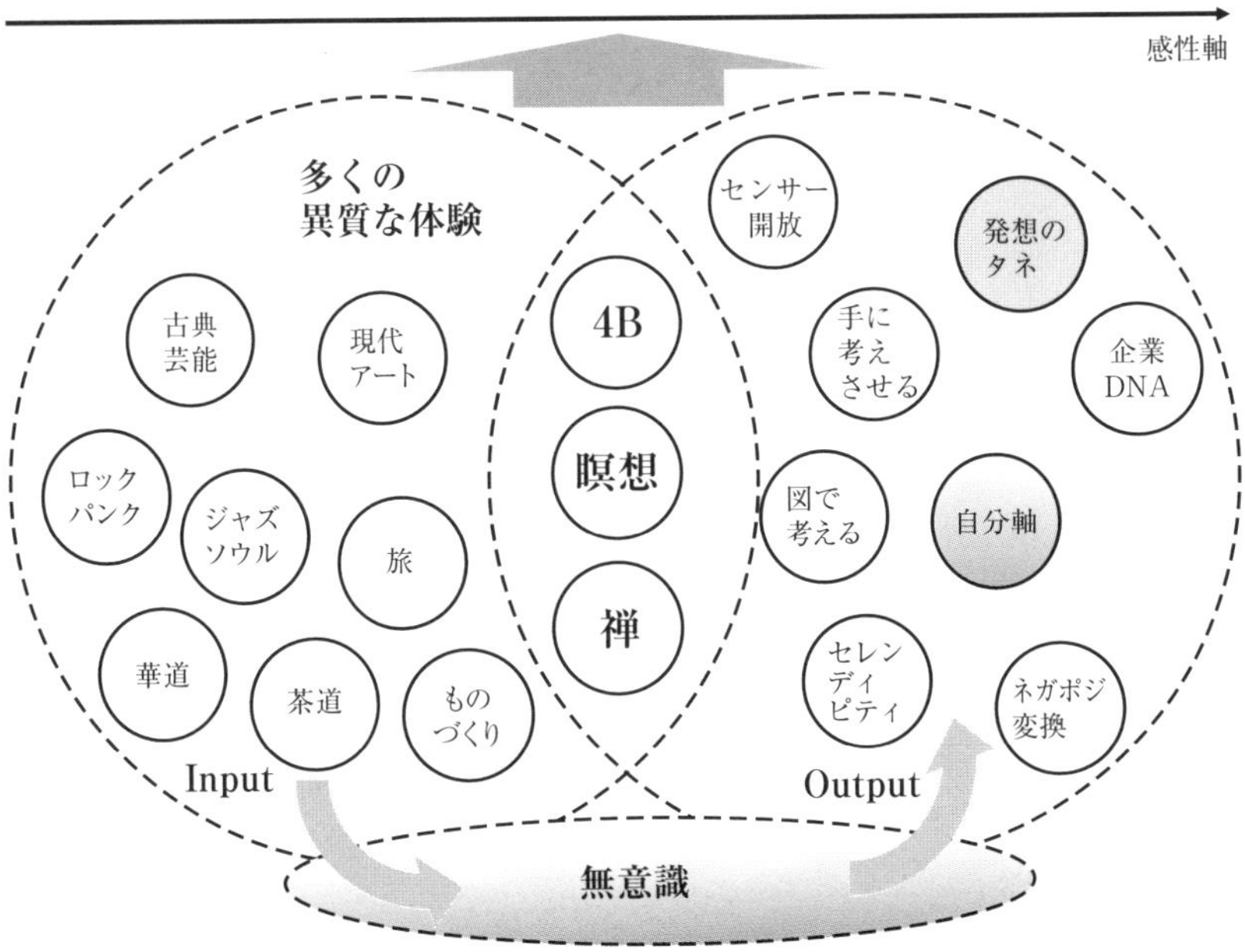

禅・瞑想（詳しくは274ページ）
センサー開放（詳しくは128ページ）
手に考えさせる（詳しくは132ページ）
発想のタネ（詳しくは88ページ）
図で考える（詳しくは188ページ）
企業DNA（詳しくは161ページ）
自分軸（詳しくは16ページ）
ネガポジ変換（詳しくは173ページ）
セレンディピティ（詳しくは237ページ）

ウォークマンのイノベーション

40年以上前の話になりますが、ソニーの「ウォークマン」は日本を代表するイノベーション事例の一つです。創業者の井深大が、「退屈な海外出張時の飛行機の中で、ステレオの音楽をきれいな音で聴けないか」という要望を出し、それを実現したのが真相のようです。

「井深はヘッドホンでステレオを聞くことが大好きで、徹底的に個人的な好み、あるいは『わがまま』が、創業者としての着眼点になりました。」

『ソニー創業者・井深大の人生を開く生き方』（上之郷利昭著、三笠書房、1994年）

この文章で示しているのが、ウォークマンです。自分の感性、好み、直感から製品化に至りイノベーションを起こす、すごい事例です。それまではステレオセットの前に座って聞くことが常識でしたが、そのことにとらわれることなく「カセットテープケ

図2-7 ウォークマンのイノベーション 1979年

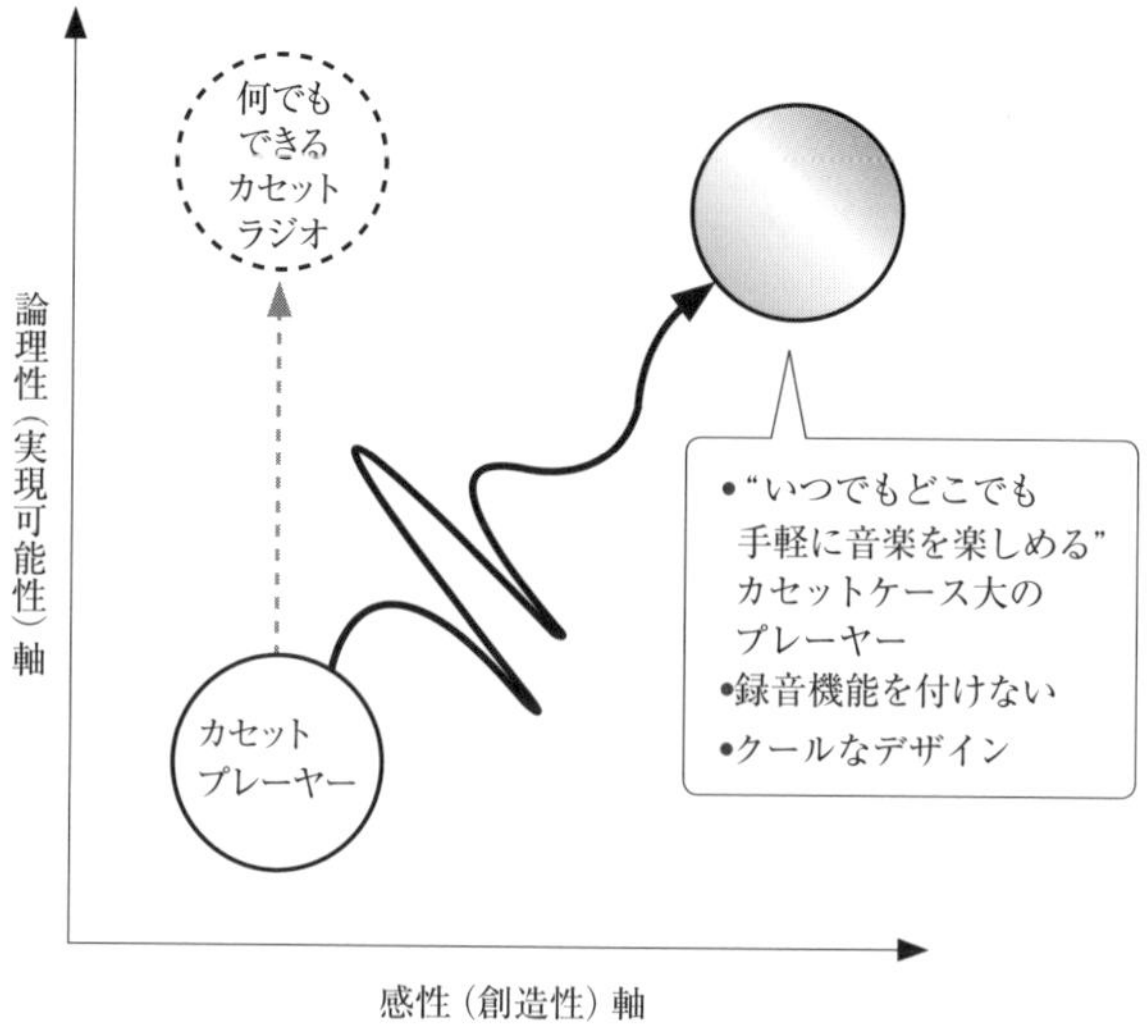

ース大」という驚異的な小さいサイズに、すべての機能を閉じ込めました。

さらにすごいのは、「録音機能を付けなかった」ことです。でも「付加価値機能」をなくしてまで機能を絞り込む勇気を持てるものでしょうか。とにもかくにも「音楽を持ち歩く」という文化を形成しました。

「井深大の創造の着眼点は、単に個々の製品に関する技術的知識によるのではない。言ってみれば『生き方そのもの』に創造の着眼点、ひいては『ソニー神話』の原点が内蔵されているということが理解できよう。」

『ソニー創業者・井深大の人生を開く生き方』（上之郷利昭著、三笠書房、1994年）

この一節からも、自分軸から発し感性に向き合い創造性を出し、挑戦の旅を経て、インプロ創造性に至るアート思考の好例の一つであることが分かります。

アップルのイノベーション

ビジネスの分野では今やすっかり古典となった米アップルのイノベーションですが、感性（創造性）軸と論理性（実現可能性）軸の2軸で捉えると、イノベーションごとに、実現可能性だけでなく、創造性がしっかり入っていることが分かります。

現在の「iPhone」につながるイノベーションの起点は、「iPod」の登場にありました。iPod以前は、日本の電機メーカーやＩＴ関連企業も、大容量のメモリを持つ端末を開発していました。そのときの売り方を単純化して言うと、こうです。「たくさんのファイルを保存できるパソコンの外付けメモリを開発しました。何と、これほどの大容量があります。使い方は様々です。お好きな用途に使ってください」。

ところが、アップルのiPodは違いました。「あなたの人生の音楽をすべて持ち運べる端末ができました」と顧客が解釈するようなメッセージで売り出しました。分かりやすいうえに、この端末の「感情価値や感性価値」を伝えたのです。

機能で比べると、日系の端末とiPodは似たようなものだったでしょう。しかし、クールで直感的に分かりやすいインターフェースと相まって、アップルのiPodは革新的な製品として認知されました。日系企業の方々が、その後何年にもわたって「我が社も同じか、それ以上の機能の端末を開発していた

図 2-8 iPodのイノベーション2001年

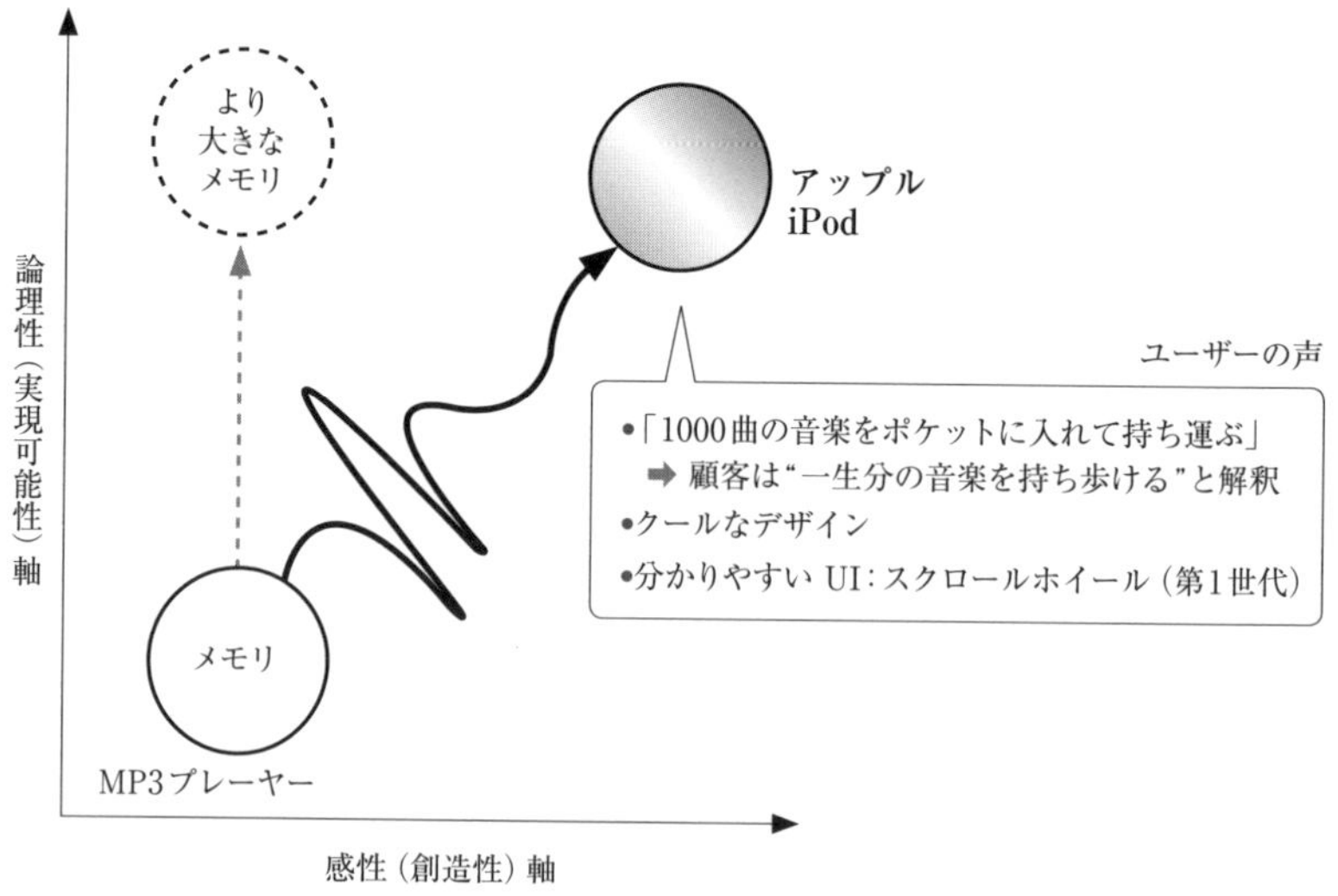

のに、なぜアップルだけが成功したのか分からない」と言っていたことが深く印象に残っています。アップルが成功したのは、感性価値を実現し、それを分かりやすく訴えたためです。

　アップルはその後もiPhoneや「iTunes」など、イノベーションを続けて起こしていきます。アップルのイノベーションは、2回以上連続して、感性（創造性）軸と論理性（実現可能性）軸とも進化しています。それも2軸で表すことができます。

　iPodの後も、iPhone、iTunesと、イノベーションが連続していることが分かると思います。これを図解すると、横軸は感性価値で説明できます。電話とインターネットができるようになったiPhoneは「みんなが待っていたiPhone」「革命的で魔法のようなデバイス」として訴求され、iTunesができると「すべての音楽を手のひらに」となり、「アップストア」ができると、iPhoneの機能をカスタマイズできるアプリ群は「ポケットコンピュータ（何でも

図2-9　連続イノベーション

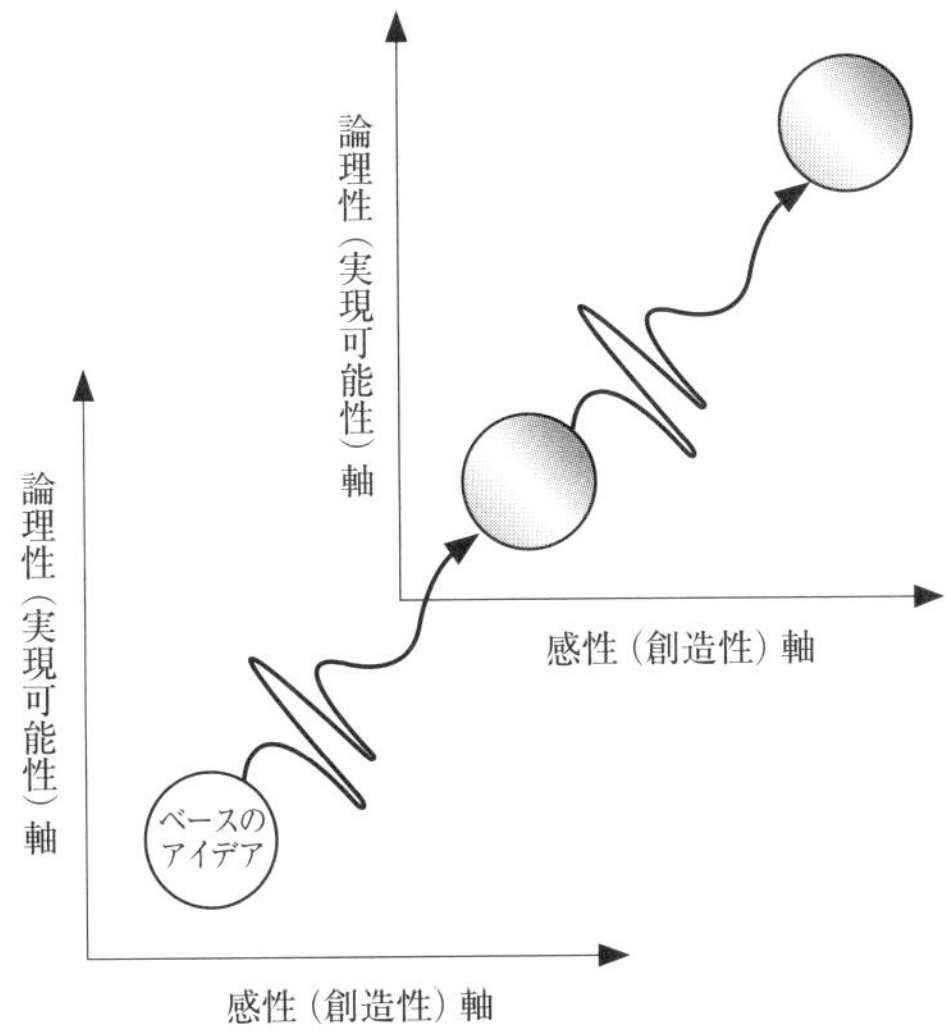

できる)」となり、感性価値を巧みに訴求していきます。また、iPodの分かりやすいUI(ユーザーインターフェース)とクールなデザインは、現在のiPhoneまで引き継がれている柱となる価値です。そもそもパーソナルコンピュータの時代から、UIのフォントと、クールで(一部カラフルに)デザインされたハードウエアという感性価値を大事にしてきた、まさにアップルらしいイノベーションがiPhone関連でも連続して起きていると言えるでしょう。

縦軸で見ると、スタンドアローンの端末から、ネットにつながることによってプラットフォームサービスへと変わっています。

注:アップルの感性価値はキャッチコピーとしてデザインされたというより、使っていくうちにユーザーがこのようなことを言い出した、と考えるほうが近いかもしれません。

図2-10 アップルの連続イノベーション

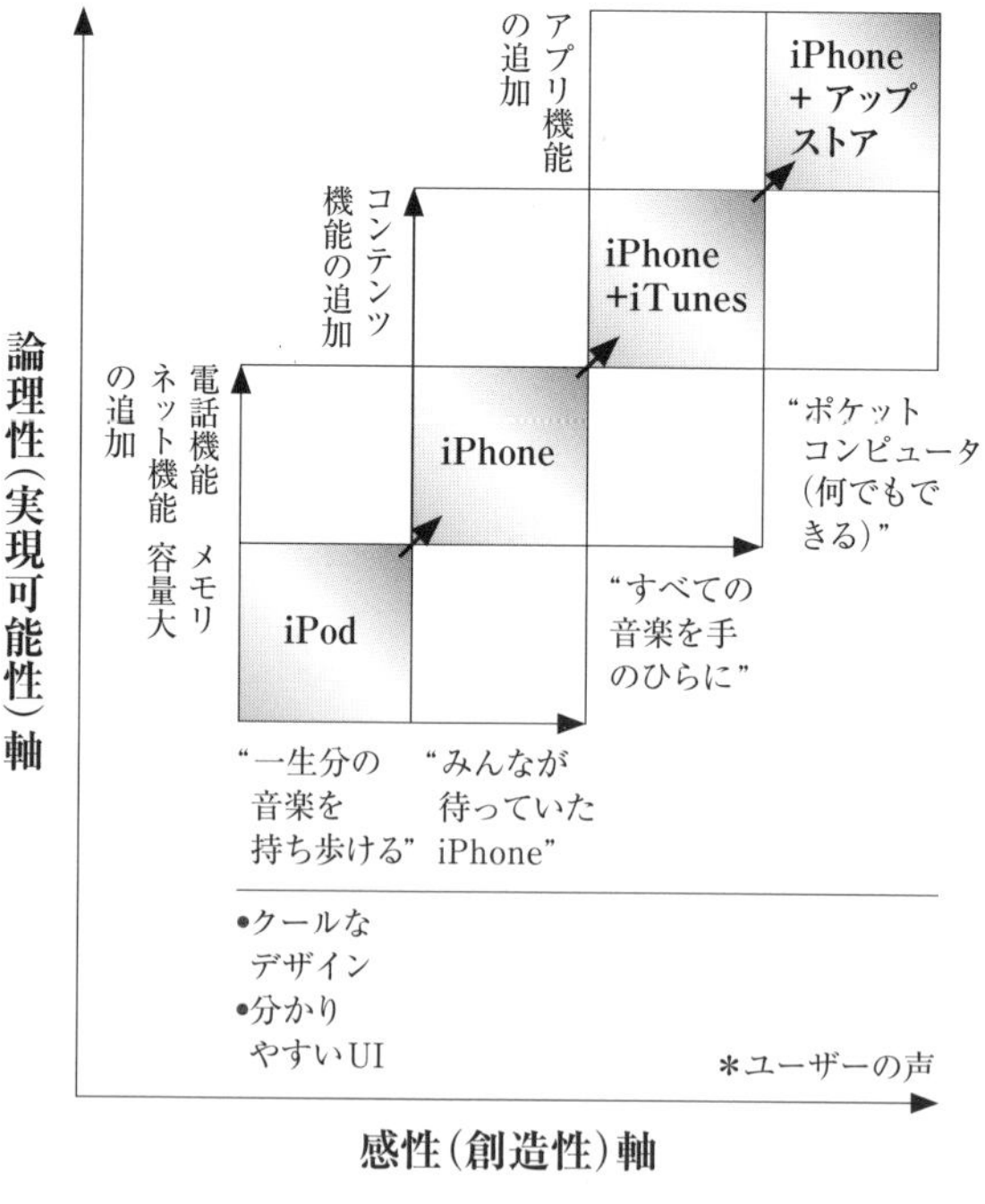

図 2-11 アップルの連続イノベーション

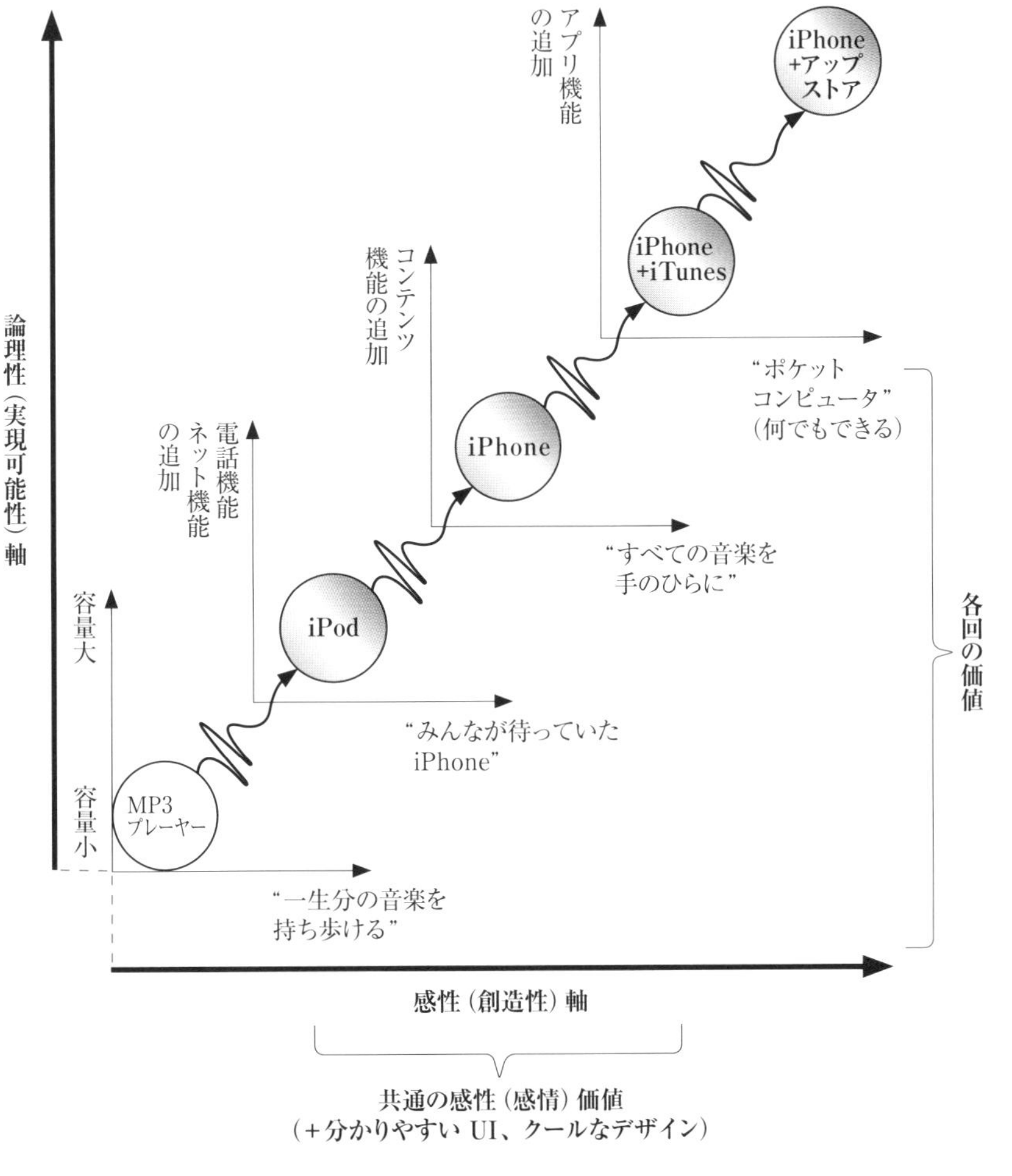

イーロン・マスクのイノベーション

次に米テスラのイーロン・マスクのイノベーションについて解説します。同じように感性（創造性）軸と、論理性（実現可能性）軸で捉えてみましょう。

発想のベースには、イーロン・マスクの地球課題に対する危機感があります。「石油資源が枯渇する」「そのために世界を救いたい」「ミニ地球環境をつくりたい」「火星に行くべきではないか」と、彼の理想からビジネスが誕生していることが分かります。

現在、幅広く手掛けている彼の事業は、「未来を考える」ことから生まれているように感じます。そして、おのおのの事業は、目指す未来から現在にバックキャスティングして「手前を刻む」ことで生まれています。

テスラは、石油資源がなくなることを前提に、電気で動く自動車をいち早く開発しました。量産化には難航した時期もありましたが、粘り強く継続した結果、２０２０年には米国の高級車市場でトップのポジションを獲得。時価総額でも、自動車メーカーとしては今や世界トップです（２０２１年８月時点）。

太陽光発電のソーラールーフ事業も同様に、目標は石油依存からの脱却です。太陽光発電は発電効率に限界があるとはいえ、地道な改善を続けています。宇宙に行く「スペースＸ」は有人宇宙船を飛ばす事業ですが、言うまでもなく、火星へ行くという目標の実現に向けて手前を刻んだ事業です。幾度かの失敗を経て、結果的にはＮＡＳＡが手掛けるよりも大幅にコストを抑えて国際宇宙ステーションへ人を送り込むことに成功しました。

図2-12 洞察と意志から未来をつくる

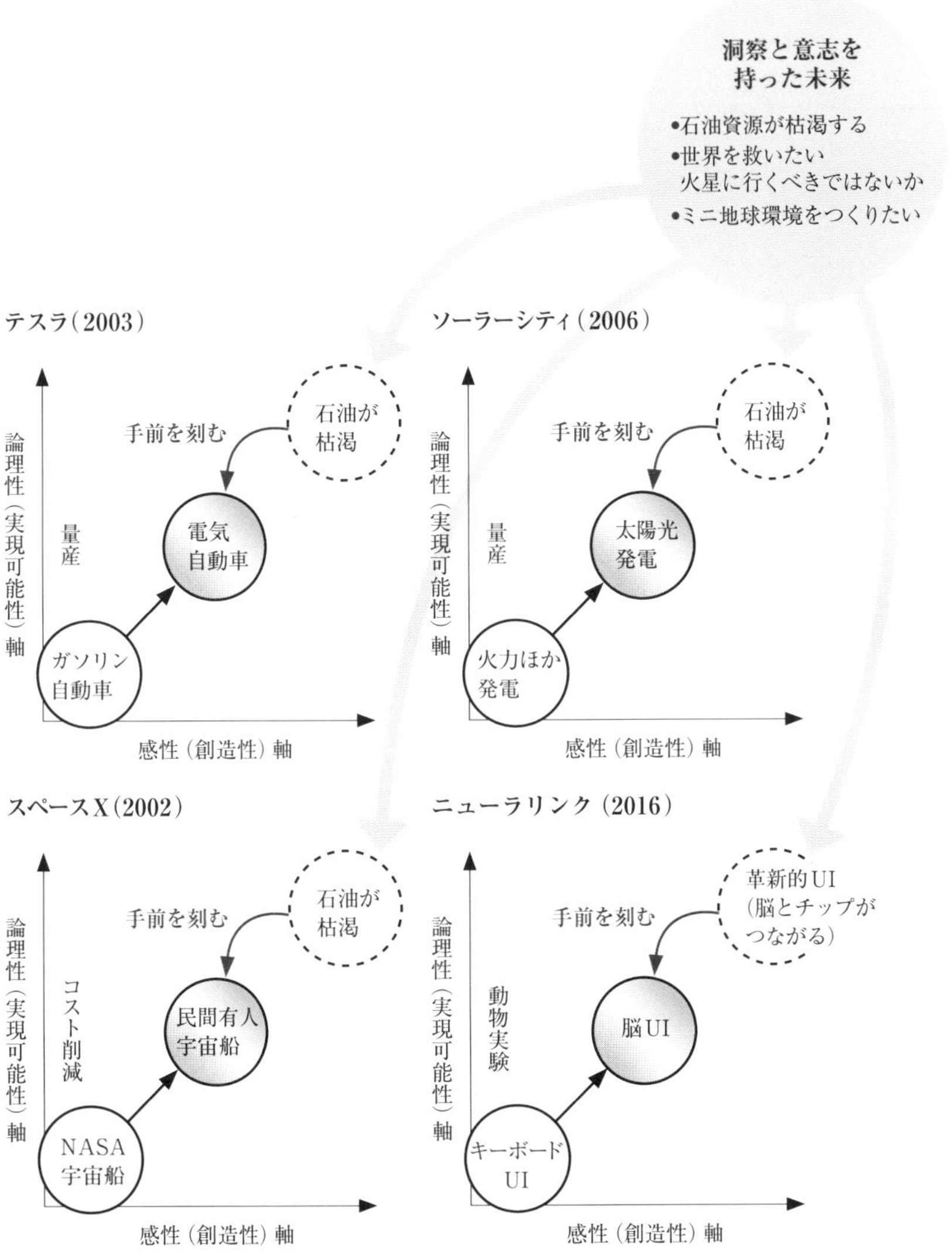

コンピュータも「未来では脳と直接つながっているはずだ」との確信の下、ブレーン・マシン・インターフェースとしての脳チップを開発し、既に動物で実験しています。頭蓋骨に埋め込むタイプのため、その手術で必要となるはずのロボットから開発する「手前の手前を刻む」発想も盛り込まれています。火星へ行くことと直接関係はないように見えますが、今やビジネスでもプライベートでも基本的な「文房具」となったコンピュータのＵＩを革命的に変える発想は、すべてのビジネスに大きなインパクトを与えるでしょう。

このように見ると、イーロン・マスクが社会課題、地球課題に対する危機感から出発し、手前を刻む発想で創造性を出し、念入りに考えて試行し、実現可能性を着実に高めて次々に実現していることが分かります。言い換えると、創造性を思い切り使って右軸の最果てまで行ったうえで、実現可能性を考えて手前を刻む。感性（創造性）軸と論理性（実現可能性）軸で整理することができました。

イーロン・マスクのように意志を持ち、将来を夢想（あるいは想像）して手前を刻んでみると、いろいろな創造性が出そうです。例えば、「これからの水問題は地球課題なので、砂漠でも使える水の循環システムを作りたい」「人の皮膚をコンピュータのスクリーンにしたい」など、実際に様々な人がこのような夢想をし、手前を刻んで試みを行っています。「未来の夢想からの発想」も、創造性を出してイノベーションを起こすための有効な方法の一つです。

「積み上げ型」と「未来思考型」

こうしたビジネスイノベーションから学ぶ、創造性を出すやり方は2通り。第1に、感性（創造性）と論理性（実現可能性）を使って右上の領域を目指して積み上げていく方法。第2に、先に未来の想像に飛んで、そこから手前を刻む方法です。アップルの連続イノベーションが「積み上げ型」とすると、イーロン・マスクの場合は「未来思考型」と言えると思います（未来思考型について詳しくは52ページ参照）。

COLUMN

未来の読みにくさ

「未来思考型」で注意しなければならないのは、未来は直線的（一次関数的）には起こりにくいということです。例えば、人類が初の月面着陸に成功したとき、これからは科学の時代、宇宙の時代だ、ということで、ＳＦ作家を中心に、21世紀には「人が気軽に宇宙に行き、宇宙をフロンティアとして開拓している」という状況を人々は夢見ました。ところが21世紀の現在、実際には火星へすら行けていません。同様に、スポーツチームの成績も、開幕から連勝が続くと早くも優勝したかのような気分になります。企業の売り上げもそうで、ベンチャー企業が少し伸びるともう上場準備だ、となることもあります。

もちろん、すぐにそんなことにはなりません。どこかで直線的成長は止まったり、緩やかになったりします。逆にネガティブな場合もそうです。スポーツチームが

図 2-13 ポジティブな成長もいずれ穏やかに

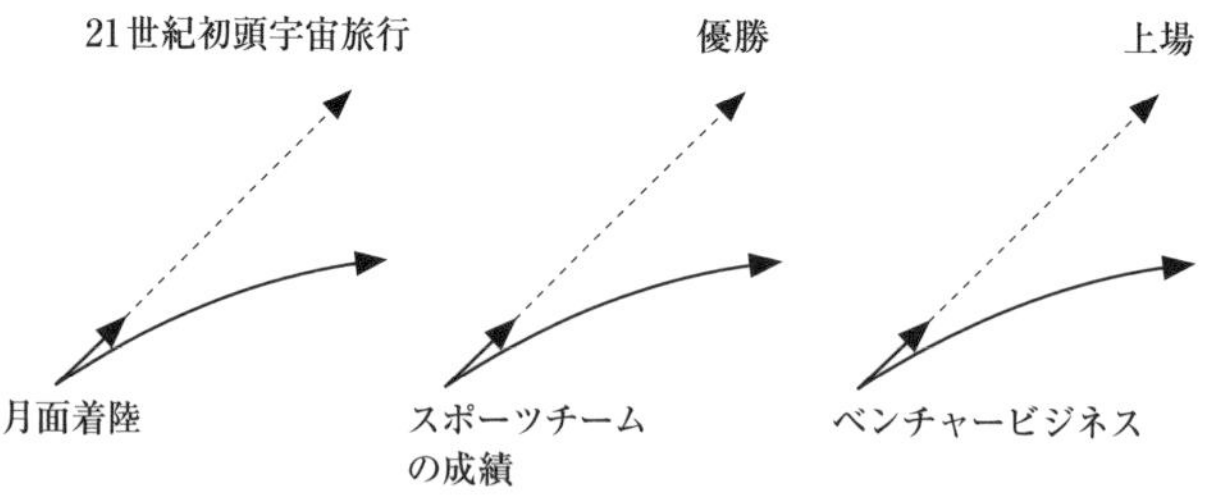

開幕から何連敗もしたら、今期はもう終わりだ、最下位だ、と悲観してしまいますが、そうならないこともある。企業の売り上げや利益が一時急減すると恐怖が襲ってきますが、何とか持ちこたえることもある。もちろんすべての場合で人間が「強い意志を持って」何とかするからそうなるのであり、自動的に持ちこたえることはないのですが……。

一方「指数関数的に増える」ことが社会ではあり得ます。「広がる確率が同じ」だとすると、ある一定値を超えると、爆発的に増えていく。これは人が社会的にネットワークを成しているために起こる現象です。「Winner takes all（勝者総取り）」といわれる背景には、ネットワーク上では何らかの現象は指数関数的に広がるという原理があります。

このように、現在から未来への変化は「直線的」ではないので、非常に読みにくいところがあります。だからこそ「未来を、意志を持ってつくる」ことの意味が出てくるのです。

図 2-14 ネガティブな成長もいずれ穏やかに

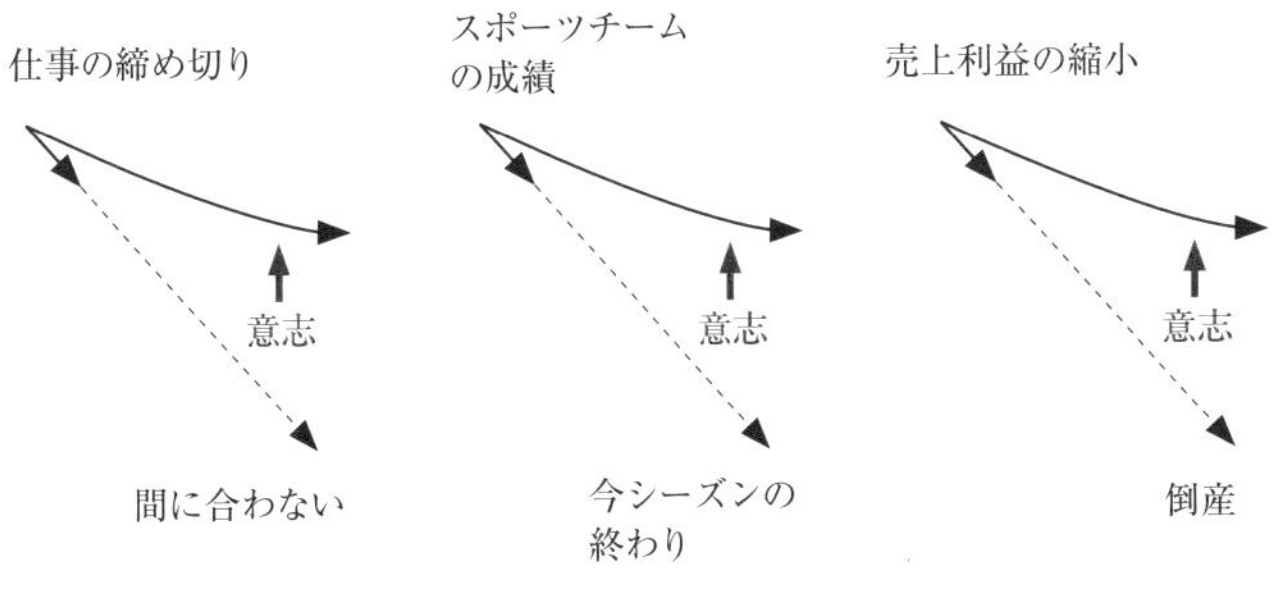

大事なのは「自分」がやりたいこと
アート思考は素の自分を思い出すきっかけに

上山信一氏　慶應義塾大学総合政策学部教授

うえやま・しんいち●慶應義塾大学総合政策学部教授。専門は企業と公的機関の経営改革、公共政策。1957年大阪市生まれ、京都大学法学部、米プリンストン大学（修士）卒。旧運輸省、マッキンゼー（パートナー）、米ジョージタウン大学研究教授等を経て現職。（株）スターフライヤー社外役員のほか、アドバンテッジパートナーズ顧問や各種企業の顧問・監査役等を歴任。また、国土交通省政策評価会座長、東京都、大阪府・市、愛知県等、数多くの自治体の政策顧問、特別顧問等を歴任。

上山信一氏は、著者のマッキンゼー・アンド・カンパニー時代の上司。著者が同社で創造性を発揮してコンサルティング業に従事できたのは、上山氏が心理的安全性を担保してくれていたからだという。そんな著者の理解者でもある上山氏に、アート思考が求められる近年のビジネスシーンについて聞いた。

〝死体解剖〟から新しいものは生まれない

――BODAIのアート思考について、上山さんのご意見をお聞かせください。

上山信一氏（以下、上山）　論理性と創造性のどちらも必要だという考えにはとても共感できます。特に最近は論理性に偏った人が多いですからね。特に何でも要素分解して、バックキャスティングして物事を設計すればいいという風潮は困ったものです。

　会社組織の中では、アイデアはロジカルに説明しないと共有されない。しかし、ロジカルに考えさえすれば実現できるものでもない。真面目なビジネスパーソンは、何でもかんでも数値化して、細かく分析したことを発表したがる。しかし分析というものは、既にある物事を切り刻んでいるだけ。いわゆる〝死体解剖〟でしかないんです。「それであなたは、何をしたいの？」と質問されて、答えられないような分析には意味がない。分析は、やりたいことが先にあり、その阻害要因を探るためにやるのです。

――分析やロジックばかり追いかけるビジネスパーソンを変えるには、どうすればいいと思いますか。

上山　自分がその会社でやりたいことをハッキリさせることが、最も大切だと思います。「自分を生かすための領域は、ここしかない」というくらいまで突き詰めて考える。

　夢は大きく持ちながら、一方では謙虚になることも大切です。若いうちから「キャリアデザインをする」と言う人がいますが、会社や社会の役に立つからキャリアはデザインできる。たいしたスキルもなく役に立たないうちは、まずは言われたことをやることです。人が成長するには、ウィル（Will）とスキル（Skill）の両方がないと駄目です。現実には、スキルはそこそこあるけれど、ウィルが乏しい人が結構いる。

――ウィルが創造性の素で、スキルは論理性でしょうか。なぜ、ウィルを持っていない人が増えているのでしょうか。

上山　一つはメディアの影響でしょう。「起業に向けてキャリアデザインした若手社長」とかを特集してチヤホヤしたり……。起業しただけでろくに売り上げもないのに「若いのにすごい！」と持ち上げたりするのは、やめたほうがいい。

　アート思考も伝え方を間違えると、安っぽい自己啓発の新たな手法だと思われてしまう。キャリアデザインのツールとしてアート思考を学ぶなんて、本末転倒です。茶道にビジネスプロセスの簡素化のヒントを求めるとか、右脳を鍛えるために美術番組を見ようとか、ばかみたいです。やらないよりはましかもしれませんが、根本的に「自分がやりたいことは何か」が大事だと思います。

子供の頃、夢中で取り組んでいたことをやる。それが一番正しいという説もありますよね。昆虫採集とかお菓子作りとか。子供は利益や出世とか考えず、素直ですからね。

――BODAIのアート思考で「自分軸」（16ページ参照）を考えるとき、「子供の頃、言われなくてもやっていたことは何か」という質問があります。

上山　とてもいいですね。素の自分を思い返すことは、とても大事だと思います。同様に、人間関係でも同窓会が楽しい。学生の頃のフラットな関係性で語り合えるので、すごく居心地が良い。学生時代の友達とはお互いに駄目だったことも失敗したこともすべて共有しています。今さら何も隠す必要がないし、今の役職や立場も気にしない。同窓会に行くと素のままの自分を出せる。そしてお互いにここまでやってきたことをたたえ合う。なので、素直に盛り上がれるんだと思います。

――アートを使ったワークショップはフラットな関係を築くことができ、チームビルデ

ィングにも効果があります。ある企業のトップマネジメントが参加した研修では「お酒の場以外で、こんなに腹を割って話せることに驚いた」といった感想を述べた方がいたそうです。

上山　触媒効果ですね。日常と違う側面が出ると、心の距離が縮まることがありますよね。ゴルフで上司がずっこけると、やけに親近感が湧いたり……。次の日、その上司との会議の雰囲気も変わります。量子力学で考えると、粒子が波動で共鳴し合うので、コミュニケーションのスタイルが変わるのだと思います。

〝脱力系アート思考〟のススメ

——論理的には説明しにくいことですね。

上山　セレンディピティとか、インスピレーションとかもそうですね。それは仏教や量子力学にも通じる話で、論理的には起きないようなことが、現実に起きることがある。企業経営においても、同様のことがあると思います。不況で注文がなくなって絶体絶命というとき、昔の知り合いから急に連絡があって仕事につながるとかね。直感的にひらめくこともあります。「会議のとき、一人だけ寂しそうにしていたスタッフの話をもう一度聞いてみよう」と、なぜか急に思いつき、それが大きなビジネスを切り開くきっかけになったり……。

仕事でチームを組むときは、誰に声を掛けるか考えますよね。そのときも、論理的に考え過ぎないようにしています。例えば、計算違いをしやすい人でも、人間性が優れていれば選ぶ。多少不器用でも、人間味があって、面白いことを言ってくれるほうがチームワークは良くなるし、一緒に仕事をしていて楽しいですからね。

――一般的にはチームをつくるとき、規格外といわれる人は外されがちだと思います。できるだけ真面目でコントロールが効きそうな人を選ぶのではないでしょうか。

上山　仕事のテーマが単にものごとをこなすときは、それでもいい。しかし、私は新しいことに挑戦する仕事のときは必ず、異質の人材を組み合わせていました。町田さんは、そんな異質の人材の一人。マッキンゼーで一緒に働いているとき、町田さんは日本支社のパートナー全員の似顔絵入りのうちわを作ったことがありました。その似顔絵が、各メンバーの特徴をつかみつつ、程よく滑稽に描かれていて、ものすごく面白かったんです。チームワークの楽しさを絵でうまく表現してくれて、ものすごくチームの空気が良くなりました。あぁ、こういうものの捉え方ができる人なんだと感心し、ここぞというときはいつも町田さんに声を掛けていました。

——プロジェクトがうまくいくには、創造性のある人が必要ということでしょうか。

上山 うまくいかないプロジェクトというのは、テーマが間違っていることが多いと思います。そもそも、プロジェクトとかタスクフォースばかりやっていて、日常業務をおろそかにしている会社がよくある。一度、既存の改革プロジェクトの棚卸しや整理をしてみるといい。あとは、楽しくないこと、無理なことばかり提言していて、改革が実行されていないケースも多いですよ。

——プロジェクトを推進するとき、アート思考はどのように取り入れられると思いますか。

上山 テーマ選びをクリエイティブな人材で行うのも、方法の一つだと思います。課題を決める段階が一番大事だからです。そのとき重要なのは、アート思考の基本となる「なぜ、そのプロジェクトをやりたいのか」という自分軸でしょう。それは別に個人的な動機でもいい。やりたいという気持ちがあれば、ひらめきも生まれやすい。会社にとってもプラスです。

——社員はやりたいのに論理的思考の強い上司から企画を却下されて、実現できないという声もあります。

上山　それは言い訳でしかない。本当にやりたいプロジェクトじゃないんです。仕事なんだから、自分のやりたいことを考えて、それを認めてもらう方法を考える。まずは、今までやりたいのにできなかったこと、忘れていたことがないか、自分に問いただしてみる。そのために、素の自分を思い出す、アート思考はそのきっかけになる。

ただ、力み過ぎると「アート思考を学んで出世しよう」とか「これからのビジネスパーソンには、アート思考が必要だ」となってしまいます。意識が高い人ほどアート思考に注目するのですが、少し肩の力を抜いて取り組んだらいい。どこかの企業が取り組んでいるから、うちも取り入れるというのもよくない。面白そうだからやってみよう。そのくらいの脱力感がちょうどいいんじゃないでしょうか？　〝脱力系アート思考〟とか、どうですか？（笑）

3章

アート思考とデザイン思考

アートとデザインの違い

なぜ、アート思考がビジネスに役立つのでしょうか。それを考えるうえで、アートとデザインの違いを整理してみたいと思います。

アートとデザインは、どちらも創造的でビジュアルや立体物などで表現します。そのため、似たものだと捉えられがちですが、この2つは大きく異なります。その違いは「目的」です。

アートは、ビジネスの領域ではないところで、制作者自身から生み出されるもので、クライアントの課題解決からの発想ではありません。既成概念を壊していくことで、新しい表現が生まれています。表現のイノベーションとも言えるでしょう。アート作品の売買を行うビジネスはもちろん存在しますが、それはアートビジネスです。

一方、デザインはビジネスの領域で、クライアントや自社の課題を様々なクリエイティブ（意匠やロゴなど）によって解決していくものです。私が1990年代後半にニューヨークの美術大学でデザインの授業を受けたとき、最初の講義で教えてもらった言葉は「クライアント・ファースト」でした。これは課題解決を仕事としているコンサルティング会社の行動規範と同じです。つまり、デザインとは企業の課題解決を、クリエイティブ（創造的なもの）で解く、という意味で使われています。なお、海外ではデザインという言葉は、少し違ったニュアンスで使われます。「意匠」よりも「問題解決」に近く、日本語で言うと「設計」に近いです。

図 3-1　アートとデザインは違う

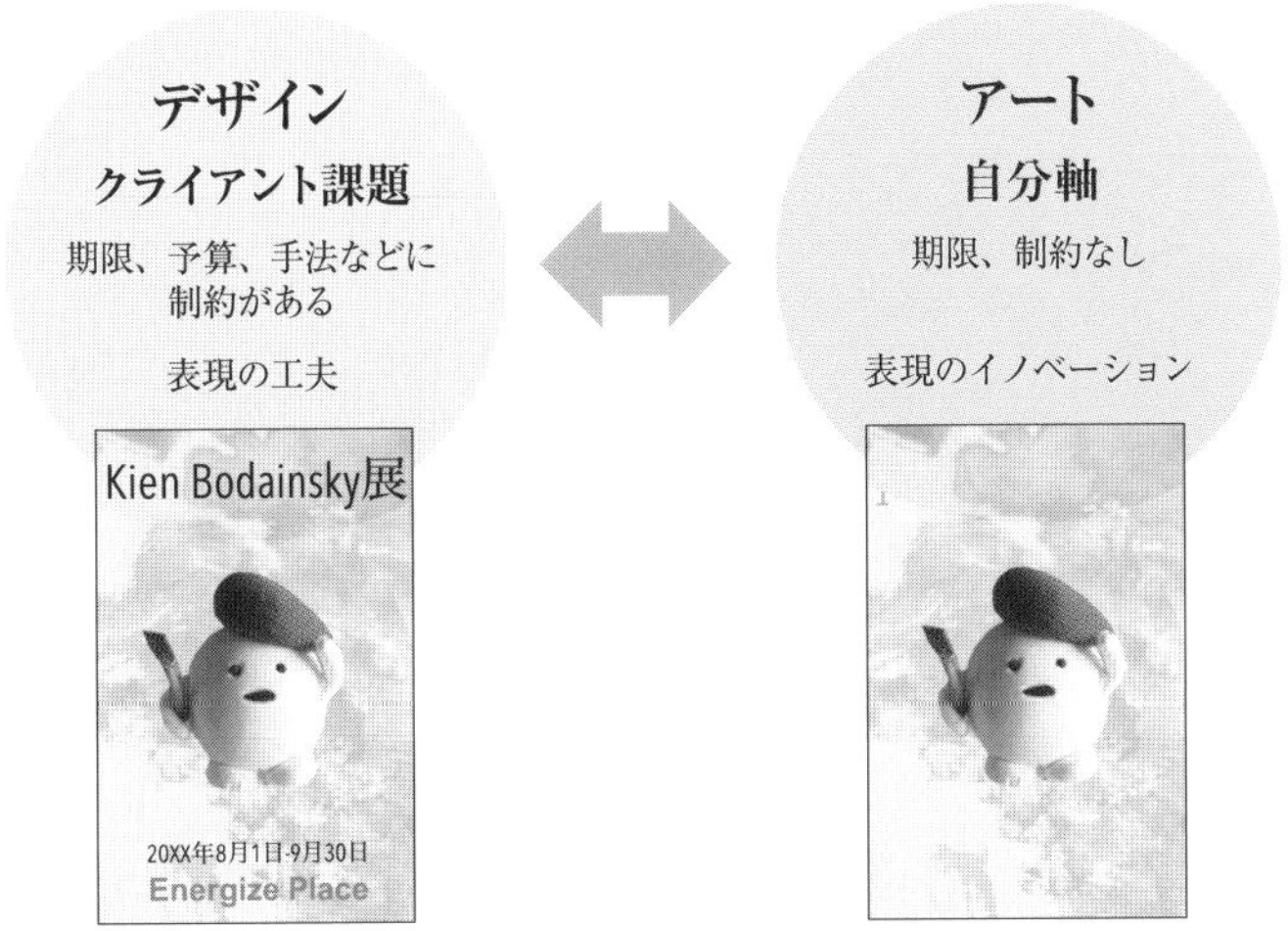

図 3-2　デザインはその価値をどんどん広げている

	デザインの従来の価値	デザインの新たな価値		
		Company 企業内	Customer 対顧客	Competitor 対競合
見えるもの	意匠 ロゴ ネーミング パッケージ ブランド	イノベーション 製品 企業変革 企業再生	流通含めた売り方 伝え方 UI	
見えにくいもの		認知科学を用いた成果の事前説得	UX 体験設計	IP/ 知財の防衛

日本でも近年は、デザインの境界線が曖昧になりつつあります。もともとデザインは、ブランドのロゴやネーミングなど意匠と呼ばれる領域でした。現在は企業再生や企業変革、知財戦略、売り方や伝え方などのコミュニケーション、顧客体験（ＵＸ＝ユーザーエクスペリエンス）のデザインなど、デザインの領域はどんどん広がり、クリエイティブが活用できる場面が増えています。そんな中、デザイン思考が登場したのです。

アート思考とデザイン思考

次に、デザイン思考とアート思考の違いについて、お話しします。デザイン思考は、クライアント課題や自社課題があることを前提に、それを一連の手順で解いていく手法で、アウトプットは新製品や新サービスなどが多く、企業の課題解決に使われています。

　定義はいろいろありますが、ここでは分かりやすく「デザインの一連のプロセスを手法として取り出し、手順化したもの」としましょう。一番分かりやすい定義は、米国西海岸のコンサルティングファームＩＤＥＯが提唱し、２０００年代半ばごろから数年で世界へ広まった「顧客を観察して共感し、潜在的な課題を見いだし、プロトタイプを作り、ブラッシュアップしていく」という手法です。

　一方、アート思考は1章で述べた通り、自分軸を意識し、既成概念から離れ、創造的なアイデアを生み出すことです。アウトプットとしては、事業構想や業態転換、ビジョンなどを出すことと相性が良く、アート思考は課題提起であるといわれることもあります。顧客やクライアント課題から問題解決を行うデザイン思考と最も大きく異なる特徴です。大事なのは「自分の好きなことやこだわり、信念とは何か」を自分に問いかけ、自分の軸を見つけること。

アート思考は自分軸を意識した中から「課題定義」が出てくるので、デザイン思考から出てくる課題定義との間にギャップが生じることもあるでしょう。個人がやりたいことを起点に事業をつくるのであれば、自社の課題らしきものからいったん離れて、個人のやりたいことにフォーカスし、その後、自社について考えるのも一つの方法です。

ビジネスにおいて、個人がやりたいことと、会社が求める方向が一致したり近かったりするとき、強力なドライブがかかり、力強い立ち上げになります。例えば社員がやりたいことに、企業としてはあまり口を挟まず、むしろ支援するようなスタンスで接している

図3-3 アート思考とデザイン思考の違い

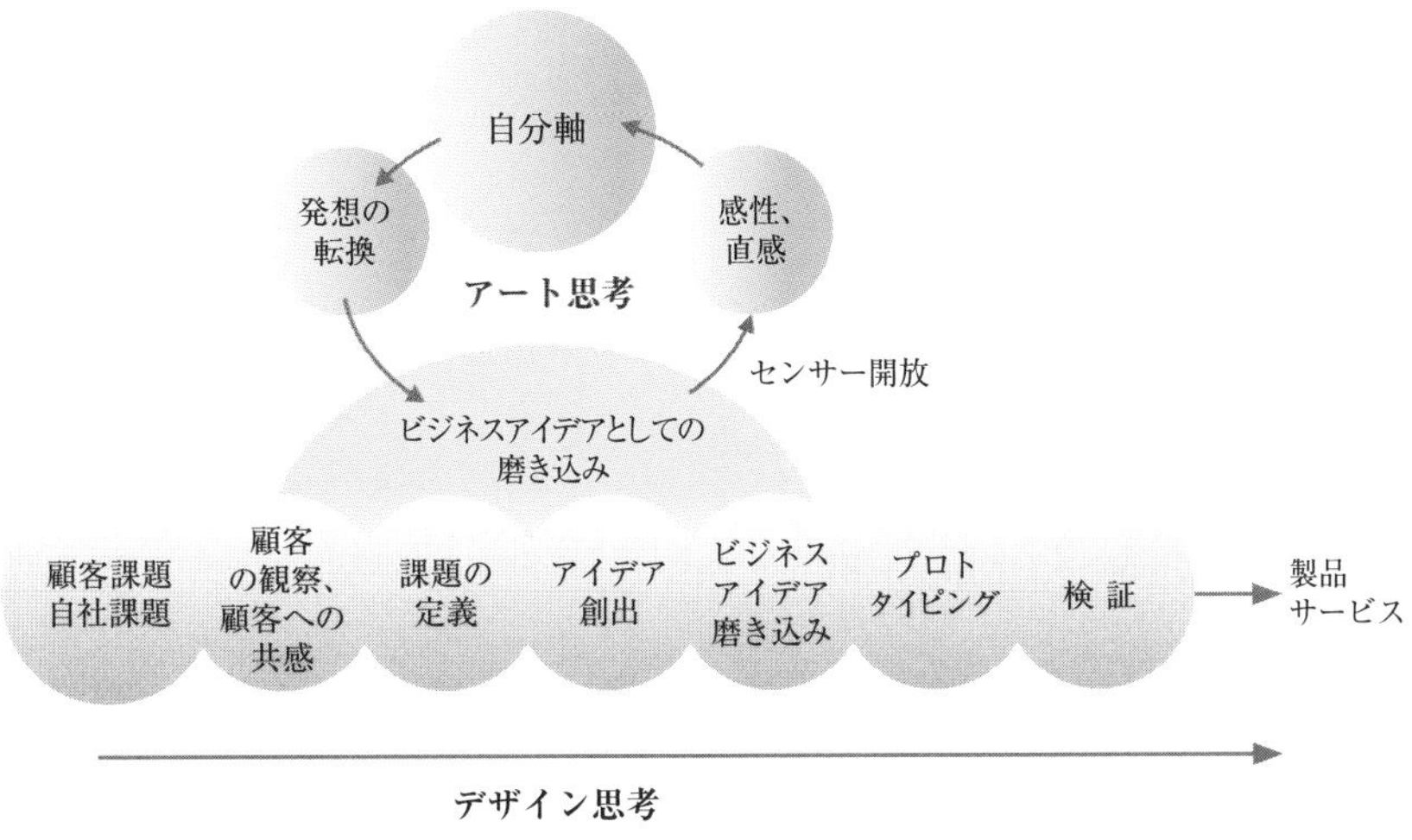

と、企業の新しい価値が見え始める、ということも起きます。また、個人の「夢」とつながると、事業の実現可能性は大きく高まります。

アート思考とデザイン思考は、全く違うものですが、組み合わせて活用することができます。

デザイン思考とアート思考の連携

デザイン思考とアート思考の連携を見ていきましょう。

デザイン思考は自社や顧客の解くべきテーマが既にあるので、その中で発想することになり、そこから課題が導かれます。デザイン思考の課題定義は、比較的所与のものである可能性が高い。つまり「顧客課題を解く」ことに変わりはなく、顧客の制約要件が発想の制約につながってしまい、本来盛り込むべき創造性がどうしても盛り込めない、という面も多いようです。その枠組みとアート思考を連携し、デザイン思考で起きる思考の制約を少しでも取り払うことができれば、新たな創造性が出て、想像よりも良い事業の方向につながることが期待されます。

例えば、デザイン思考とアート思考を連携させた「アプリの作成ソフトを使ってＵＩ／ＵＸ画面案を作る」というワークショップを実施したときは、短時間でユーザーが使うソリューションやＵＩ／ＵＸに至るまで、大変効率的に成果が出たことがありました。以下が大まかな流れです。

①「デザイン思考」まずはアプリのプロトタイプを作るソフトウエアを使い、デザイン思考や、その中でプロトタイプを作る考え方とソフトの操作法を学びました。

②「アート思考」次にチームごとに自由に粘土でアート制作をし、既成概念を取り払いつつ、チームの一体感を高めました。

③「プロトタイプ制作」そのうえでアプリの作成ソフトを使って、画面のプロトタイプを作りました。

アート制作ではチーム内でお互いの意見や価値観をぶつけ合い、様々なユニークな作品ができました。また、アート制作中にアプリに関する意見交換をし、何を大事にするかを明確にしているチームがほとんどでした。そのためアート制作が終わる頃には大体の構想が出来上がっており、プロトタイプ制作に入るとすぐにＵＩの設計に入れました。デザイン思考の講師からは「通常だとトップページが1枚できるのが精いっぱいだが、各チームとも数ページの遷移図を作れた。これは本当に事業化に近づいている感じがする」と言っていただき、アート思考の効果を実感しました。与えられた課題の制約要件に拘束されずに自分がやりたい軸をしっかり持ち、それを初期段階からチームでシェアして深い議論をしたので、解決策に至る道のりは、かえってはっきりしたようです。つまりアート思考とデザイン思考がうまく連携した例と言えます。

デザイン思考は手順が明確にあり、その手順を何度も行いながらビジネスを具体化していくイメージです。一方でアート思考はデザイン思考の前に「大きく構想する」とき、つまりビジネスの起点に取り入れて使い、デザイン思考の最大の制約である課題の定義すら壊してしまうような使い方ができます。

アートは表現のイノベーション

時代の変わり目に、新しい思考法はたくさんあっていいと思います。その中でも、特にアートが有効なのはなぜか。答えは明解で「アートが、新しい表現を常に追求しているから」です。イノベーションが求められる企業現場での思考と、常に新しい表現が求められるアートは、相似の関係にあると考えています。

アートそのものは非常に広い概念で、様々な定義や解釈が可能です。本章では1つだけ抽出し、「どんなアートも、イノベーションを繰り返してきた」ということをお伝えしましょう。結論から言うと、「今から見ると伝統的なアートも、その当時は革新だった」のです。

例えば、日本において絵画の代名詞的な存在の印象派も、その前の時代の絵画への強烈なアンチテーゼから発しています。これは私見ですが、明治維新直後、当時の留学生や渡航者が見た絵画の中心的存在が印象派だったため、これが典型的な西洋絵画として人々の意識の中に根付いてしまったのかもしれません。イノベーション的な視点から18世紀以降の西洋絵画の歴史を見てみると、定期的に前の表現方法を否定して、次のジャンル・概念を生んでいることが分かります。

印象派前後のイノベーションを見てみましょう。

18世紀末〜19世紀初頭、主にフランス・パリでは、イタリアルネサンスをお手本とする新古典主義と呼ばれたグループが存在しました。新古典主義は、ギリシャ的な美を理想の美と位置付け、その伝統を守り続ける立場です。フランスで「サロン」と呼ばれるプロの美術集団は、ここに端を発します。

18世紀のフランス絵画は、ギリシャ・ローマの古典美を復活させたルネサンスの系譜を引いており、神が与えた「人間の美」いわば古典美が価値観の中心でした。それ以前の時代的背景から、時代の中心人物だった貴族や、古典的な英雄の場面を描くということが普通でした。

ところが19世紀の直前、１７８９年にフランス革命が勃発。それ以降、社会の主役が市民や庶民となるに伴い、描かれる対象が英雄や貴族から庶民へと大きく変わりました。テーマも人体の写実ではなく、精神的な表現が加わり、「自分の見たまま、感じたままを描こう」という動きが出てきます。けん引したのは、ジョゼフ・マロード・ウィリアム・ターナーやフェルディナン・ヴィクトール・ウジェーヌ・ドラクロワなどによるロマン主義と呼ばれるグループです。

次ページ上にある2枚の絵の違いをご覧ください。左側は新古典主義のジャック＝ルイ・ダヴィッドの作品で英雄が描かれています。右側はロマン主義のターナーの作品で、庶民が描かれ、情景が誇張されて表現されています。古典美を大事にするサロンでは、当初は「庶民を描くようなものはアートではない」とロマン主義を否定。こうした表現の「革新」と、古い価値観による「否定」はこの後長く、何度も続きます。

ロマン主義の後に登場したのが、ギュスターヴ・クールベやエドゥアール・マネ、エドガー・

［左］新古典主義：ジャック＝ルイ・ダヴィッド《ホラティウス兄弟の誓い》1784年
［右］ロマン主義：ジョゼフ・マロード・ウィリアム・ターナー《ミノタウルス号の難破》1810年

［左］写実主義：ジャン＝フランソワ・ミレー《落穂ひろい》1857年
［右］印象派：クロード・モネ《積みわら》1890-91年

ドガなどのリアリズム・写実主義のグループです。ロマン主義の精神性を思い切りリアリティに振り切り、写真のようなリアルさを求める表現が出てきました。

その次は、印象派です。印象派は、絵の具を混ぜるとだんだん暗くなることで絵画全体が暗く沈んだようになることを嫌い、点描といわれる絵の具の細かな点で色を表現しました。点描にすることで、例えば赤と青の点で色を表現すると、色を混ぜなくても遠くからは紫に見えます。画面全体をたくさんの明るい中間色で表すことができるので、絵画で「明るさ」を表現できるようになりました。

ところが、古い価値観のサロンは印象派についても「絵画ではない」と否定。一方、印象派の画家たちは、サロンの古い価値観に挑戦し、様々な国の様々な価値観を取り入れました。ちょうど日本が明治維新で開国して様々なものを学ぼうとしていた時期ですが、逆に浮世絵は、西洋絵画の印象派の画家たちに影響を与えていました。この頃、西洋絵画は日本の浮世絵に限らずアフリカやオセアニアなどの影響も受けています。

その後、ピエール＝オーギュスト・ルノワールやポール・セザンヌなどポスト印象派と呼ばれるグループは、絵の構成自体を革新します。ひとくくりに見られがちな19世紀西洋絵画ですが、歴史をひもとくと、表現のイノベーションが何度も何度も繰り返され、全く違う概念で絵が描かれていたことが分かります。この表現のイノベーション＝挑戦は、現代アートでも続いているのです。否定される中で、新しい価値が生まれる。考え方だけ取り出せば、ビジネスのイノベーションと、とても近いものがあるように思いませんか？

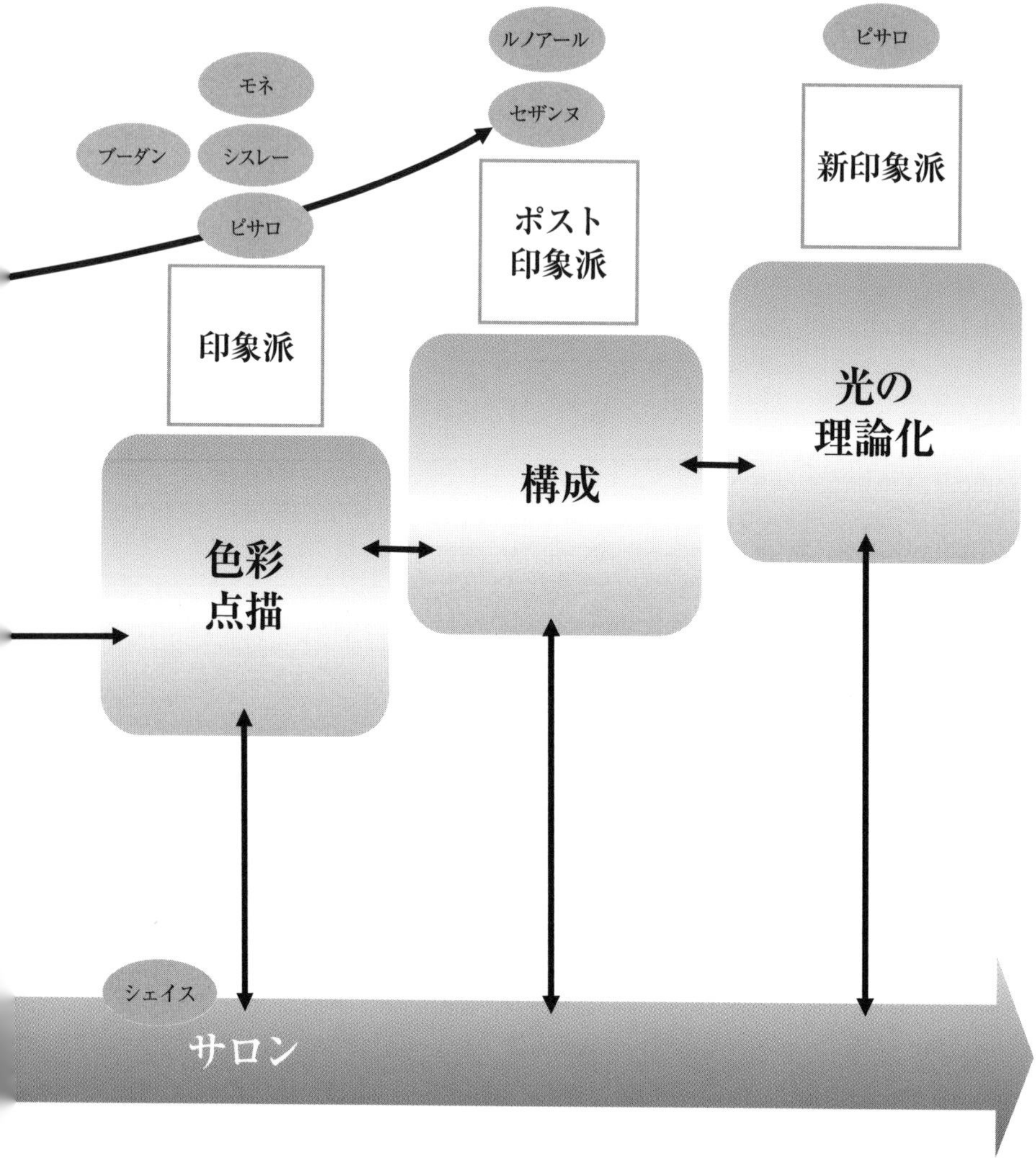

ブーダン
モネ
シスレー
ピサロ
印象派
色彩
点描
ルノアール
セザンヌ
ポスト
印象派
構成
ピサロ
新印象派
光の
理論化
シェイス
サロン

図3-4 18～19世紀のフランス絵画

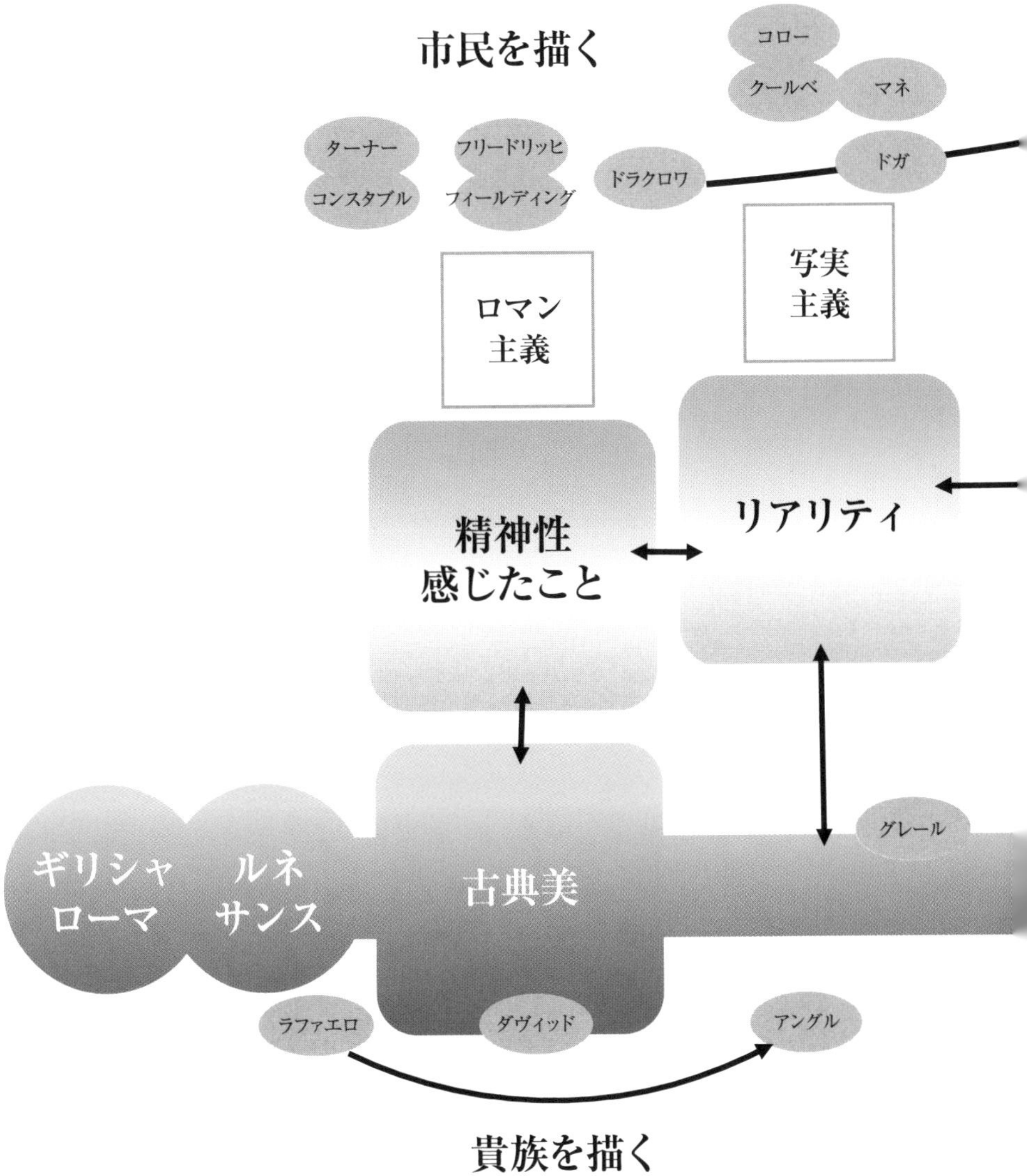

感性軸と論理性軸による連続イノベーション

次に、表現のイノベーションを、感性軸と論理性軸の2軸で見てみましょう。アートは連続してイノベーションが起きており、感性軸と論理性軸をどんどん進化させていることが分かります。

図3-5は、新古典主義からロマン主義へのイノベーションを2軸で表したものです。縦軸は「社会の変化に伴う、描く対象の変化」です。対象は、貴族から庶民へと大きく変わります。この2軸は、図3-6のようなマトリクス図で表すこともできます。

ロマン主義の感性軸は、新古典主義の「人体の美しさ」から、画家が「感じたこと」に移ります。ロマン主義は、新古典主義の「貴族×人体美」から、「庶民×感じたこと」へとイノベーションを遂げていると分析できます。つまり、論理性軸、感性軸をともに新古典主義から「ズラす」ことで、新たな表現のイノベーションを行っているわけです。

同様に、ロマン主義から写実主義、印象派、ポスト印象派、反印象派、新印象派を経て、象徴主義へと変化していく中で、論理性軸は点描や構成、知性、形態、色彩学、光の理論化まで、手法の進化で捉えることができます（78ページの図3-7）。

一方で感性軸は、人の美しさから画家が感じたこと、見たこと、理念（感情）へとシフトしています（この先の20世紀の表現のイノベーションでは、「心の奥底」や「魂」といった感性も現れます）。このように、18～19世紀のフランス絵画の世界は、論理性軸と感性軸の連続イノベーションで

図 3-5　新古典主義からロマン主義へ

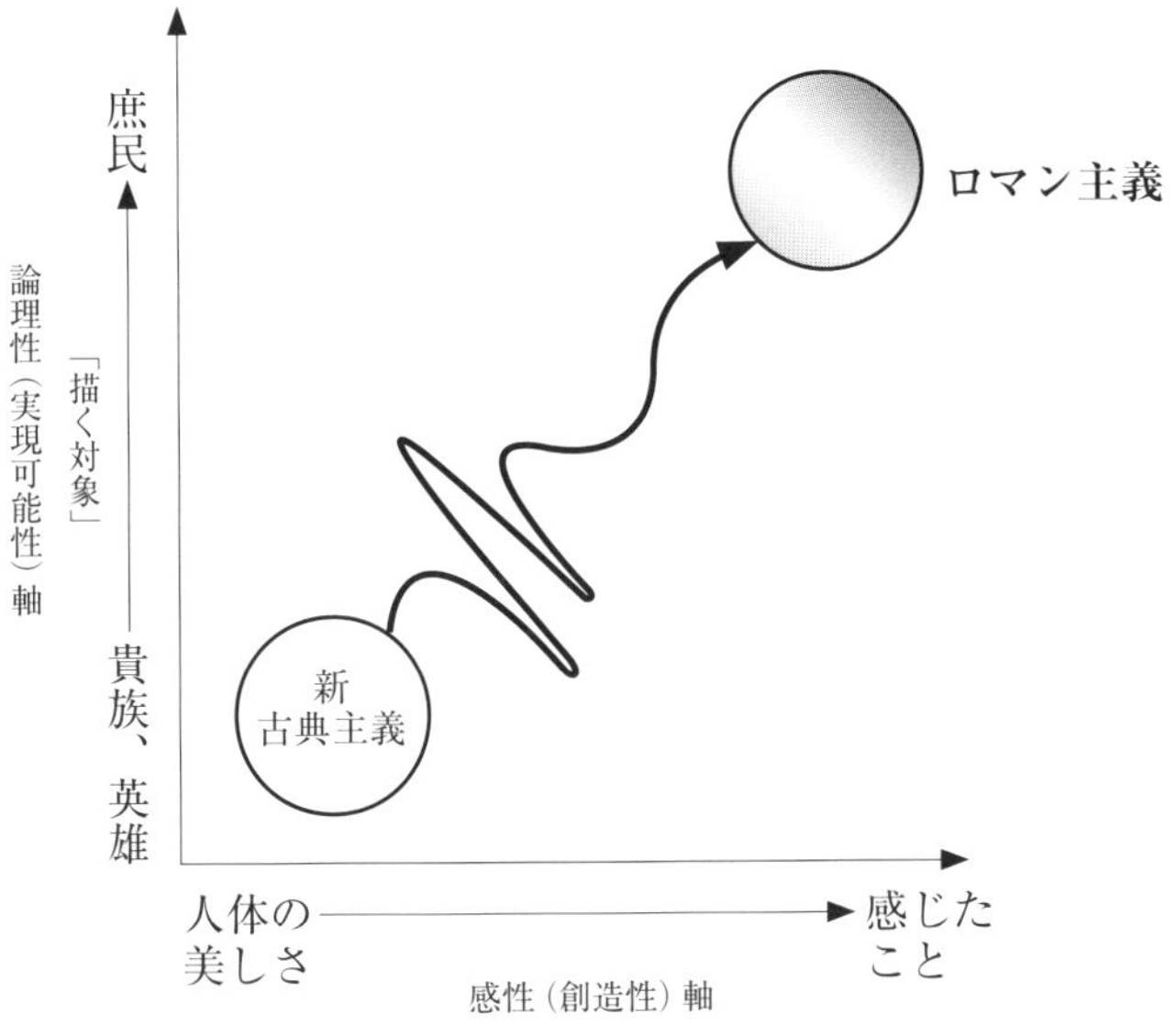

図 3-6　新古典主義からロマン主義へ

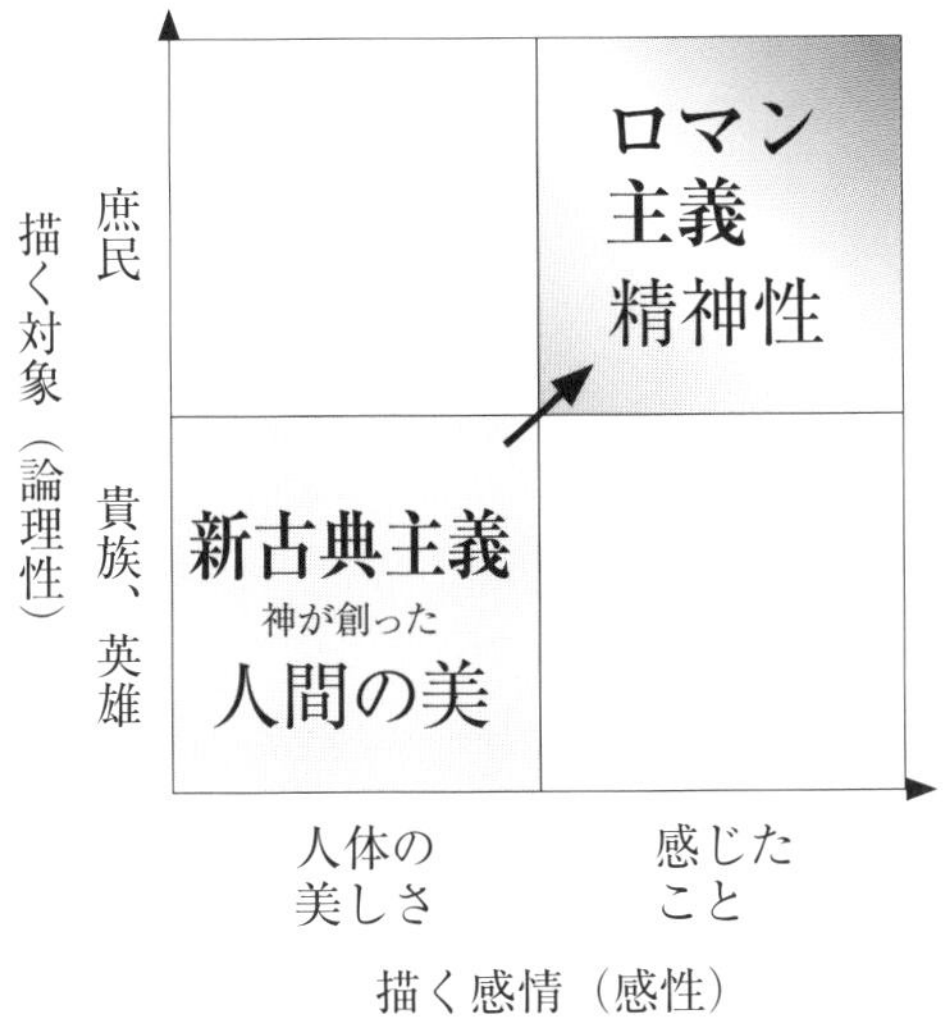

図3-7　18〜19世紀フランス絵画の表現のイノベーション

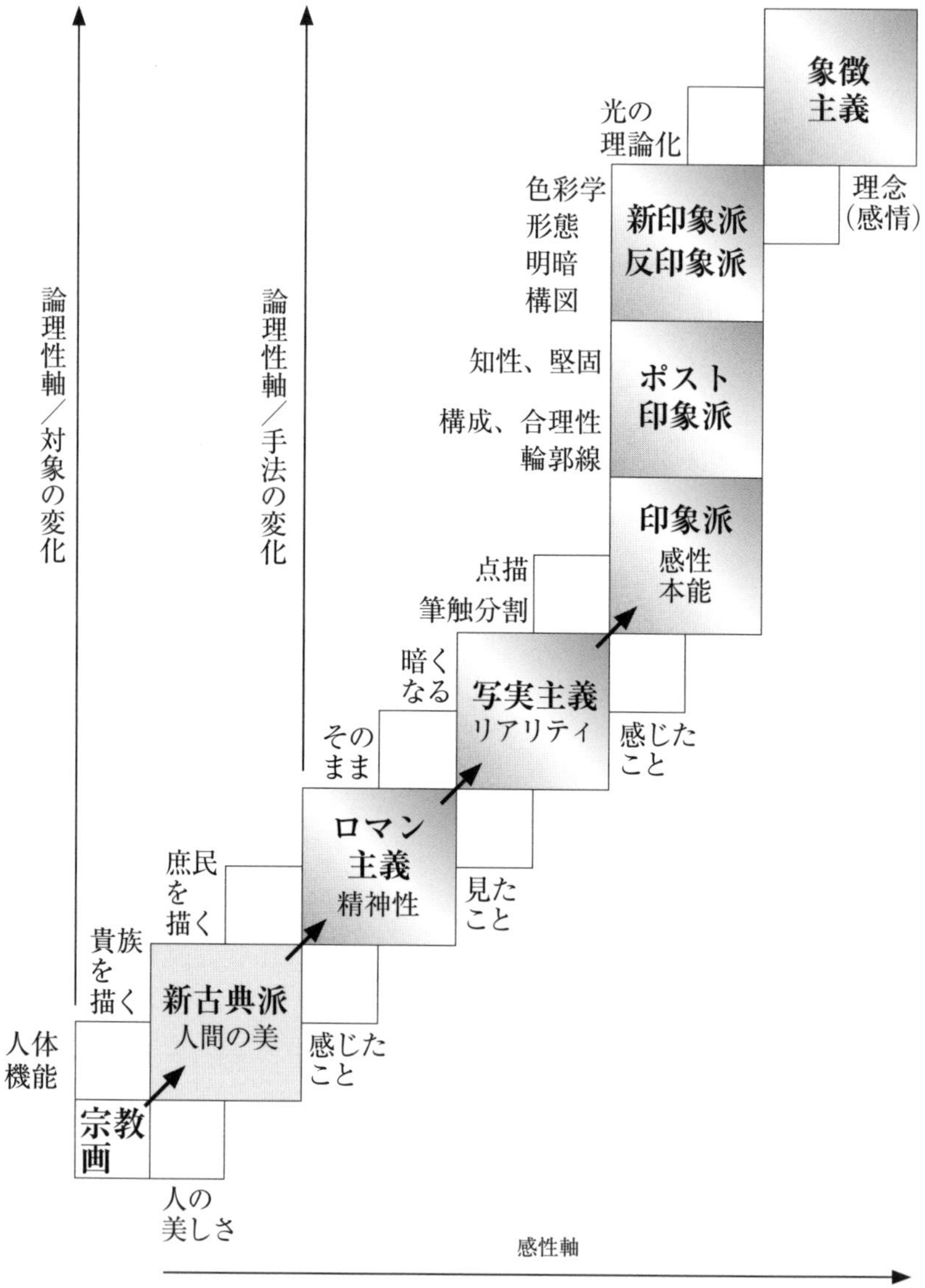

様々な解釈や表現があり、まだ研究対象になっている作家や作品もあり、ここに示したものは一例にすぎない。

うまく整理することができます（様々な解釈や表現があり、まだ研究対象になっている作家や作品もあり、ここに示したものは一例にすぎません）。

1章で解説したように、ビジネスの連続イノベーションと同様で、論理性軸と感性軸、共に高まりながら右上に上がっていくように捉えられるところが大変面白いと思います。もし今、論理的に説明できるのに事業構想やビジネス全般が行き詰まっているとしたら、感性や創造性を意識し、視点を変えて、どちらも高めていきましょう。18～19世紀のアートのように新しい何かが生まれる可能性があるかもしれません。

このように、前の価値観や技法、対象を「違う視点で捉える」「否定する」ことで、より新しい描き方、革新を求めること。これがアートにイノベーションを起こしてきたことを物語っています。ポイントは、どの世代も登場した頃は、古い世代から「それは絵画ではない」と激しい批判を浴びていたことです。新しいものはこのように古今東西、批判されがちなところがあります。ビジネスでも批判を恐れず、むしろ批判されるくらいの革新的なビジネスモデルを世の中に問うていくべきでしょう。

現代アートの発想とは

では、アートの範囲を広げてみましょう。例えば現代アートを対象にすると、アートは、定義した瞬間にその定義を思い切り、崩す、ひっくり返す、逆転させる、広げる、という考え方が見えてきます。例えば、「絵画を視覚」と捉えると「視覚以外の五感全体で感じるのもアートだ」となります。「美しいもの」を捉えると「美しくないものもアートだ」、「アーティストが作ったものがアート」と捉えると「鑑賞者に参加してもらうものもアートだ」となります。

デミアン・ハースト

デミアン・ハーストの「死骸シリーズ」は、ホルマリン漬けにしたサメの死骸や、縦に半分に切った牛の死骸を展示しました。これは「アートとは画材を使って表現し、観る人が気持ちのいいものを作ることだ」という価値観を逆転させて「社会的には価値がないと思われるもので表現し、気持ち悪いものもアートである」というメッセージが伝わってきます。「観客に吐き気をもよおさせる」と展示を禁じられたときもあったそうです。

サグラダ・ファミリア

建築の話になりますが、スペイン・バルセロナにあるサ

図3-8 発想のタネ「価値の逆転」と「できないものを作る」

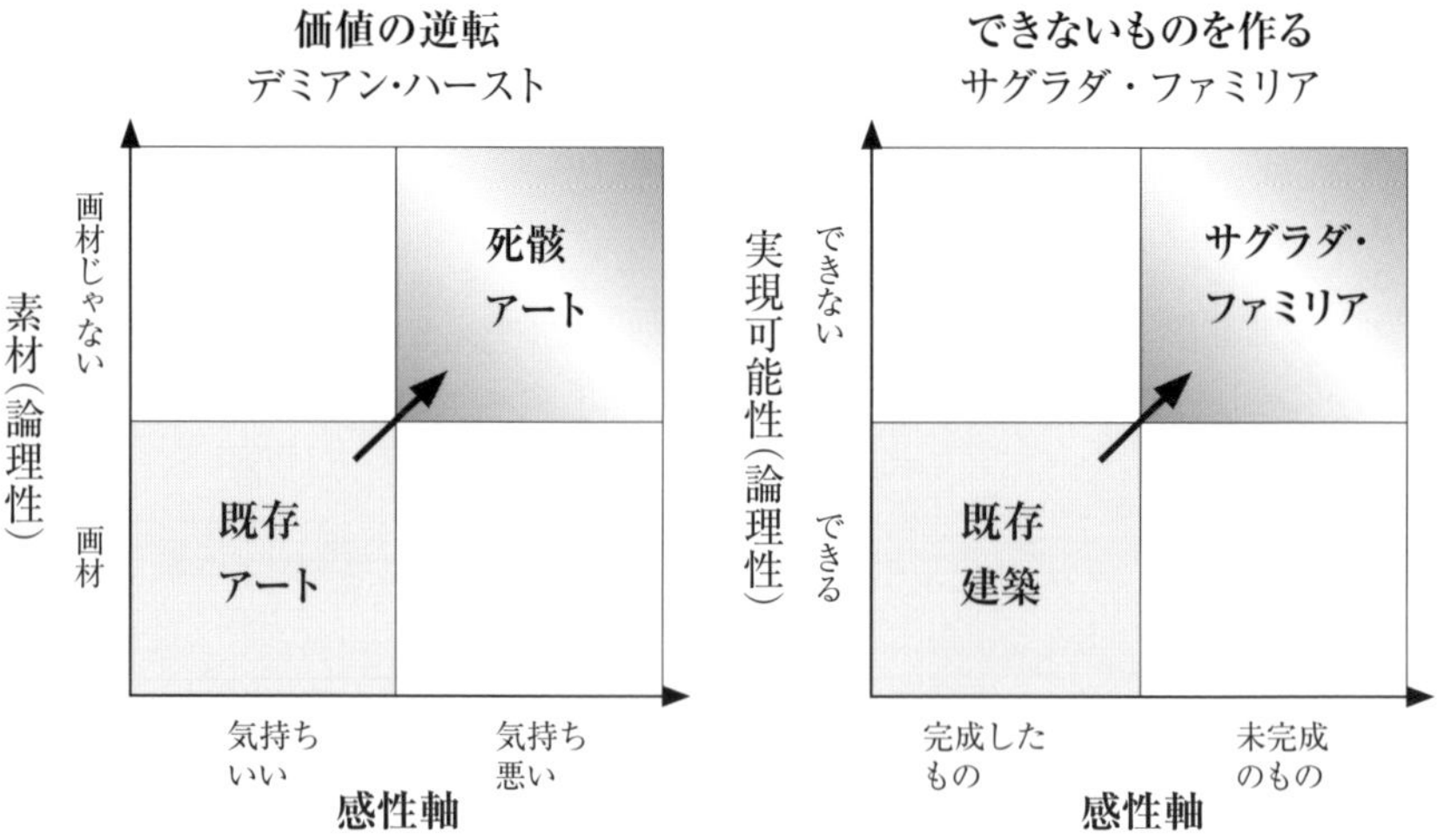

グラダ・ファミリアでは、アントニ・ガウディは当時の建築技術では「できないもの」を設計しました。彼は当時の建築技術でできる部分から建設し始め、現在も未完。完成まで百数十年以上かかるものを設計したわけですが、当時は「狂っている」「そんなものは建築ではない」と考えた人もいるでしょう。しかし「できないものを作ることに関わりたい」と有志の人が集まり、今では建築技術も進み、間もなく完成するところまでこぎ着けました。人の心をとらえ、揺さぶることで「実現可能性がない」ものを「実現」していったわけです。

このように、いつの時代のアートも感性軸と論理性軸をどんどんズラして表現を革新していっています。それも色や形だけでなく、概念や考え方、これまでの常識のような思考自体をズラし、「あり得ない」発想のジャンプも入っています。

こうした発想は「対象を広げる」「反対する」「否定する」「キワを広げる」「価値を逆転させる」「できないものを作る（設計する）」といったキーワードで整理できます。それらをＢＯＤＡＩでは「発想のタネ」と呼んでいます。

注：現代アートとは、現代に制作されているアートすべてを表すものではなく、「狭義のジャンルに限る」と定義する方もいます。表現のイノベーションだけでなく、アートの定義自体を崩したり、概念のやりとりをしたり、人によっては「現代アートはスキルだ」と表現される方もいたりして、様々です。ここではあまり厳密に定義することなく、「最近のアート」という意味です。

注：参考文献『現代アート事典　モダンからコンテンポラリーまで……世界と日本の現代美術用語集』（美術手帳編集部編、美術出版社、２００９年）

注：参考文献『近代絵画史（上）』（中央公論新社、高階秀爾著、１９７５年）

COLUMN

世界のアート思考の歴史

ＢＯＤＡＩのアート思考はどうやって生まれたのか。まず、世界的なアート思考の流れがどうなっているかを見ておきましょう。

「Art Thinking（アート・シンキング）」とは、ヨーロッパでは、21世紀に入ってエイミー・ウィテカー（Amy Whitaker、英国）とイェルク・レッケンリッヒ（Jörg Reckhenrich、ドイツ）が最初に使用した用語だそうです。フランスで、２００８年にグランゼコールＥＳＣＰ（世界で最も古いビジネススクール）のシルヴァン・ビューロー教授がアントレプレナーコースにアートを使うことを考案し、アートベースのプラクティスに取り組み始めました。科学的研究に基づいた方法を唯一設計し、「アート・シンキング」ワークショップを開発することになりました。

同じ頃、米スタンフォード大学のアントレプレナーコースでもアートを使うことが始まったそうです。学生たちはそのコースで検討した起業アイデアを使って、卒業後、起業するのが普通でした。ところが２０１０年代に入ると、コースで考えたテーマを用いて起業することが減り、大企業へ就職する人が増えたといいます。その理由を学生たちに聞いてみると、「テーマは、卒業のために決めただけですから」「テーマは、本当にやりたいことではないので」という答えが多く返ってきたそうです。

では、「自分が本当にやりたいこと」は何だったのでしょうか。本当にやりたいことがまだはっきりしていなくても、やりたいことを探したり、自分の中から引き出したりするにはどうしたらいいのでしょうか。長年、新たな表現を探し続けるアーティストのように思考すれば、イノベーションのヒントになるのではないか。そう考えて、アントレプレナーコースでもアートを使ってみようということになったそうです。

その後、シルヴァン教授の「アート・シンキング」は10年ほどかけて進化し、「アート・シンキング」の「インプロバブル（Improbable）」というワークショップに発展しました。標準化されたワークショップの手法は、多くの国（フランス、ドイツ、スペイン、フィンランド、アルメニア、アメリカ、カナダなど）と、様々な組織（ルーブル美術館、ポンピドゥー・センター、ＥＳＣＰ、スタンフォード大学、カナダのモントリオール大学、フィンランドのオウル大学）で使われているそうです。

そして4年ほど前に、フランスのシルヴァン教授自身が来日し、日本でワークショップを行いました。私はそこに生徒として参加し、これまで自分が長年独自に行ってきた「ビジネスにアートを取り入れる」方法は「アート思考」という名前で捉えることができることを学びました。チームの作品としては、「対データ取得シールド」という名前で、プラットフォーマーにＩＤや行動データを取られてしまう社会を批判した写真作品を作りました。

図3-9　アート思考の歴史と広がり

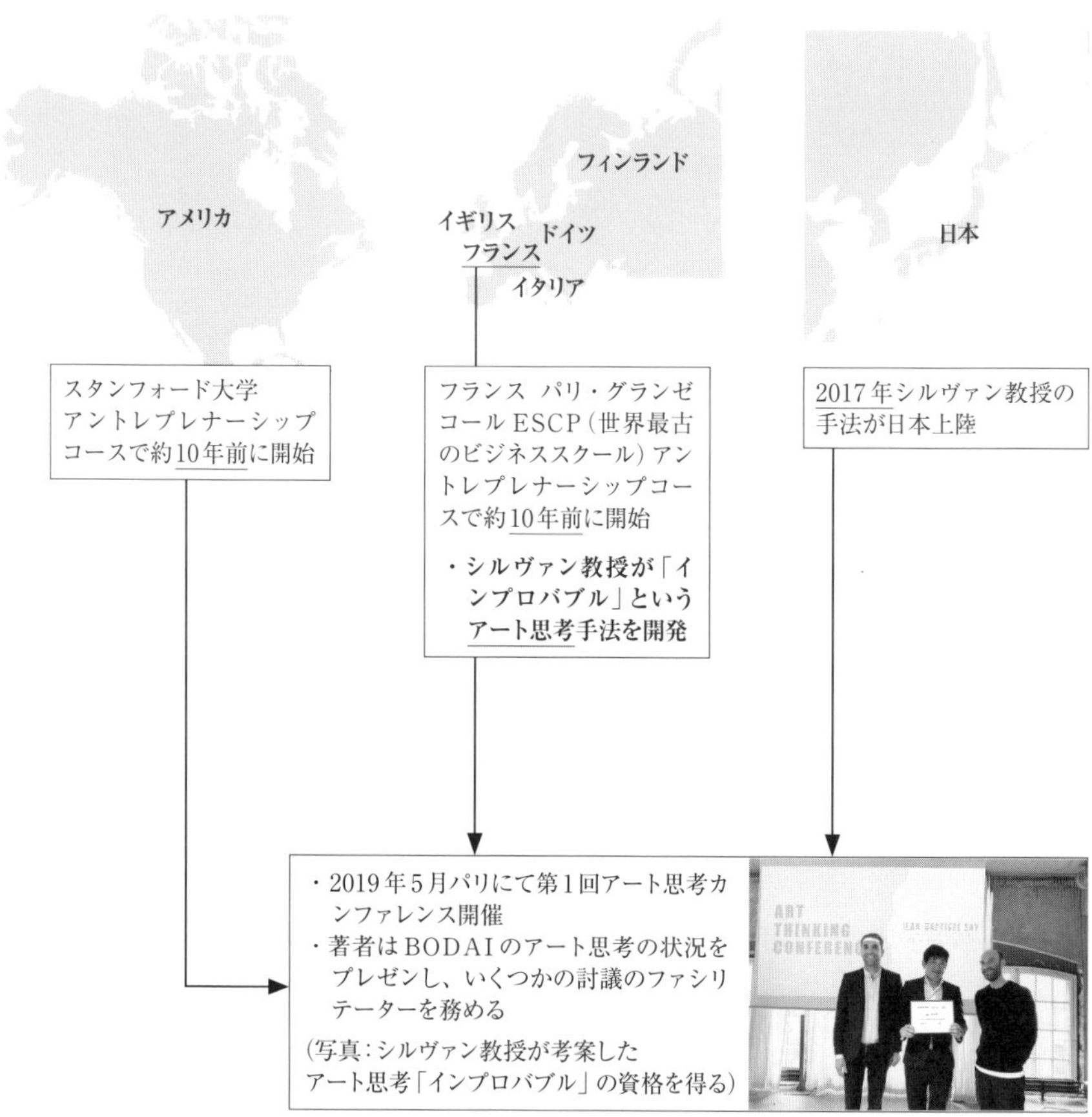

そのワークショップでの体験では、自分がやりたいことはデジタルそのものではなく、デジタル技術を取り入れる際の様々な課題を解決することや、もっとアナログを取れ入れることだと気づくことができました。これも、アート思考を体感しなかったら分からなかったかもしれません。

その後、生徒の立場だけでなく、講師役としてサポートさせていただき、シルヴァン教授の手法をさらに体感しました。なお、シルヴァン教授のインプロバブルワークショップでは、アート思考とは、「自分が情熱を持って打ち込める問いやテーマを掘り起こし、逸脱、破壊、漂流を経て、アート作品として一般展示するまで」を指しています。

また、２０１９年にはパリで初のアート思考の世界カンファレンスが開催され、私も登壇したりファシリテートしたりするなど、アート思考関係者の交流は世界的に深まっています。

4章

発想のタネとは

創造性を引き出すキーワード

「発想のタネ」とは、アートを生み出すときの発想と、ビジネスの実体験から抽出した「今ある発想から、別の発想を生み出すためのキーワード」です。「視点を変えるヒントになるもの」とも言えます。アイデアに行き詰まったり、ありきたりなアイデアを面白くしたりするときに活用します。そして新たな発想が出る確率を高めていきます。

人は古来、様々な発想を出してきましたが、それらを整理統合したり、使ってみたりということを繰り返しており、それが哲学になったり、科学やアートで使われたりしてきた歴史を持ちます。こ

図4-1 発想のタネ（例）

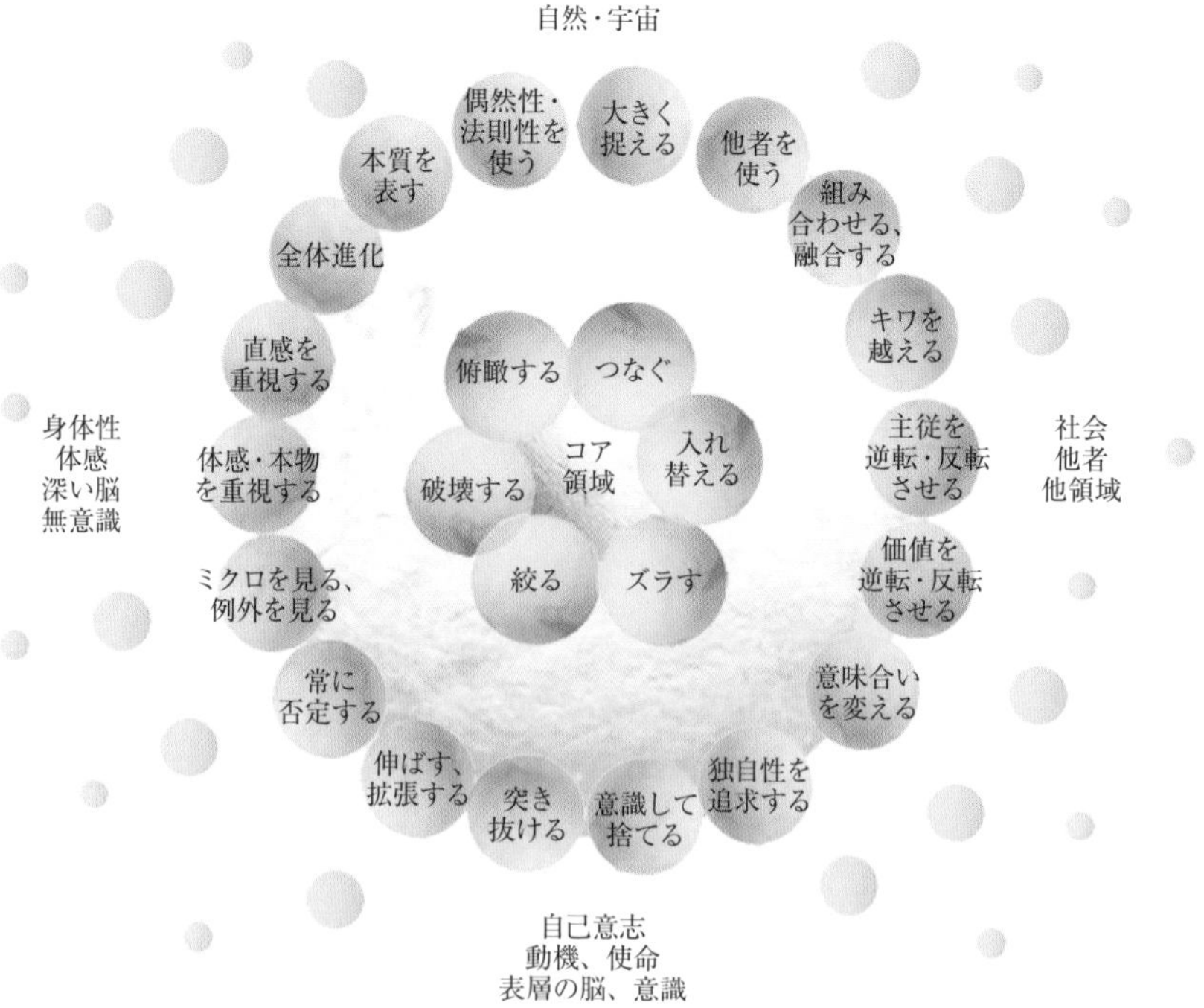

図4-2　発想のタネとはこういうこと

1. つなぐ	違った種類のものをつなぐことで、新しい価値に気づくこと。例えば、大都市間長距離鉄道に食堂車を文字通りつなぐことで、より遠くまで行けたり、新しい旅行コースができたり、旅の体験価値が変わったりする。
2. 入れ替える	順番や順序、主従などを入れ替えるという言い方をする。入れ替えることで、その前の組み合わせより価値が先鋭化する。例えば、携帯電話がスマホ化することで、メインの価値が電話からアプリに入れ替わった。
3. ズラす	元の価値から少し距離のあるところへ動かすことで、より新しい価値に気づくこと。アート思考では最も頻繁に使われる。例えば、自動給水装置が付いた植木鉢であれば、装置自体も植物的な形をしていて、鉢と一体化すると観賞価値も出てくるなど。
4. 絞る	たくさんの価値で成り立っているもののうち、いくつかに絞り込むことで、それぞれの価値がより先鋭化する。例えば、おいしい、栄養価がある、食べ応えがあるなど様々な価値がある食べ物の中から、歯応えをもたらす部分だけを生かす、など。
5. 破壊する	否定する、などと言うこともある。今の価値を否定し、その反対の価値に気づく感覚。例えば資本主義を否定し、通貨やポイントなどの数えられる価値を徹底的に否定して、そうではないもので価値を構成するなど。得意ではない人が多いが、最もイノベーティブな発想が出やすいとも言える。
6. 俯瞰する	一部を見るのではなく、全体を見て、新しい発想を得ること。例えば、アプリ開発競争時に、個々のアプリではなく全体を見て、次世代のプラットフォームの発想を深めること。
7. 大きく捉える	同じものを見ても、より大きく捉えることで、新たな価値に気づく。より大きく、高い視点から見ることで、真の価値や本当の価値に気づくこと。例えば、小さな人気のお店やサービスを見て、それをより広範囲に広げたら地域全体のブランドを変えることができるのではないか、というように発想すること。
8. ミクロを見る、例外を見る	ほかの星と全く違う動きをする幾つかの星に注目して「惑星」と名付け、その動きから天が動いているのではなく、地が動いていることに気づき、地動説を唱えた当時の天文学者の行動から。「一隅を照らす、これすなわち国宝なり」という最澄の古い言葉もこれに近い。
9. 常に否定する	「破壊する」に似ているが、本質的価値観を壊すのが「破壊する」とすると、「否定する」はもう少し軽い感じ。例えば、プロダクトのこれまでの良かったところをかなり、または全部違うものに変えたような感覚。これまでの良いところは消えたが、新たな組み合わせのほうが、圧倒的に価値があるようになった感覚。
10. 伸ばす、拡張する	伸ばしたり、拡張したりすることで当初の価値の大きさより、大きくなること。例えば、交通網は伸びれば価値が広がるし、空間を拡張することでより広大な感覚を得たり、キャパシティーを広げることで売り上げが増える可能性が増す。
11. 突き抜ける	特定の分野、特定の価値をとことん追究していくことで、ほかにはない高いレベルの価値を実現すること。無理だろうと言われたことを実現する価値に近い。例えば、UIを極めたアップル。
12. 意識して捨てる	特定の価値や手間は取り扱わない。例えば、調理を省いてお湯をかけるだけで食べられるようにしたインスタントラーメンや、資本主義的価値観である貨幣やポイントといった価値を捨てることで、Give&Give型ビジネスモデルに至ったKDDIのDチームのような発想（198ページ参照）。
13. 意味合いを変える	最近のデザイン思考でもよく出てくるが、モノやサービスを、それが本来持っている役割、価値とは違う視点で見ると、全く違う重要な意味合いを持っていることがある。例えばダイソンの扇風機は、扇風機の役割も果たしているが、おしゃれな家具という意味合いも持っている。

注：ここでは一部の発想のタネのみ解説している

の発想のタネも人類の英知の一つ。これをアート思考の実践で使い、創造性を出す、高めるきっかけとします。

実は発想のタネのビジネスからの抽出を、私は20年ほど前から始めていました。１９９０年代後半、私はマッキンゼーを退職してニューヨークに渡り、美術留学をしました。そこでアートに深く触れた後、マッキンゼーに復職。ビジネスでアートや感性を活用することについてさらに興味が強まり、創造性の研究を始めました。

イノベーションを起こす汎用性の高いフレームワークができないか先輩方と一緒に考えたり、アイデア豊富な方に発想法や創造性の出し方について取材したり、自分の経験も統合したりしながら研究を進めていきました。そのときに分かったのが、面白い戦略を構築したり、面白い事業を構想したりしているときに「創造性を出すヒントとなるキーワードがある」ことでした。これがビジネスから発想のタネを抽出する出発点となりました。

マッキンゼーでは、コンサルタントをしながら十数年、採用面接や人材教育にも関わり、同僚とマッキンゼーの業績評価体系も作成しました。そのとき、ビジネスに創造性は欠かせないものだと新たに創造性の項目を追加。マッキンゼーは、再現性の高い論理スキルの書籍などで有名になったこともあり、経営コンサルティング＝論理性と捉えている方も多いと思います。しかし、私が働いていた頃のマッキンゼーは、論理性だけでなく創造性にもたけた方が多かったのです。これらの経験に基づき、アートからもビジネスからも、創造性を引き出すキーワードとして取り出したものが発想のタネです。

発想のタネの図解を見てみましょう（88ページ）。中心部に位置するのが、比較的使う頻度が高い、発想のコアとなりそうなもの。「ズラす」「つなぐ」「入れ替える」「絞る」「俯瞰する」「破壊する」です。そのほかの多くの発想のタネは周辺に配置し、大きく4つに分類しています。ちなみに発想のタネはまだ増えますし、これありきではありません。

発想のタネは、アートからだけでなく、サイエンスの領域からでも引き出せます。例えば、中世の天文学者たちはほかの星と反対の動きをする数個の天体に注目し、観察を続けました。その結果、それらは地球と同じように太陽の周りを回る惑星だということに気づきました。つまり、地球も惑星だったことが分かり、宇宙の原理はこれまでの天動説から地動説に変わったのです。「例外を見る」という発想のタネは、これと同様の考え方です。

アート思考の醍醐味であり発想のタネの醍醐味でもあるのは、このように様々な領域の「キワ」を乗り越えられるところにもあります。アート思考では2つの領域を乗り越えたりつないだりする場合、その境目を「キワ」と呼びます。キワがあるから乗り越えられない、ではなくて「乗り越えてみよう」「つないでみよう」というアクティブな印象を含みます。

「アート×発想のタネ」を見てみる

発想のタネのイメージを具体的にするために、2つほど見てみましょう。

「価値を逆転、反転させる」

アート

これまで価値がないと思われたものにスポットライトを当て、むしろそちらが大事であることを表現する発想です。3章で解説した例でいうと、西洋絵画で描く対象が貴族から市民に変わったような変化です。デミアン・ハーストの「ホルマリン漬け」の死骸作品もこれに当たります。

ビジネス

ビジネスシーンでは、市場の主役が変わり、その変化に柔軟に対応するように新しい事業やサービスをつくるということになります。例えばプロが作った映像コンテンツしか流通していなかった時代、アマチュアのコンシューマーが作るコンテンツは注目されませんでした。しかし、インターネットの世界ではコンシューマーのコンテンツのほうが主流になりました。YouTubeは典型的な「価値の逆転」が起きている例です。

「融合する、キワを越える、つなぐ」

これは分かりやすい発想です。古いものに新しいものを取り入れるようなケースです。

アート

ルーヴル美術館というレガシーな建物の前に、ガラスのピラミッドという現代アートを持ってきたものが分かりやすい例でしょう。あえて相対するものを持ち込んで両方を眺めると、そこに感性的な発見があります。

ビジネス

ビジネスでは「融合」の例は数多く存在するので、周りを見渡せば、あれもこれも組み合わさっていることが分かります。「つなぐ」については、1章で紹介した阪急電鉄の小林一三の取り組みが、その一例です。人と場所をつないでコンシューマーの動線を担っている鉄道会社が流通業に参入したり、宅地開発を行ったりした、というエピソードはまさにつなぐ、ですね。

「ビジネス×発想のタネ」想定事例

例えば、センサーに強い部品メーカーがＢｔｏＣ向けの新規事業を考えたとしましょう（以下は想定事例です。実際の実現可能性は検討されていません）。

まず、家族の健康を見守りアドバイスができる

ルーヴル美術館

vichie81 / Shutterstock.com

図 4-3 ビジネス×発想のタネ

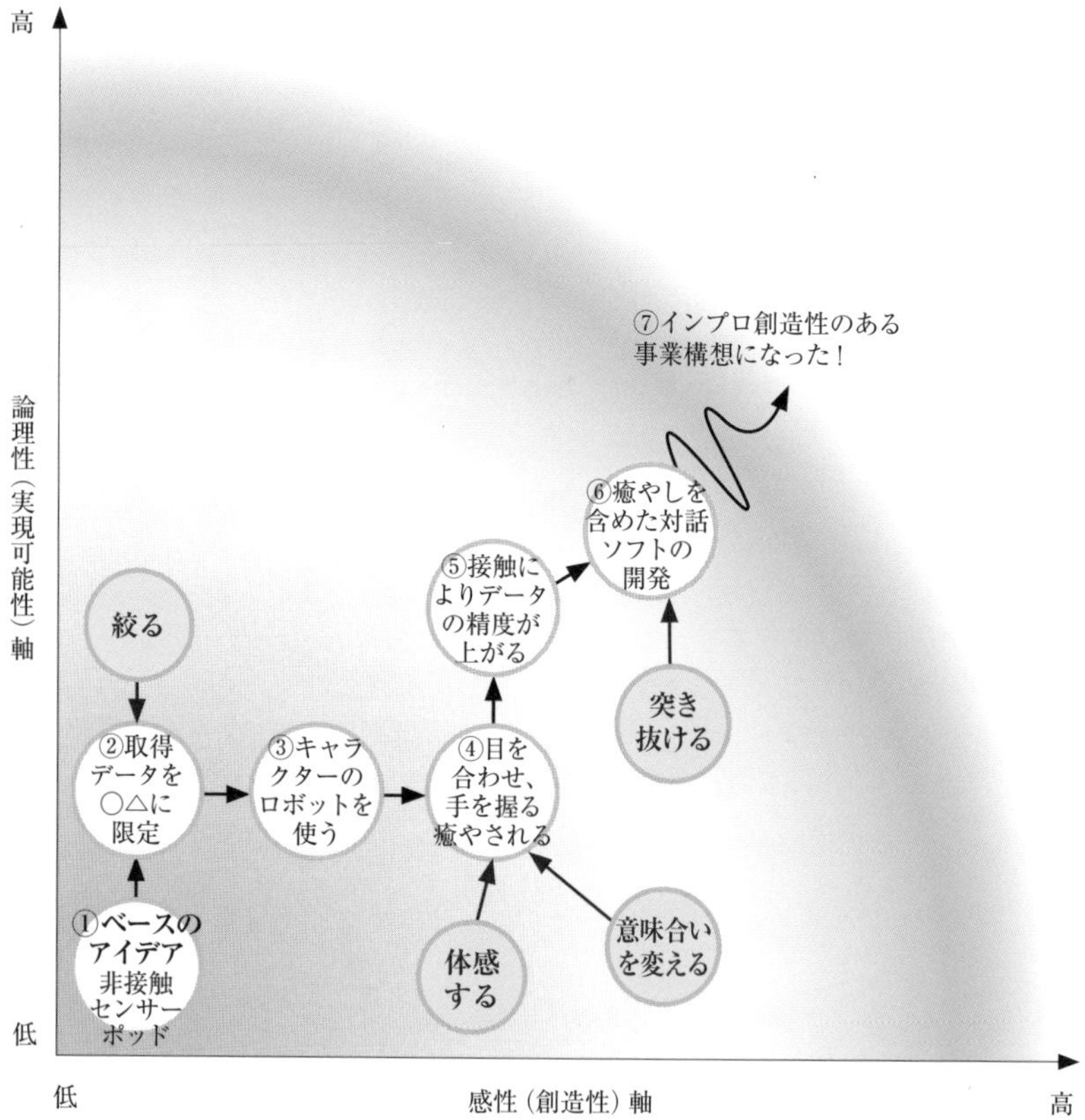

サービスを思いつきました。これが①ベースのアイデアです。センサーを集め、非接触で家庭内のユーザーの身体画像や皮膚データを収集する「センサーポッド」を開発し、クラウドのＡＩを使って分析する、というものでした。その分析に基づき、心身に良いアドバイス（もっと水を取りましょう、ここで瞑想しましょう、など）の提供も行うことなども考えました。

ベースのアイデアをＡＩのプロに相談したら、「全部は無理だが、○と△ならできそうだ」「データの精度は接触型のほうが高い」と分かりました。そこでデータの対象を絞り込み、提供サービスも接触型に変えることで、実現可能性を上げることになりました②。

では、接触型で「○と△」のデータをどうやって取るのか。ここで自分軸を振り返り、「あるキャラクターが好きで癒やしになっている」ことを思い出しました。そこで、「あるキャラクターに似せた」ロボットを作りました（③）。その目と手のひらにセンサーを入れれば（④）、癒やしを求めて、毎日目を合わせたり手を握ったりするようになるのでは、と考えたのです。これを取り入れることで、接触型で継続的にデータを収集できることになり、細かな変化を捉え、データの精度もサービスの質も上げることができるようになりました⑤。その後、ＵＩから癒やしを得ることはできないかと考え、ロボットがデータに基づいたアドバイスを、対話を通じて提供できるソリューション（ソフト）を開発⑥。そのサービスをロボットが提供することで、キャラクターの表情などの癒やしと共に提供できる事業構想となりました（⑦）。

当初は非接触型で広範なデータを取ることを想定していましたが、データを絞り込んで接触型に変えました。そこで自分軸を意識し、キャラクターを取り入れることで「触ることでデータも取れるし、癒やされる」など様々な発想の転換が行われました。このように事業を考える際に発想のタネを使い、感性だけに頼らず、分析・リサーチも徹底して行うことで新たな発想が生まれ、独自性の強い事業構想になることを目指していきます。

「ファーストガンダム」を発想のタネで解説する

発想のタネについて考えていたとき、ふと「様々なアニメ作品も発想のタネで説明できそうだ」という発想が降りてきました。実際にやってみたところ、若い世代の方々からは「アート思考や発想のタネを身近に感じた」という感想を頂きました。

数多くのシリーズ作品があり、世代差があったり、知らない方がいらっしゃったりするのは承知で、ここではその基本となった「ファーストガンダム」をアート思考の発想のタネで解説します。

ガンダムは、言うまでもなく巨大ロボットアニメです。未来を舞台にした場合、レーダーの技術が発展しているはずで、普通に考えると、ロボット同士が近距離で戦う（殴る蹴るなど）ことは「あり得ないこと」と言えます。そこで富野由悠季監督は空想科学で発想し、「レーダーが使えないようにする」ための空想粒子「ミノフスキー粒子」を考えました。発想のタネで言うと、レーダー

注：ガンダムはたくさんのシリーズが存在するのですが、ファーストガンダムとはその最初の作品『機動戦士ガンダム』の通称です。テレビシリーズ43話とそれらを3つの映画にまとめ直した「映画版」が存在し、ほぼ同じストーリーです。

注：あくまで私見ですのでご了承ください。

図 4-4 ガンダムを発想のタネで解説する−1

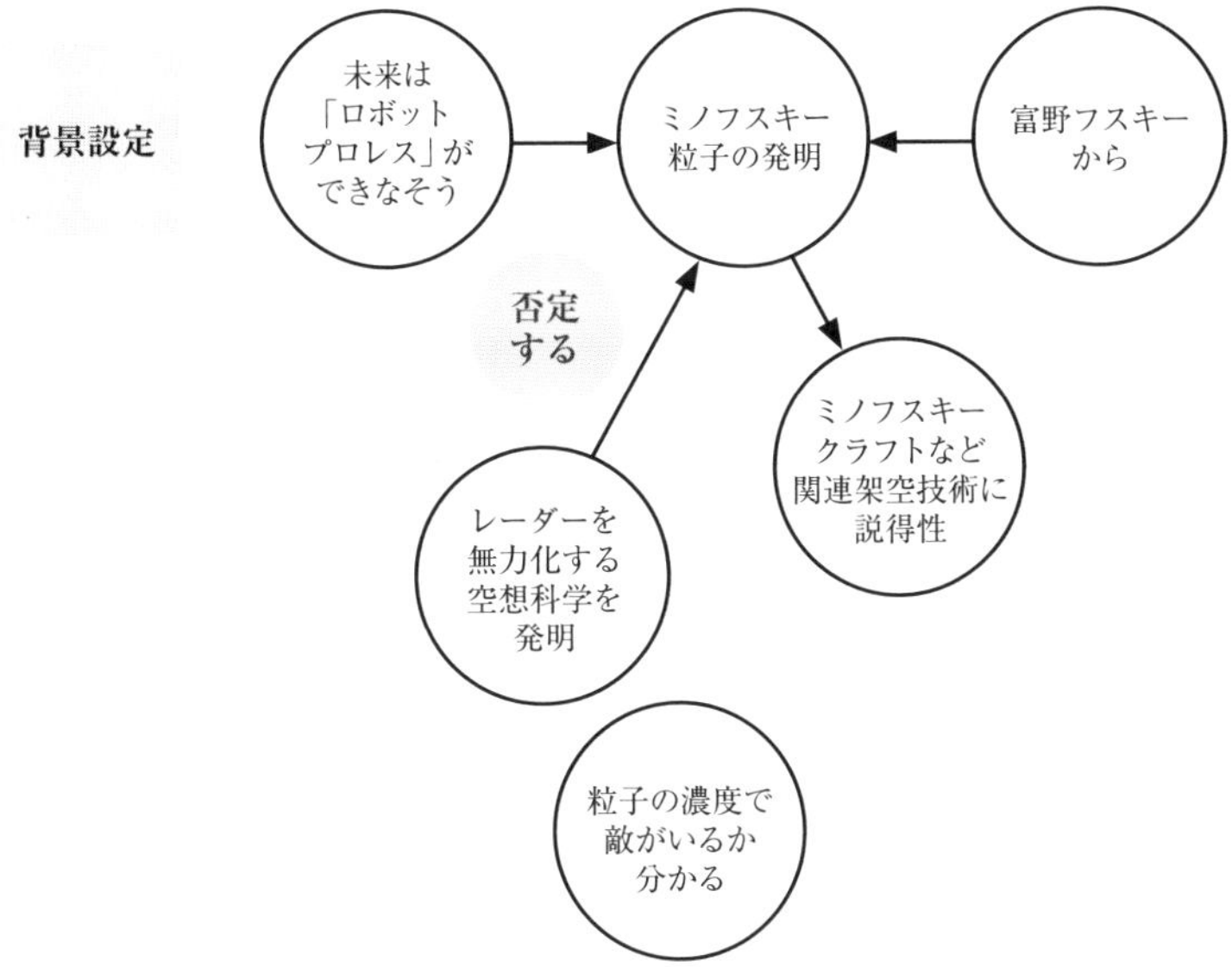

図 4-5 ガンダムを発想のタネで解説する−2

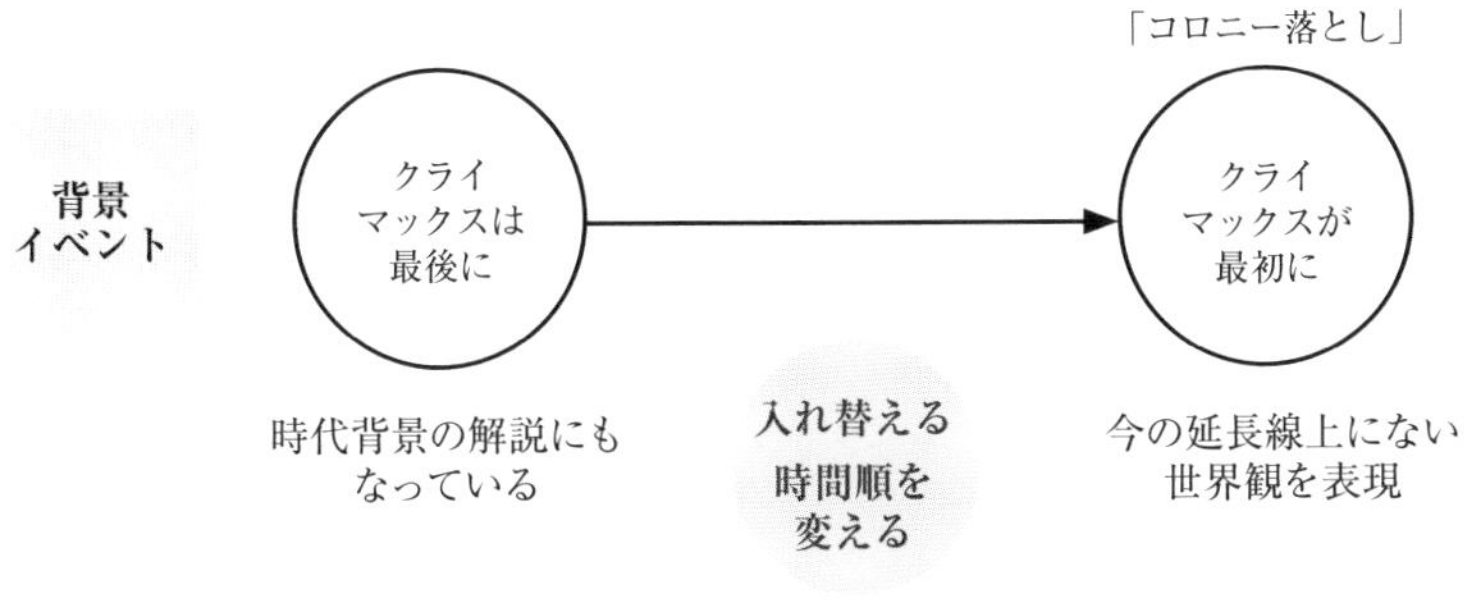

図 4-6　ガンダムを発想のタネで解説する−3

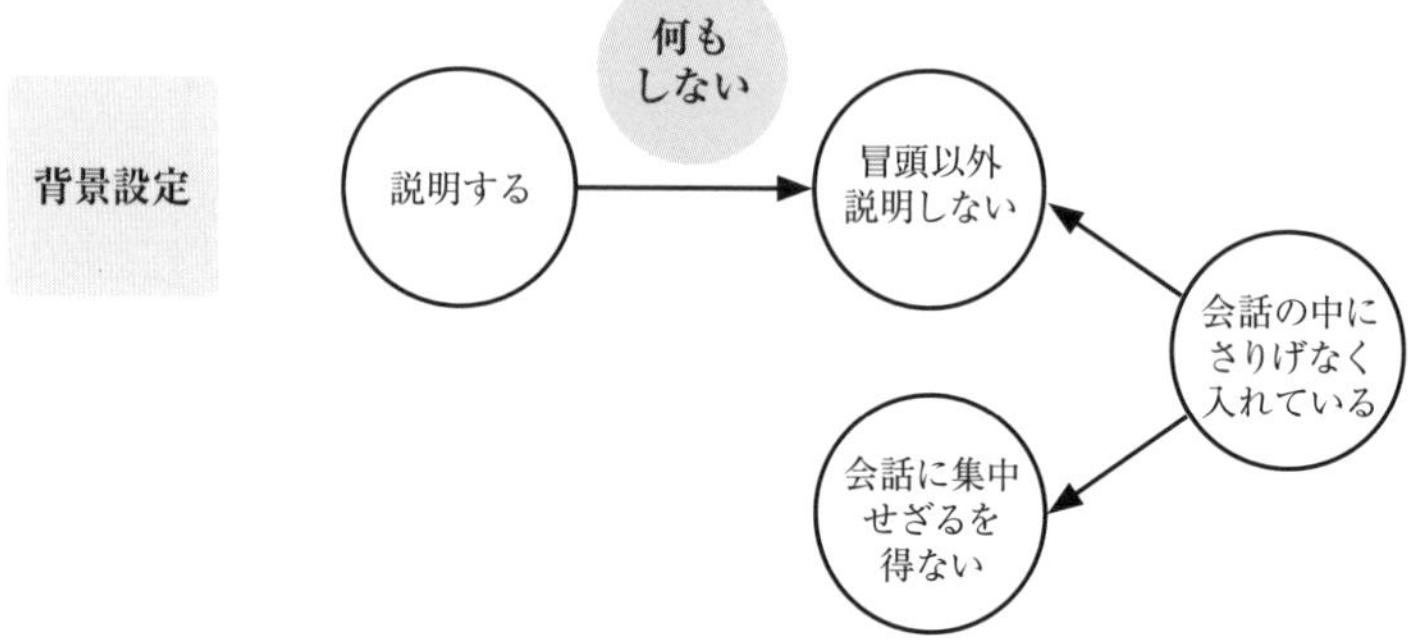

図 4-7　ガンダムを発想のタネで解説する−4

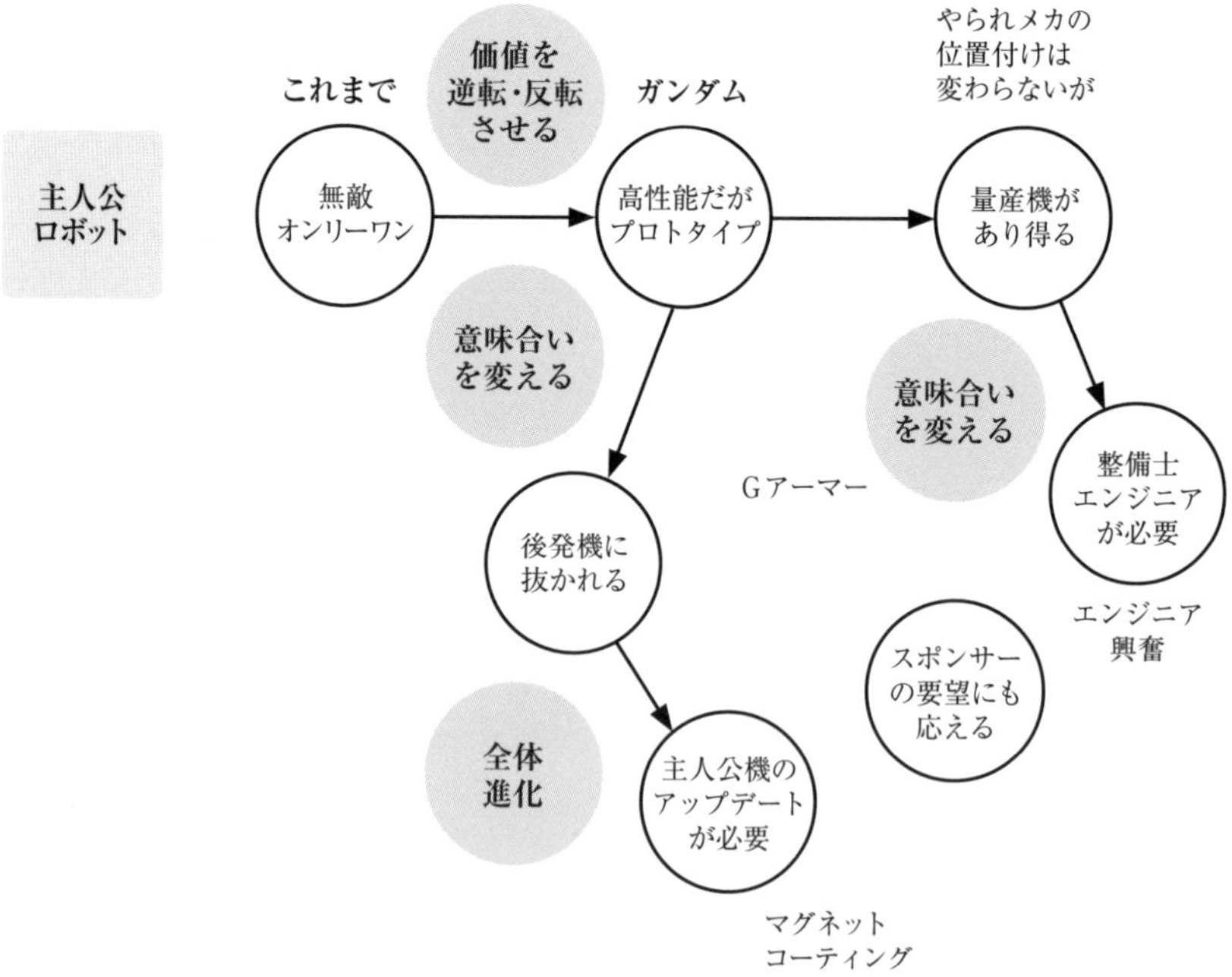

科学を「否定する」です。この「否定」が、その後もシリーズを成り立たせるうえでのポイントとなります。このミノフスキー粒子と呼ばれる空想科学は、最大の発明だったと私は思います。

　これだけでも十分創造的なのですが、ファーストガンダムがすごいところは、発想のタネがあらゆるシーンの設定に使われ、その数が群を抜いていることです。ファーストガンダム自体の息が長く、さらに様々なシリーズに展開しているのも、発想のタネで分析すると納得できます。

　一般的に、物語全体のクライマックスとなり得る最大の見せ場は物語の後半、または最後に持っていくものですが、ファーストガンダムではいきなりクライマックスが最初に来ます。発想のタネで言うと、「入れ替える」または「時間順を変える」などという言い方ができます。

　設定が複雑で、相当の解説が必要そうなところを、キャラクターたちの会話に入れ込むことで、設定が自然に頭に入るようにしています。これも既存のロボット関連のアニメと大きく異なっていたところです。

　それまでのロボット関連のアニメでは、主役のロボットは特殊な武器や技を持ち、ほぼ無敵で、オンリーワンであることが普通でした。敵の悪いロボットをバッタバッタと倒していく。ヒーローが敵を倒していく、その爽快感が一つの売りだったわけです。ところが、ガンダムは違います。特殊な装備を持っているが、作中に出てくるほかのロボットと装備が共通化できる、というのが基本コンセプトでした。初めのほうは強い武器が無いなど、かなり弱いロボットでした。ところが、このことで、ロボットものに新たなシーンが追加されました。

「整備士」がガンダムを整備するシーンです。整備士が修理したり、違う強い武器を取り付けてくれたりして、ガンダム自身も強くなっていきます。これにはエンジニア的な視聴者が喜びました。ロボットやそれを操縦するパイロットが戦いに強いだけでなく、それを支える整備士の技術的な腕が良いことも勝利に貢献できる。発想のタネで言うと、何度も「意味合いを変える」ことになります。これまでのロボットアニメでは主人公は無敵のヒーローでしたが、ガンダムは違います。技術好きのオタクが主人公です。主人公の父親がガンダムの開発者なのでマニュアル類が自宅にあり、それを参考にガンダムを「操作」することから始まります。それまではそんなロボットアニメは、ありませんでした。初回からの数話は、まともにロボットを操作できないのですが、視聴者は物語と操作スキルの向上を重ね合わせることができ、これまでのヒーローものとも違った価値がありました。発想のタネで言うと、「価値を逆転させた」と言えます。

敵キャラは複雑で、敵の中で特に中心となる存在がいて、この存在がキャラとしてインパクトが強く、主人公の座を奪わんかという「活躍」をします。発想のタネで言うと、「主従を逆転」させています。例えば敵の御曹司の美形のお坊ちゃんを主人公側に殺させたり（意図を持ってその場を作ったのは敵側だった）、そもそも主人公側に敵の妹がいたりします。

この後もたくさんの発想のタネでガンダムの魅力をお伝えしたいところですが、ここでやめておきます。ここまででも数多くの発想のタネがぎゅっと詰まっているため、「これは面白い」「見たことがない」と、皆が夢中になったのでしょう。この発想のタネを使って見てみると、ほかのガンダムシリーズでも、どこにどのような発想を入れているかがよく分かります。身の回りのアニメにも、きっと発想のヒントがたくさん隠れているはずです。

図 4-8　ガンダムを発想のタネで解説する–5

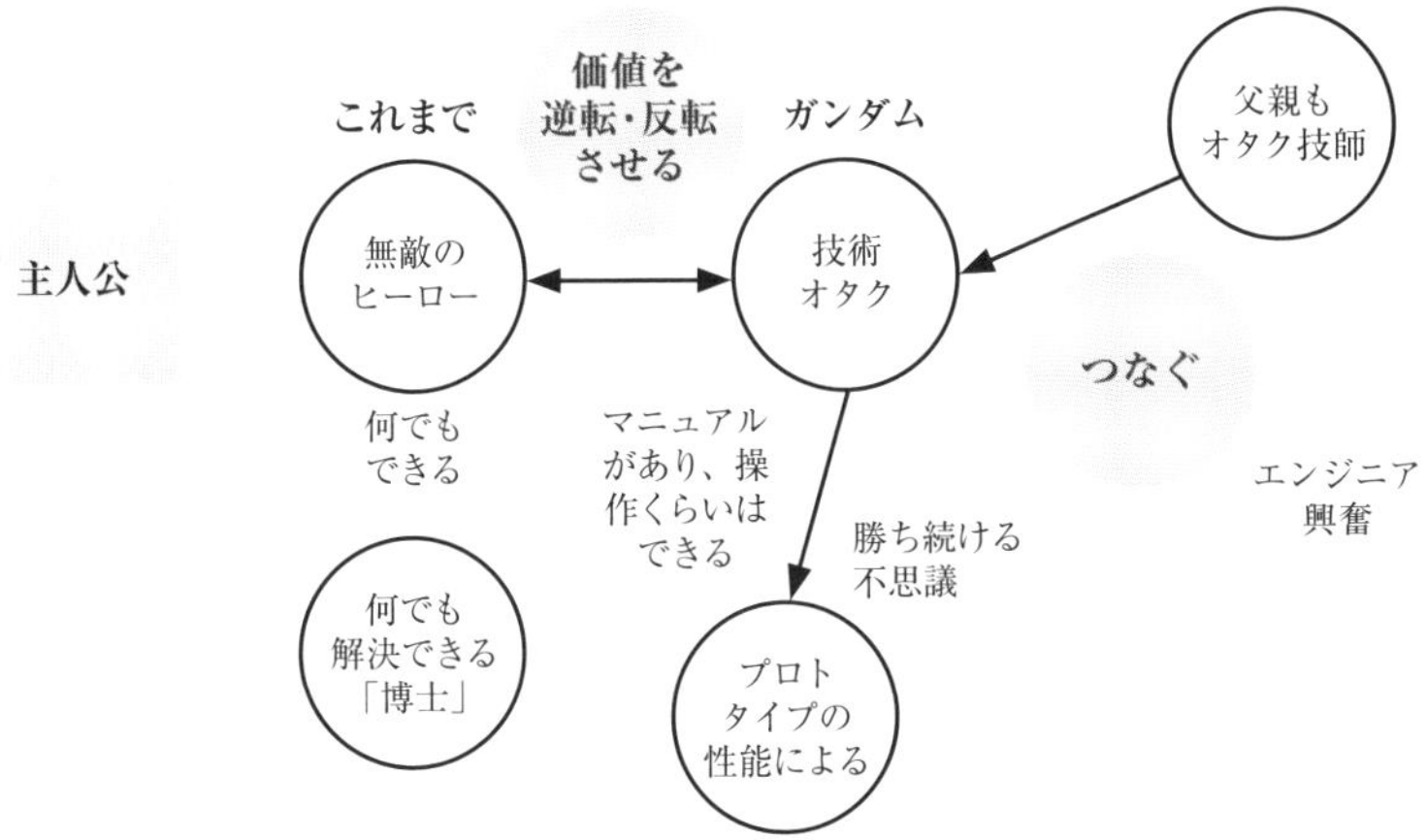

図 4-9　ガンダムを発想のタネで解説する–6

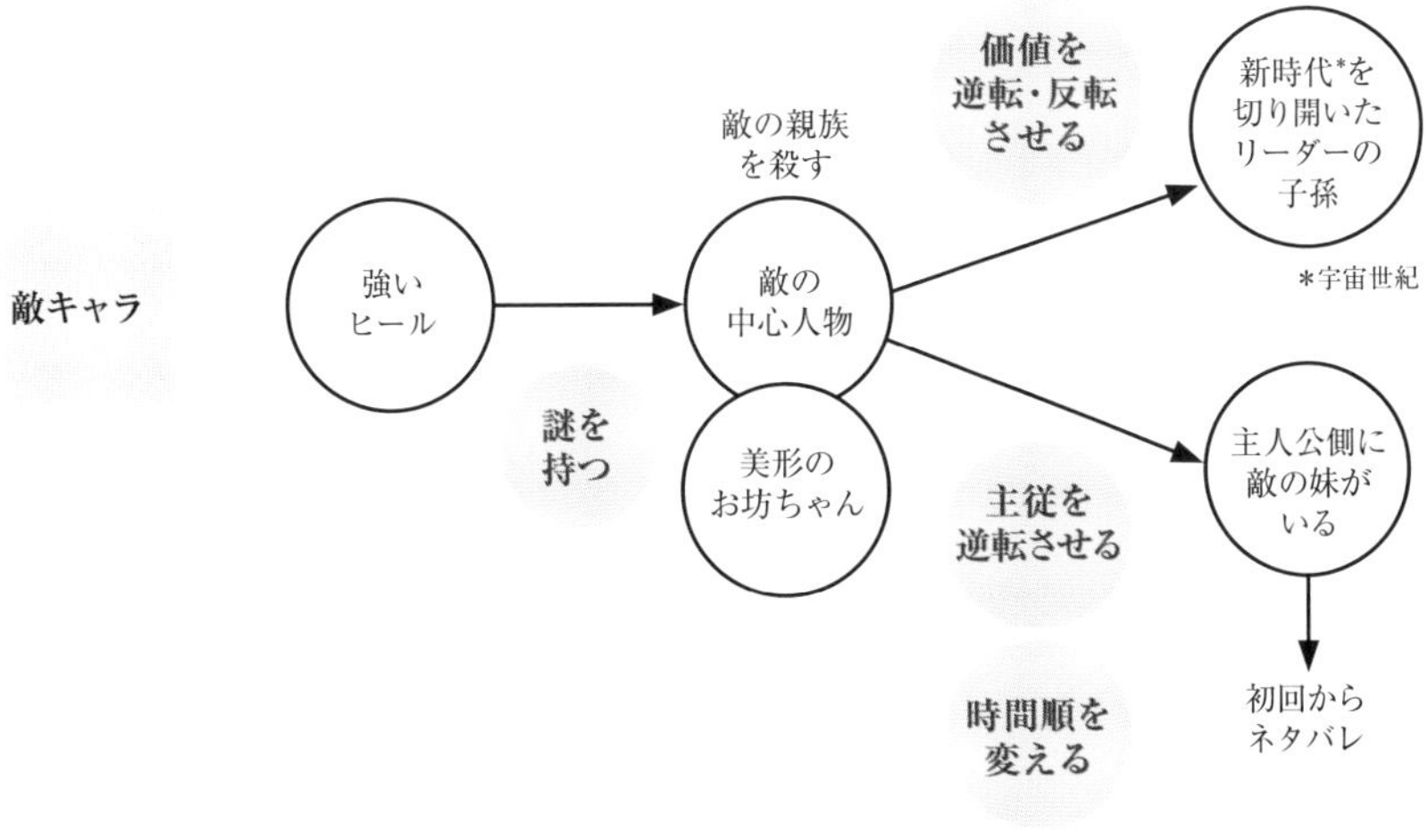

INTERVIEW

無意識から創造性を引き出そうとするアート思考 そこに可能性を感じる

安宅和人 氏 慶應義塾大学SFC環境情報学部教授／ヤフーCSO（Chief Strategy Officer）

あたか・かずと●マッキンゼーを経て、2008年からヤフー。前職ではマーケティング研究グループのアジア太平洋地域中心メンバーの一人として幅広い商品・事業開発、ブランド再生に関わる。12年よりCSO（現兼務）。途中データ及び研究開発部門も統括。16年より慶應義塾SFCで教え、18年秋より現職。総合科学技術イノベーション会議（CSTI）基本計画専門調査会委員、内閣府デジタル防災未来構想チーム座長ほか公職多数。データサイエンティスト協会理事・スキル定義委員長。一般社団法人 残すに値する未来 代表。イェール大学脳神経科学PhD。著書に『イシューからはじめよ』（英治出版）、『シン・ニホン』（NewsPicks）ほか。 （写真／丸毛 透）

安宅和人氏は、著者がマッキンゼー・アンド・カンパニーで働いていた頃の同僚。仕事が終わった後、深夜に様々な分野の深い話をした仲だという。『イシューからはじめよ─知的生産の「シンプルな本質」』『シン・ニホン AI×データ時代における日本の再生と人材育成』を出版し、様々な分野の知恵とテクノロジーを使って、人間が自然と豊かに生きる都市集中型社会に対するオルタナティブ「風の谷を創る」プロジェクトの主宰者でもある安宅氏に、BODAIのアート思考の可能性について聞いた。

アート思考は自分のやりたいことを見失う前に

──BODAIのアート思考について、安宅さんのご意見をお聞かせください。

安宅和人氏（以下、安宅）「自分軸」から考えていくこと（16ページ参照）の重要性は、その通りだと思います。フツフツと沸き上がってくる欲求のようなものがなければ、あらゆる意思決定の場面でさまよってしまうからです。本質的に人は、自分がやりたいと思わないことをできないものです。別の言い方をすれば、嫌なものは嫌だと言えない人には、未来はつくれないと思います。

──会社から求められる役割を効率的にこなそうと、真面目に仕事に取り組んでいる

うちに「自分がやりたいこと」を見失ってしまうビジネスパーソンは少なくないのでは？

安宅　全くその通りだと思いますが、一方で自分のやりたいことを見失っている人に、それを思い起こさせることが果たして良いことなのか……。多くの人にとって、自分がやりたいことと、今、実際に取り組んでいる仕事の内容が合致するとは限りません。これまで自分の心に蓋をして仕事にまい進していた人が、「自分のやりたいことは、これではなかった」と気づいたら、ちょっとしんどいと思う。特にバブルの頃やバブルが終わってからしばらくも、給料がいいからという理由で仕事を選んだ人たちが多くいますからね。

そう考えると、できるだけ若いときにアート思考を知って体験するのがいいと思います。社会人なら遅くても30代で、自分のエネルギーの出口を探していたり、何かつかもうと苦しみながら努力をしていたりするような人。自分にとっての正義とか美しさなどは、理屈以前にまずは感覚的につかむしかない。言語化はその次です。

アート思考のアート制作ワークショップで「手と指に考えさせる」（132ページ参照）という考え方にはとても共感します。人間の文化の多くは、実際、手から生み出されているからです。最近はキーボード入力のせいで忘れがちですが、文字すらもです。手を動かしているうちに何かを思いつくことがあるし、造形からフィードバックされていくこともある。

――ビジネスの現場だけでなく、教育にもアート思考を取り入れるべきなのかもしれませんね。

安宅　そうですね。今の教育システムは心の解き放ち、心の中にある芽の見極めという視点で見ると課題があり過ぎる、考えようによれば真逆を向いている可能性すらある。

例えば数学の方程式を解いたり、歴史の年号を記憶したりすることとその人なりの幸福に気づくこととは、相関が低いと思いますよ。もちろん数学から気づく人もいると思うのですが、その気づきを通じて本当に学ぶべきことは「どうやったら幸せに生きられるか」でしょう。

――BODAIのアート思考は、プロセスでもスキルでもないと定義しています。

安宅　素晴らしいですね。理知的な座禅や瞑想のようなものとも言えますね。今、僕たちが手掛けている「風の谷を創る」プロジェクトも、自分たちの意志で取り組んでいること。自分たちが残すに値すると思える世界をつくろうとしています。志の持ち方やアプローチは、アート思考と通じますね。

――イノベーションを起こすためには何が必要なのでしょうか。

安宅　「目指す姿」も大切なのですが、それ以上に登場時点での「完成度」とその掛け算がもたらす世の中に与える「衝撃度」が大事なように思います。例えば、米アップルのiMacやiPod、iPhone、Googleなど、それらの登場を僕らの世代はすべてリアルタイムで見てきましたが、どれも「あったらいいな」と思うものが、驚くべき完成度、つまり価値が平易に理解できるレベルでいきなり世の中に出てきました。

アップルのプロダクトは使い勝手も含めて、登場段階で道具としての完成度が高いですよね。僕らがスマホで毎日使っているマルチタッチスクリーン（スマートスキン）生みの親である東大／ソニーコンピュータサイエンス研究所の暦本純一先生は「発明は必要の母」と言われます。完成度の高い面白いモノが誕生し、それが人々の行動、つまり必要を変え、世界を変えたと言えるケースは随分と多い。

完成までの過程では、ビジネスの常識を捨てることも大切なように思います。iPhoneの前身であるiPodは、いわゆる音楽関連の権利の常識を超越しつつ登場しました。このように常識を振り切って捨てていくには、何を達成したいかが明確であることが必要です。ＢＯＤＡＩのアート思考で言う、自分軸から生まれる「横軸」が大切になります。

――確かに、強固な自分軸がないと達成できそうにないですね。

安宅　はい。自分軸と言えば自分軸ですが、「エゴの強さ」というより、「美意識の明確さ」の問題なのでは、と。自分という意識は捨ててもいいんだけど、「受け入れられないものは、受け入れられない」という強い意志を明確に持っていないと、高い完成度を実現するのは難しいんじゃないですか。これじゃダメなんだと「ノー」をはっきり言えないと到達すべき高みに到達できない。

無意識から何かをつかむ感受性

──イノベーションと言えば、異質なものを結合して生み出すという考え方もありますが。

安宅　はい、シュンペーターによる有名な考え方ですよね。ただ、そのように説明できるケースが多いからと言っても、異質なものの結合は、あくまでも結果です。単に異質なものを結合すれば、イノベーションが起こせるわけではありません。例えば、今まで１００時間かかっていたものが1時間で完成させられるようになれば、それもイノベーションです。その実現のためにはあらゆる工夫がされると思いますが、異質なものを結合するかどうかという話は二次的な話、手段であって目的ではない、と思います。

　新結合ではなくても、イノベーションと言えるものは多々あります。本質は、自分が欲しいもの、自分が見たら衝撃を受け、いい意味でうなるようなもの。アート思考が、イノベーション論に楔（クサビ）を打ち込むきっかけになるといいな、とも思います。

「セブンイレブンいい気分」などで知られるクリエイティブディレクターの杉山恒太郎さんが「本当に価値のある新しいものは、必ずどこかに懐かしさを持っている」と語っています。iMacもiPhoneも、未来的でありながら、懐かしさを感じるものでした。それは、完成度と通じる部分。テクノロジーだけで発想したものとは違います。

――懐かしさを感じることも、感性ですよね。

安宅　感性と言えば感性ですね。感性は価値を感じる力で、知覚の一つ。少し話は飛びますが、人類学者の中沢新一さんの著書に『アースダイバー』というシリーズがあります。土地が持っている記憶に立ち返ると、その土地を理解できるという内容です。その土地の上の営みがどのように形成されてきたか。過去の背景が土地の心象の発展を引き起こすという話で、例えば、かつて墓場だったところは、現代ではホテル街や歓楽街になっていることが多く、死と性愛、お祭り的な喜びが近いとも考えられています。死ぬところが生まれるところといったような、捉えがたいもの、微妙で繊細（subtle）なものに対する感受性がないと街も成功しないのではないか。そんなアースダイバー的な感性のようなものが、ビジネスをはじめ、ものづくりやサービスのデザインなど、様々なことに効いてくるような気がしています。

　そもそも知的活動は、ほぼ無意識に行われており、自分が考えていることも、頭や心で何が起きているかを理解できていない。そんな言語化されていない領域を感じ取れる人が、何かをつかんでいくのではないか。そういった観点からも、無意識から創造性を引き出そうとするＢＯＤＡＩのアート思考に可能性を感じます。

5章

なぜ経営者に創造性が必要なのか

時代の急激な変化に備える

未来が見えないときほど、経営者の役割が大きいときはないでしょう。今ある論理性が通用しなくなっている中で、創造性の役割がどんどん大きくなっています。

先が分からない、だからこそ「今実現できるか分からないけど、面白いから」という感覚でアイデアを温める、事業構想に向き合ってみることが大事です。経営者は自ら創造性を出すか、創造性ある人を身近に置き信用して任せるなど、自ら意志を持って未来をつくっていく覚悟で臨まなければいけません。面白い事業構想を複数持っておきたい。ではどうするのか。

主に、自ら創造性のある構想をつくるか、誰かに創造性のある構想をつくってもらいそれを意思決定するか、または既存事業を全く違った視座でつくり

図 5-1　感性と論理性の2軸

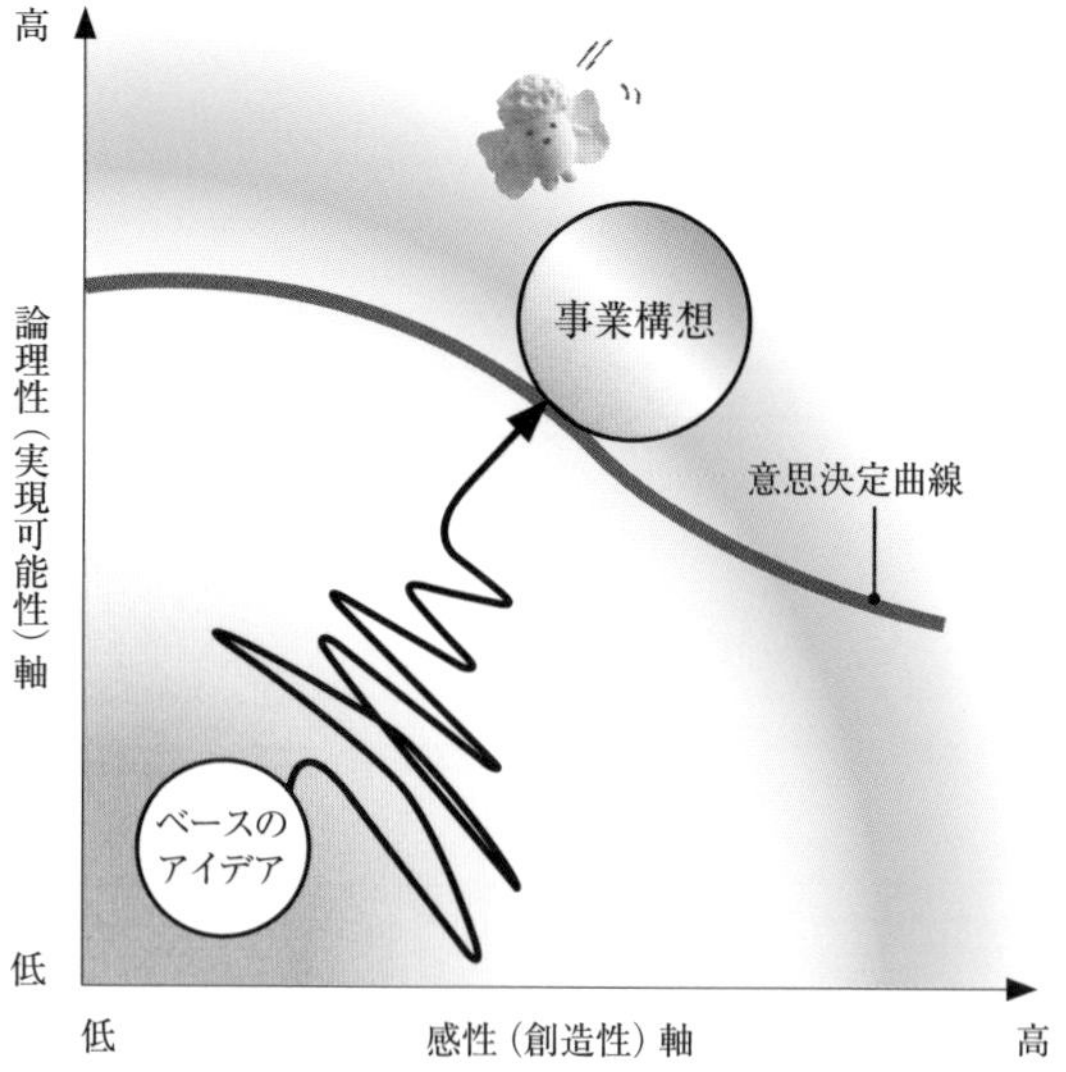

直すか、ということになります。経営者自身が面白い事業構想をつくる、とても良いことです。でも周りにいる人も、また違った面白いアイデア、事業構想を持っているはず。そう、ここに注目すべきです。

ではどう発見していくのか。ここで経営者の在り方が問われます。

社長や役員を中心とした意思決定をする経営層は、提案された構想に対して事業として採用するかしないかの判断をします。そのときの考え方が、未来の事業構想に大きな影響を与えます。そしてその判断をする境界線は、いつもの２軸の図で「意思決定曲線」として表せます（事業構想は創造性と実現可能性を念頭に置いて、何度も練り直し出来上がったものである想定で右上に位置付けています）。

では、この意思決定曲線が経営者の考え方によってどう変化するのか、２つのパターンを例に挙げて見てみましょう。そして、それぞれの下で「平時」「時代の環境要因などが変わったとき」「変化後」と、状況の変化があったときに事業構想のアイデアがどう変わっていくのかも見てみましょう。

ここで言う事業構想とは、商売を成り立たせるために必要な骨子（Ｗｈｙ、課題、Ｗｈａｔ、Ｈｏｗ、売り上げ・利益、提携パートナーなど）が網羅されており、それらがすべて一貫したストーリーで流れているものです。新規事業をつくる枠組みでもあり、既存事業を把握し、それを改善するためのベースになるなど、いろいろな応用が可能となるものです。

図5-2 案件を論理性だけで決める場合（例）

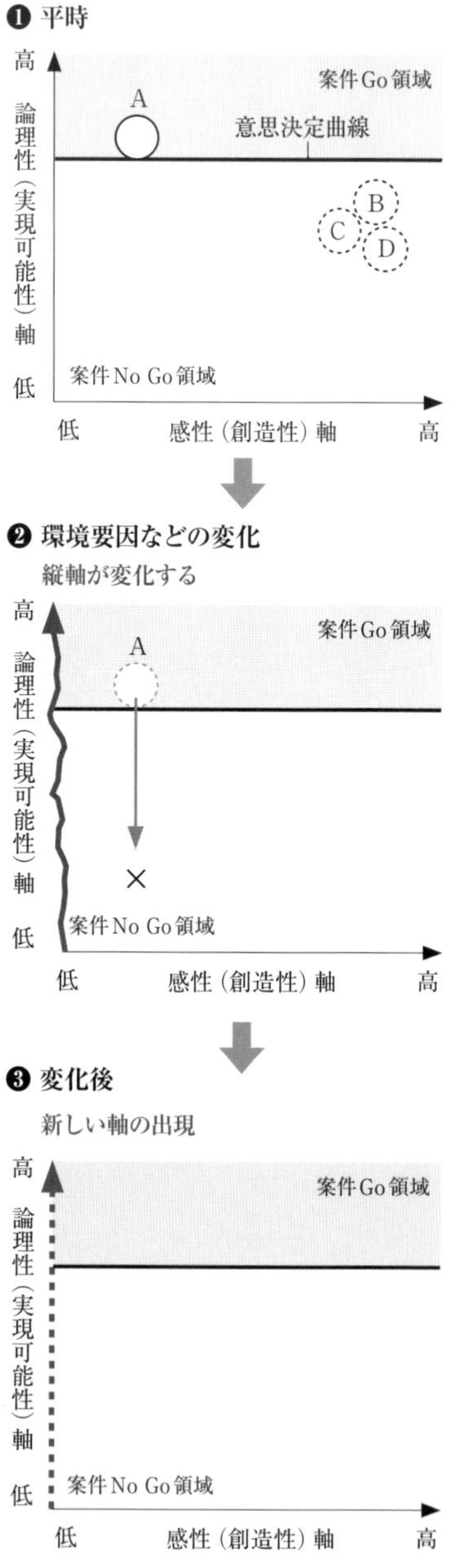

まず、論理性（実現可能性）だけを考えて意思決定する場合、意思決定曲線は横一直線になります。もしくは、右斜め上に上がっていることもあるでしょう。

①平時：案件が採用となるのはAだけで、実現可能性が低いB、C、Dは採用されません。

②変化時：社会、時代、取り巻く環境が変わると「実現可能性＝縦軸を生み出す価値基準が変わる」ことがあります。するとAは縮小または成り立たなくなり、下がっていくことになります。

③変化後：「新しい縦軸」が出現したとき、Aは既に無くなっており、B、C、Dも残っていません。現実にはギリギリのコスト削減を行ってAの延命を図ったり、事業コストをさらに減らして原形をとどめないほどに変形してでも、Aを生き永らえさせることが多いようです。

次に、感性（創造性）も含めて意思決定する場合、意思決定曲線は曲線になります。

①平時：案件が採用となるのはAだけでなく、実現可能性が低いが面白い、意外性のあるB、C、Dも含まれます。

②変化時：実現可能性＝縦軸が変わったとき、Aは縮小または成り立たなくなり、下がっていきますが、B、C、Dは生き残ります。

③変化後：「新しい縦軸」が出現したとき、採用されたうちの一つBが、突如スケール化領域に急浮上するかもしれません。このとき、需要が突然増え、売り上げが増え、スケール化するかもしれません。これを「インプロ花火」と呼んでいます。

図5-3　案件を感性も含めて決める場合（例）

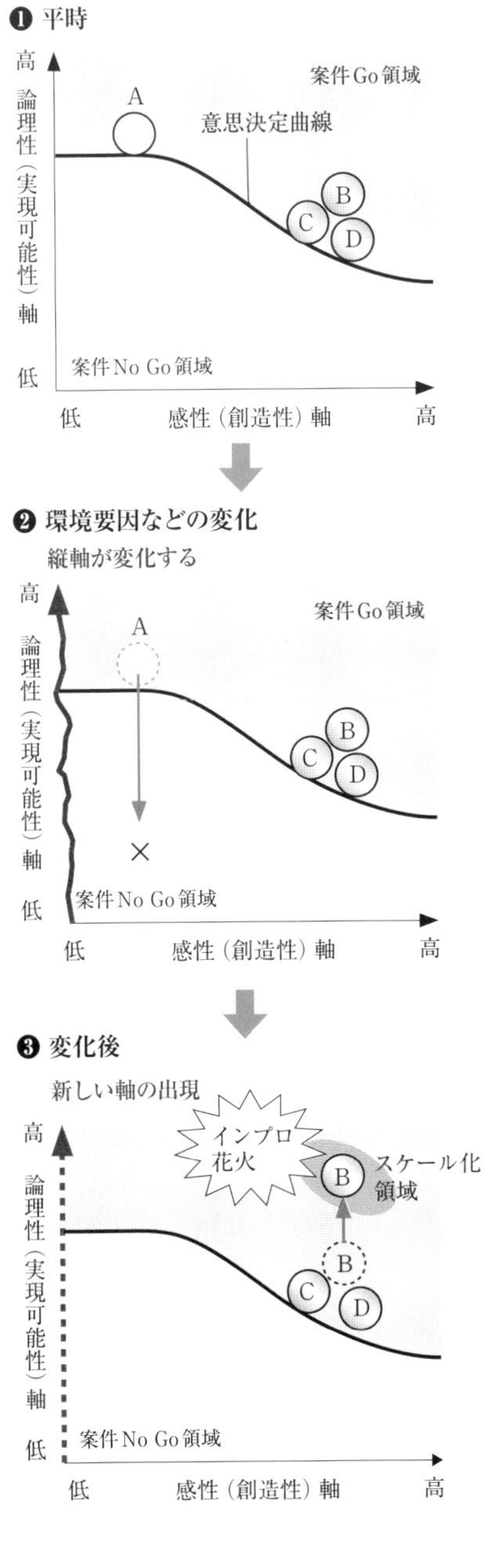

前ページに出てきたインプロ花火とは、例えば、２０２０年のコロナ禍でデリバリービジネスやオンライン会議ビジネス、そしてコミュニケーションサービス、教育アプリなどの必要性が高まり、急激に売り上げが拡大したことなどが当てはまります。コロナ禍以前からオンライン会議に注目し、たとえそれが小さな事業だったとしても改善を進め、ノウハウを蓄積しながら先行していた企業は、新しい縦軸の下で事業を一気にスケール化させることができました。

未来に挑戦しよう

　このように意思決定をする経営者の考えが事業構想、未来へのチャンスに大きく影響していきます。時代の急激な変化に備え、ここぞというタイミングで勝負をかけるためにも、企業は一定の論理性と創造性があるＢ、Ｃ、Ｄのような事業構想（つまり面白そうな事業構想）をつくり出し、複数持っておくべきです（Ｂ、Ｃ、Ｄがそのまま使えないとしても小回りのきく事業でしょうから、おのおのマイナーチェンジで新しい縦軸にピッタリ対応できるかもしれません）。そのために意思決定をする経営者は感性、創造性にも目を向けることが大切です。

　それらの事業やそれらを取り巻く新しい事業環境について徹底的に考え抜くこと。そうすると、時代を読んだり先回りしたり、意志を持って未来をつくっていったりすることができる。これがアート思考の真の狙いです。

　そもそも、なぜ私たちは既成概念領域から抜け出せないのでしょうか。それは、既成概念領域は論理的に説明がしやすく慣れ親しんでいて、多くの人にとってより安心感があるからです。しかし、競争が激しい領域なのでその中でいくら頑張っていても、収益は上がらないかもしれない。企業の存在意義が社会価値をつくり、社会に配分することであるとするなら、既存領域で競争をしても貴重な社会資産を食い潰し合うので、社会のためにならないかもしれない。惰性でやっていても意味がないのです。

だから挑戦しましょう。他社の誰もできないことに、果敢に挑戦していく。そういった姿勢がこれからの企業に求められることです。仮に「これからの時代はこうなる」ということを誰かが言っているとして、そこに皆が殺到すれば、やはりこれまでと同じ競争状態になることでしょう。だから自社にとって独自の新しい事業の生み方が必要です。

読めない時代の中で新たな旗を打ち立てるには、自社が何者かを突き詰めて考えることが欠かせません。まさに自己探索をし、自分軸を意識するアート思考そのものです。これを企業レベルでやらなければならない。それも表面レベルでなく、深く考え抜くレベルで。それができるのは経営者です。それには企業のＤＮＡと自分軸から導かれる感性が肝となります（詳しくは１６１ページ参照）。

経営者が創造性を持つために

自分・自社が「頭でつくった」限界を打ち破る

経営者は責任が大きく、既存事業など守るものがたくさんあります。それらにも対処したうえで、さらに「攻め」るために企業ＤＮＡや創造性について考え抜くこともしなければなりません。本当に大変な仕事です。

それでも、限界は自分の頭がつくり出しているとしたら、それを打ち破らねばなりません。どうするか。まずは社内に創造的な動きをつくる。例えば事業アイデアを募集する、新しい技術開発を依頼する。でも結果がなかなか出ない。

こんなときは、組織の中のファクトを見てみましょう。すると誰かがリスクを感じ、「良かれと思い」「気を利かせて」創造性を使うような提案をいったん止めてしまっているかもしれません。それはせっかく良い芽が出ているのに、大きく育てる前に水やりを止めたようなものです。水やりを止める前に事業の内容をよく聞き、論理性だけでなく創造性も動員し、柔軟性を持って聞いてみましょう。そのことでこれまで気づかなかった価値に気づき、これまでの自分の考えがちょっと違っていたことに気づくかもしれません。

人は自分の頭で限界をつくります。経営者はそれを壊し、創造性を理解すること。既存事業の成長可能性に限界があるなら、なおさらです。

人を信じる、人の創造性を信じる

限界を壊すには、まず、人を信じ、人の創造性を信じることです。「見たことがないものを見る」こと。アイデアが出たら、誰でも平等に挑戦する仕組みがあること。そして、それをとにかく「分からなくても、まず受け入れる」こと。面白い案件を採用してみること。すると、この行動自体が大きなメッセージとなって社内外に広がります。また、自分の感性、直感で「異才」を見つけ、信じて任せることも大事です。その「異才」が世の中に違ったインパクトをもたらすかもしれません。

INTERVIEW

創造性を解放して、論理性に戻る
アート思考の本質はビジネスに通じる

南場智子 氏　DeNA代表取締役会長

なんば・ともこ●1986年、マッキンゼー・アンド・カンパニーに入社。1990年、ハーバード・ビジネス・スクールにてMBAを取得し、1996年、マッキンゼーでパートナー（役員）に就任。1999年に株式会社ディー・エヌ・エーを設立し、現在は代表取締役会長を務める。2015年より横浜DeNAベイスターズオーナー。著書に『不格好経営』。（写真／丸毛 透）

南場智子氏は、著者のマッキンゼー・アンド・カンパニー時代の上司。現在、プライベートでも交流があり、画家としても活動する著者のアーティスト性についても理解している。そんな南場氏に、アート思考の可能性と大企業との親和性について聞いた。

〝運〟はパッションのあるところに落ちてくる

――BODAIのアート思考は「誰にでも創造力がある。それをビジネスシーンで発揮できないのは、意思決定をする経営陣にも課題があるのではないか」と考えています。DeNAの意思決定は、どのように行われているのでしょうか。

南場智子氏（以下、南場）　DeNAの意思決定の基準は、3つあります。事業規模が十分に大きくて、勝算があり、企画した人が「やりたくてたまらない！」と目を輝かせていること。これらの条件が1つでも欠けていたら、企画は通りません。つまり、どんなにやる気があっても、収益が出る可能性を論理的に説明できないと駄目なんです。

しかし意思決定の基準が厳しいが故に、可能性を秘めた企画を取りこぼすこともある。これまで何回も失敗しています。そこで最近、思い切って体制を変えました。私は、論理的思考が強いことを自覚しているので、日々の意思決定は幹部に任せるようにしています。私にこそ、アート思考が必要かもしれません（笑）。

——南場さんは、アート思考を実践しているような印象があります。

南場　私には、右脳的な才能は全くありません（笑）。それに対して、町田さんは論理的でありながら、創造力もある。だからと言って決して自信満々な人ではなく、温かみがあってクライアントに寄り添うことができる。マッキンゼーで一緒に働いている頃から、その印象は変わりません。

数年前、町田さんをはじめ、親しい仲間が我が家に集まったとき、町田さんがピアノを弾いてくれました。そのピアノが、とても心に響くんです。町田さんは素直に音楽と向き合い、楽しんでいる様子で、表現しようとしていることが伝わってくる。うまく弾こうとか、評価されようということじゃない。一方、私は人前でピアノを弾くと、自意識が出てきてしまいます。「間違わずに弾かなくちゃ」と緊張して、枠から出られない。1人だったら、音楽と向き合って気持ちよく弾けることもあるんですけどね。

——BODAIのアート思考については、どう思われますか。

南場　創造性に特化して発想を広げてから、論理性に戻ってくるところが本質的で、いいなと思いました。ビジネスなので最終的にはそろばんをはじく必要がありますから。「自分がやりたい」という思いやパッションを重視するところも、共感できます。

DeNAグループの「Anyca」という個人間カーシェアリング事業は、新卒3年目の若手が「やりたい！」と企画して実現しました。私は車に対して思い入れがあるので、当初は「愛車を他人とシェアするなんて、あり得ない」と全力で反対しました。しかし、彼はめげることなく、私が何度却下しても挑戦してきたんです。まさにパッションがあるからこそ、乗り越えられたのでしょう。Anycaはまだ黒字化できていないので道半ばですが、個人間カーシェアリングでシェア1位だと思います。

事業の成功には、運も欠かせません。どんなに論理的な解があっても運がなければ失敗するし、あまり合理的でないものでも運次第で成功することもある。運は、パッションのあるところに落ちてくることが多いので、DeNAでは「Passion, or Death!」が合言葉になっています。

アート思考による成功事例はこれからだと思いますが、期待したいです。産業界はこれまでマーケティングを重視してきました。けれども、アート思考はいったん数字を忘れ、自分の好きなことを軸に発想を爆発させようという考えですよね。マーケティングではない視点から大ヒットする事業が生まれたら、それは本当にすごいことです。

創造的な人だけでは会社は成り立たない

――大企業にはパッションに欠けて、言われたことをそつなくこなすタイプが多いよう

に思います。

南場　個人が新規事業を自発的に考え出すのではなく、例えば、事業部の制度として取り組んでいたら「やらされている」といった気持ちが強く、パッションを持つことは難しいかもしれません。大企業の最大の課題は、人事異動ではないでしょうか。たとえパッションを持って取り組んでも、急に異動になることもありますよね。パッションを評価する人事システムもなく、出世という概念とパッションもリンクしない。その結果、始まるのがポジション争いです。より上のポジションを得るために、個性を消したり我慢したりして評価されることを目指す。そんな環境から、イノベーションは生まれない。アート思考とは真逆ですよね。

　ＤｅＮＡが大事にしているのは、ヒエラルキーで仕事をしないことです。役職などの階層は、一切無視するのがルール。「誰が言ったか」に正しさを求めることは、ＤｅＮＡでは御法度です。

――それは、アート思考で大切にしている「心理的安全性」（１２９ページ参照）を担保している状態ですね。

南場　ビジネスにおける多様性も、大事にしています。いろいろな人が交ざって議論し、企画を磨いて、つくり上げることが重要です。

――若い世代を中心に、資本主義に対する考え方も変わりつつあります。「利益は期待、売り上げは人気」（１８４ページ参照）という考え方もあると思います。

南場　確かに、株主至上主義は限界に達していると思います。でも、そもそも長期的に繁栄している会社は、世の中に良いものを生み出し続けているからですよね。良いものを生み出しているからこそ利益が出て、給料も上がり、家族や従業員、仕事に関わるパートナーが豊かになっていくわけです。つまり、企業は社会善でないと繁栄できません。

しかし最近、利益を出すことは社会性と相反するもののように言われることがあります。上場企業の経営者は、悪徳な人のように思われたりしますからね。そんな誤解が生まれるのは、格差を表層的に捉え、経営者と労働者、資本主義と社会的責任など、単純に二元化し過ぎだからではないでしょうか。

――世の中や企業内のチームをフラットに捉え、各自の個性を尊重する。これもアート思考の特徴の一つです。

南場　アートを用いて個性を発揮する、ということですよね。自己紹介を絵で表現するワークショップも、面白そうです。私だったらどうやって絵で表現するかな、なんて考えるとワクワクします。普通なら出会った初日には話さないようなことも、思わず語ってしまうかもしれません（笑）。

その一方で、会社は創造的な人だけでは成り立たないのも事実です。例えば、創造性には乏しいけれどオペレーションが得意な人や、社会倫理に照らして善悪の判断をぶれずにやり続けられる、法の番人のような人も欠かせません。会社では個人的な付き合いはせず、プロフェッショナルとして自分の役割を全うしたい。そう考える人もいるはずですからね。アート思考によって、お互いの個性を認め合うようになり、発想の自由度も広がるというのが理想ではないでしょうか。

6章

アート思考をビジネスにつなげる実践プログラム

アート制作ワークショップの狙い

アート思考をビジネスの現場にどうつなげるか。ＢＯＤＡＩはそのために２つの実践プログラム「アート制作ワークショップ」と「事業構想支援」でサポートしています。この章では、アート制作ワークショップの狙いと進め方について解説します。

アート制作ワークショップの目的は誰もが持っている創造性を発揮し、高め、その体感をビジネスにも生かしていきましょう、というものです。創造性の生まれる瞬間を体験する。「あ、いいかも」と思う、その瞬間を感じる。一人ひとりの感性のセンサーを開放して、自然体でいろいろなものを感じる。プログラムの中でほかの人の様々な創造性に触れることができるので「こんな発想があるんだ」「面白いアイデアだな」と素直に感じてみることが大切です。

このワークショップの中には、アートを実際に制作してみる「自己紹介アート」や「キエン・アート（無意識アート）」があります。アート制作ワークショップでも事業構想支援でも同じです

図6-1 BODAIアート思考

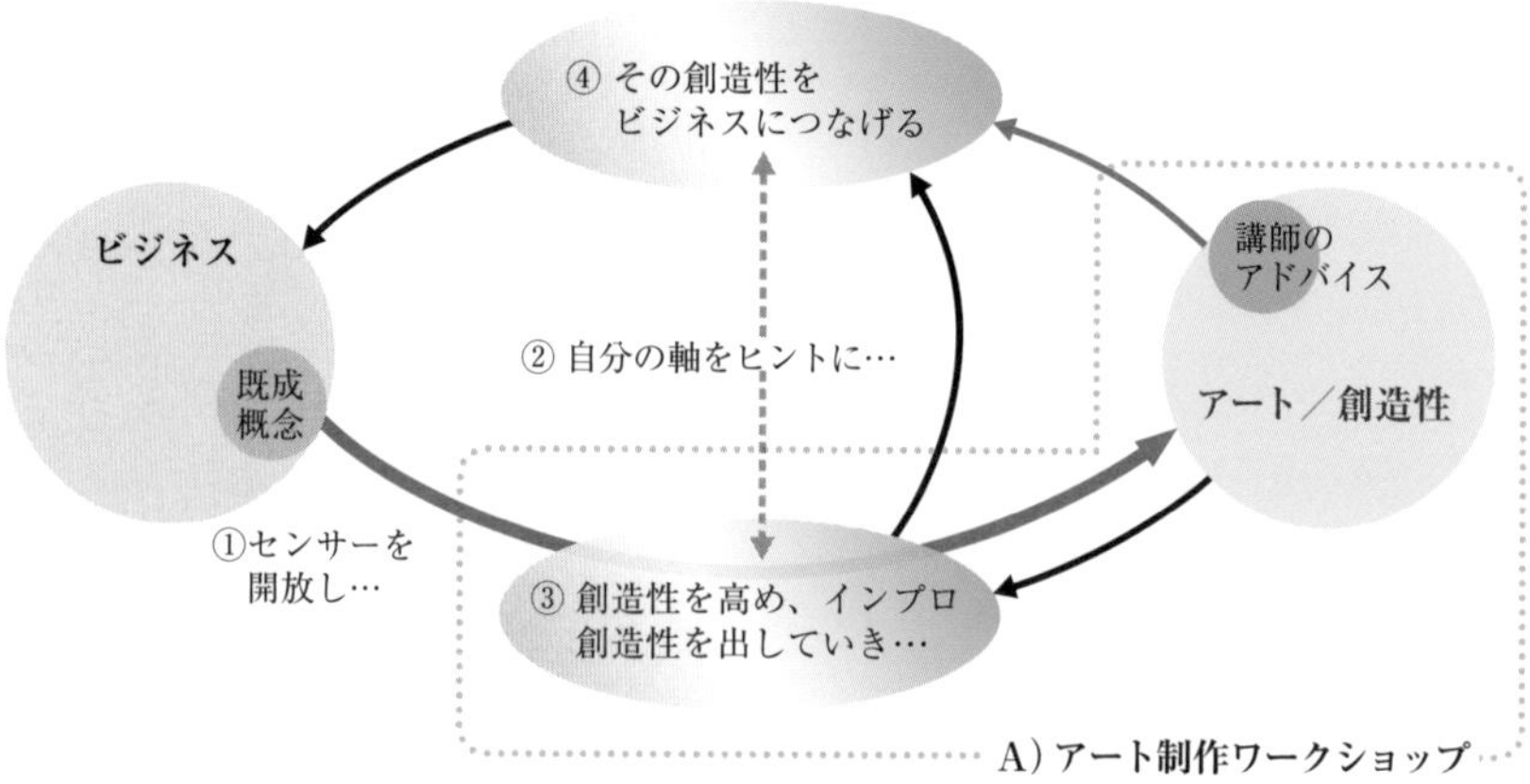

が、まず心理的安全性を高めるように講師が様々に働きかけます。ワークショップの過程でチームビルディングも進み、結果として創造性を発揮できる環境を醸成していきます。

面白さや意外性があり、創造性のある事業を生み出すためには、コストや売り上げなど論理的な根拠をいったん置いて、まずは自分のやりたいこと（自分軸）を意識して考えるのが重要であることは、既にお話しした通りです。ただ、自分のやりたいことを人前で堂々と伝えることに、ためらいを感じる人は少なくありません。笑われるかもしれない。実現できるわけがないと否定されるかもしれない。そんな不安があったら、面白いアイデアなど生まれません。

創造性を発揮するためには、安心して自由に発言できる心理的安全性のある環境が必要なのです。チームにとって最も重要なものの一つが心理的安全性であることは、Googleの研究ですっかり有名になりました。Googleはパフォーマンスの高い組織と、そうでない組織の最も大きな違いは「心理的安全性にある」という研究成果も報告しています。

心理的安全性とは、他人の反応を恐れたり、恥ずかしいと感じたりする必要がなく、自分自身をオープンにできるような環境のことです。これがあれば、自分のアイデアを自由に披露したり、行動に移したりしやすいわけです。

ワークショップのアート制作では、上手・下手は関係ありません。おのおのの内面を自由に表現することが大切です。「下手に描いて構わない」という点を強調して伝えています。「アートは苦手」「上手に作れない」「何十年も関わっていないから」と抵抗がある方にも、自由に表現することがアートの本質であることを体感してもらい、のびのびと創造性を出し、感じてもらいたい。

これが私の思いです。実際に絵を描いてみると独特の味があったり、「自分でも意識していなかった色を使っている」と自分自身に驚いたり、「その色、すてき！」と褒められたり……。参加した方たちは「これでいいんだ」と改めて実感されるようです。これにより心理的安全性が一層高まり、参加者同士が打ち解け、他人の意見を受け入れやすくなります。そういった環境でアイデアを生み出すことがとても大切なのです。

アート制作ワークショップの進め方

それでは、アート制作ワークショップの実際の進め方を説明します。1つのワークショップから、6つの違ったタイプの創造性を「出す・知る・学ぶ」ことが特徴です。以下は基本的な流れであり、実際は参加者の属性や目的に合わせてケースバイケースで変更しています。

❶自己探索を行い、自分の軸を探求する

ワークショップに参加する前に「自分軸」を探る宿題を出します（21ページ参照）。自分が好きなことやこだわり、軸となるものは何か、自己探索を行います、これはアーティストが「自分は何者であるか」を問うのと同じです。自己探索をしっかりしておくと、アート制作で内面を表現したり創造性を出そうとしたりするときのきっかけとなり、事業構想を考え、事業を実行する際に、様々な障害を乗り越えるための強い動機になってくれます。

❷アートを学ぶ
「アーティストの創造性」

アートをビジネスのイノベーションと同じ枠組みで捉え、なぜ今、アートなのか、アートとは何か、アートの定義やアーティストの発想とは何かを学びます。

❸既成概念を取り払う

これまでの視点や思考をいったん捨て、ビジネスの領域から出て、自由の中に飛び込みます。１つのきっかけとして、自分が既成概念だと考えてきた物事を紙に書き出し、それをビリビリと破ります。「アート思考の脳」を起動する第一歩です。自分の思考や起きている事象を既成概念で捉えず、様々なものを「素直に受け入れる」姿勢でいると、他人の意見やアドバイスから、創造性を出すヒントが見つかる確率が上がっていきます。

図6-2　1つのワークショップから、6つの違ったタイプの創造性を「出す・知る・学ぶ」

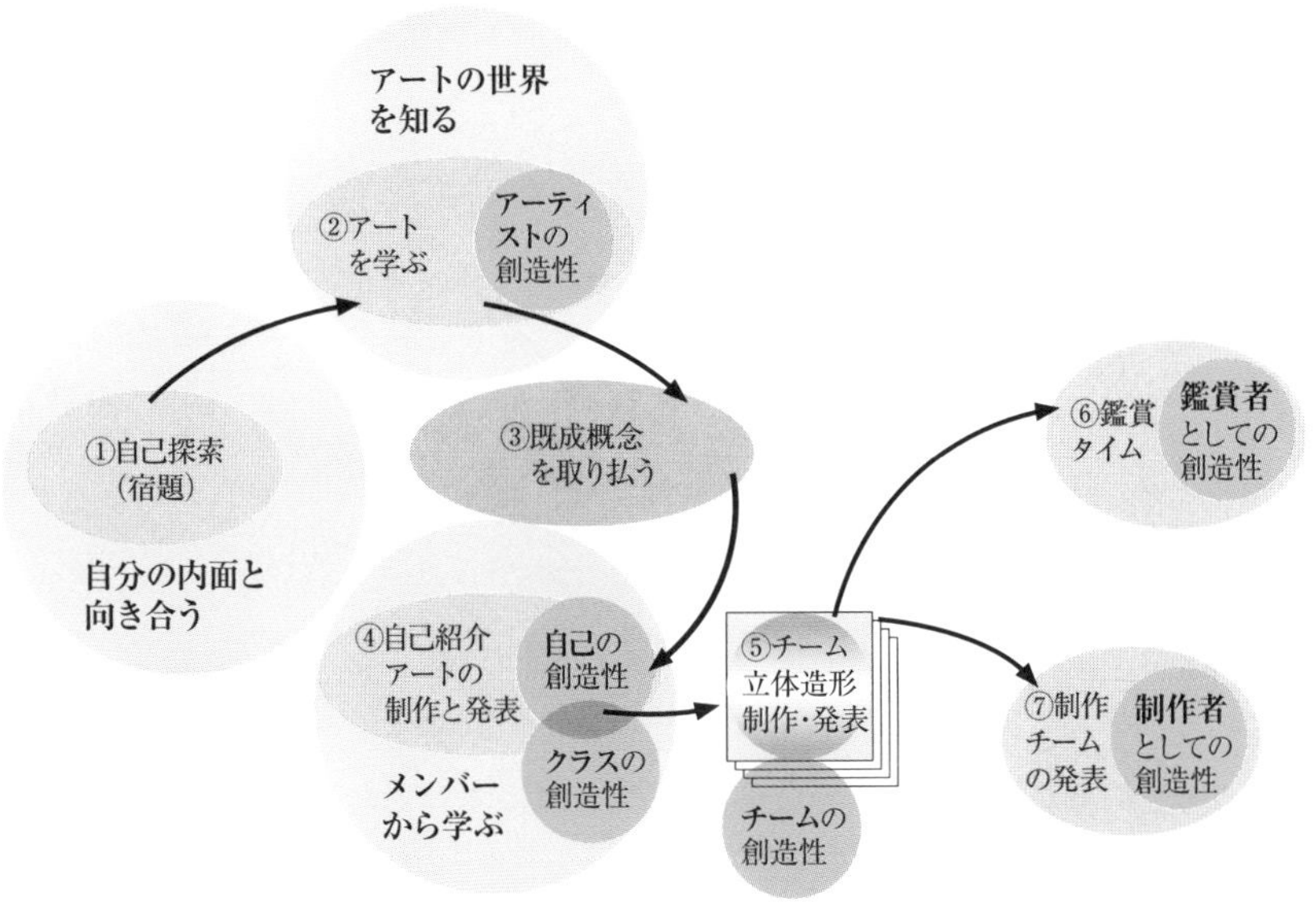

❹自己紹介アートの制作と発表

「自己の創造性」と「クラスの創造性」

自分の内面を表す抽象画を描きます。ここでの自己紹介は通常のビジネスでの自己紹介とは全く異なります。会社の役職やスキルなどをいったんすべて忘れて、「人間としての自分」を紹介するのです。

内面をオープンにし、ビジネスの肩書や履歴などを紹介することなく、フラットな関係を意識して自分の感性と感情だけで抽象画を描く。上手かどうかは全く関係ありません。何を描けばいいか思いつかない方は、「手や指に考えさせる」ことで、無意識に描くことを推奨します。

次に、描いた抽象画をほかの参加者に見せながら、自分という人間がどういう人なのかを発表します。自分を自然体で表現する第一歩になります。最初から発表内容をしっかり考えておく必要はありません。描いた絵を見ながら内容を考えても構いませんし、参加者から「その赤い点は何？」と聞かれ、「何だろう、自分の好きなイチゴかもしれない！」と、後付けで楽しむのもいいですよね。

図6-3 実際の自己紹介アートの例

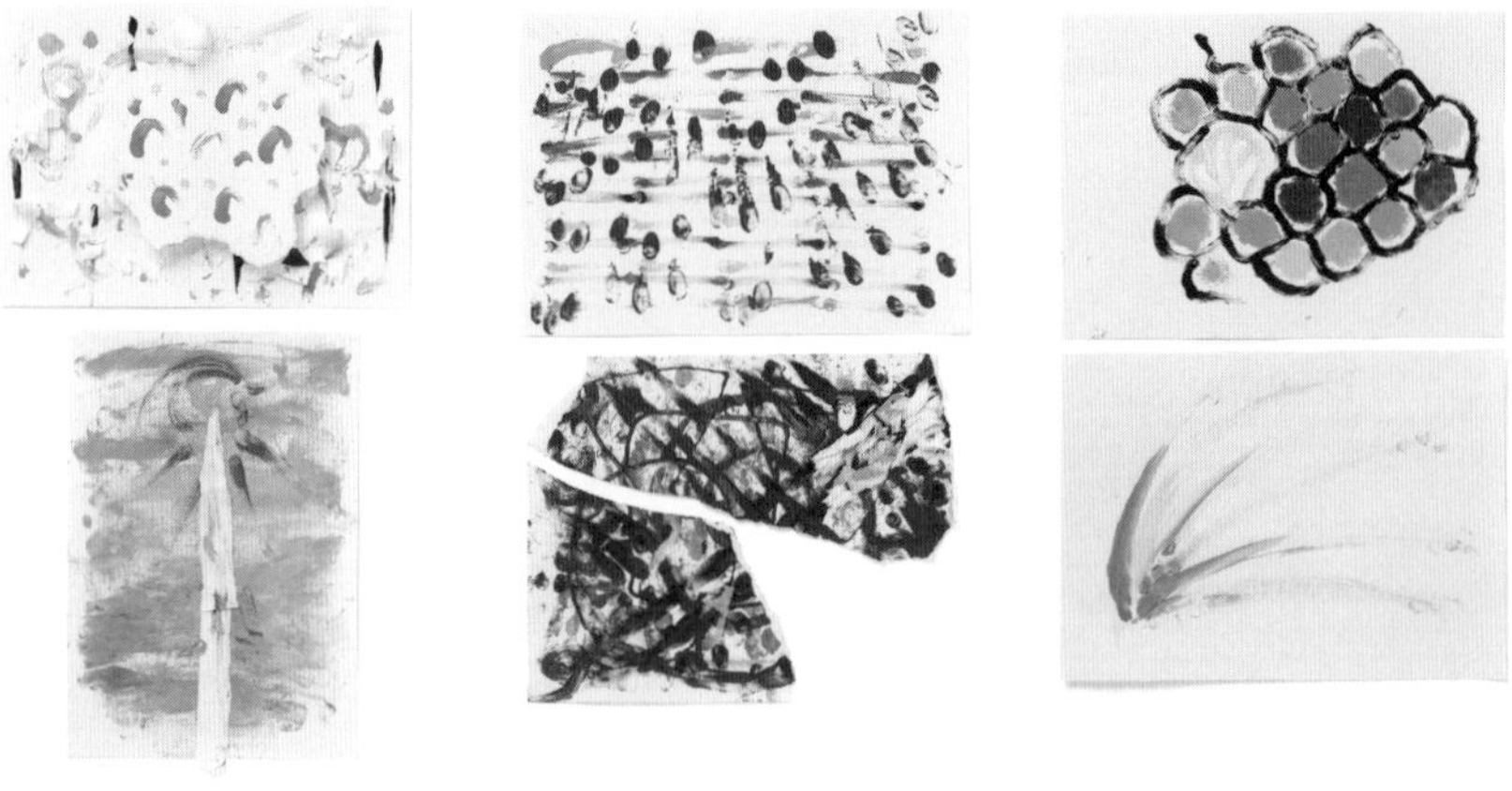

❺チームで立体造形の制作「キエン・アート（無意識アート）」

「チームの創造性」

参加者を数人ずつのチームに分けます。その後、各メンバーが粘土による立体造形を数個ずつ作ります。特に何かを意識せずに手や指に考えさせる、すなわち無意識を使ったアートで、「何か分からないもの」が1人数個ずつ出てくるイメージです（何か分からないものに出合う「奇縁」を感じてほしいことから「キエン・アート」と名付けました）。そのうえで、おのおのの無意識アートが何に見えるかをフラットに言い合い、それらを組み合わせて1つの作品に仕立てます。すべての無意識アートを生かす統合コンセプトをつくる、と考えてもいいでしょう。そのコンセプトを表現するのに足りなければ、新たに粘土を使って立体造形を追加します。今度は意識して作ってかまいません。チーム内で自由に切磋琢磨して、制作を進めていきます。

「フラットな状態」で何か分からないものを、「なんとか1つの作品に仕上げる」ということに意図があります。おのおのの考えを否定せず受け入れて議論し、その過程でメンバーはやわらか頭で様々な創造性を使います。これは新規事業などのビジネスで事業構想をつくる際にも大事なことですし、組織内の様々な業務でも大事なことだと思います。

素材として粘土を使うのは、制作するために手のひら全体を使うためです。手を使ったものづくりは脳を刺激するので、手を使う効用は意外に大きいようです（オンラインでは別の方法で実施するケースもあります）。

制作中は、自由を大事にしつつも、講師がアドバイスします。例えば、初期のチーム案を「ズラす」「価値を逆転する」「否定する」など、場面に応じた最適な「発想のタネ」を使った助言を行います。これにより造形の難易度が上がります。時間も迫ってきます。役割分担も明確にしなければなりません。これがチームにとってはポジティブなプレッシャーとなります。感性（創造性）軸と論理性（実現可能性）軸を行き来し、作品を作っていきます。

❻鑑賞タイム
「鑑賞者としての創造性」

作品ができた後は、制作者以外のクラス全体が鑑賞者の立場となり、「どう見えるか、感想はどうか」をフィードバックします。「どこが面白いか」という、個人的な感覚を大事にします。まずはノーヒントで、造形から何かをくみ取ります。チームが意図したものよりも深い洞察が出たり、チームが意図しなかった思わぬ視点が出てきたりして、ここにも気づきと学びがあり、創造性の鍛錬になります。

このとき、感性のセンサーを働かせないと何かを見落としてしまうかもしれません。見えないものを見ようとし、制作者の意図を読み取ろうとすることです。これがないと表面的なものにとらわれてしまいがちです。

これはビジネスでも同じで、例えば超ロジカルな意思決定者は、アート思考から出てきた創造性の高い案件に対し、ロジカルな面だけを見て「我が社の新規ビジネスの要件を満たしていない」「実現可能性が低い」と判断し、その案件を却下するかもしれません。

けれども、感性を開放してロジカルな思考をいったん脇へ置いて、真っ白な気持ちで案件を見ると、また違った面が見えてくるでしょう。今まで感じなかった面白さが見えてきて、「創造性に注目することは大事だな」「実現化の可能性だけで見ていてはいけないな」という感覚になっていくかもしれません。そうすると、超ロジカル思考では却下していた案件が、「今は実現可能性は低いが、この着眼は面白い。いつか化けるかもしれない」というものになり、今すぐには採用せずとも、将来的な可能性として残しておくという判断もあり得ます。既成概念を取り払い、自分の感覚や感性を大事にして物事を見ることはとても大切なのです。

❼制作チームの発表

「制作者としての創造性」

今度は制作チームから、作品の意図を説明します。これはいわば「答え合わせ」をするようなものですね。

ただ、注意しなければいけないのは、「チームの意図」はあっても、「正解」はないということです。各人が「こう見える」と感じれば、それが正解です。つまり、鑑賞者にとっての見え方と制作チームの意図には、ギャップが出てきます。この差は、お互いの感性の違いなので、どちらが正しい、間違っているということはありません。

そのギャップから、「なるほど、こんな発想や、やり方があったんだ」と気づき、自分の発想の傾向を自覚するだけでも大きな意味があります。これもアート鑑賞そのものです。感じるがままに、自由に感想を言っていいのです。そして制作者の意図を知ると、また違った発想が手に入るかもしれません。

アート思考とチームビルディング

　何度もアート制作ワークショップを実施している中で、このワークショップはチームビルディング効果が非常に高いことを実感しています。チームビルディング効果をより高めるために、ワークショップで大事にしているものは何か、見てみましょう。

・自分をさらけ出そう

　これは日常のビジネス現場ではなかなか難しいことかもしれません。中高年層であれば、コロナ禍前ならカラオケだ、飲み会だと、自分をさらけ出す機会はそれなりにありました。しかし、実際は上司に気を使って、本当の自分をさらけ出すどころではな

かったかもしれませんね。若い世代はプライベートを大事にし、職場の飲み会を避ける傾向もあるようです。

アート思考で自己紹介アートを描くと、普段あまり聞けなかった、一人ひとりの「秘密のストーリー」が驚くほど出てきます。日ごろ、何を見て何を考えているのかもよく分かります。アートの制作やそれを使った自己紹介などを通じて心理的安全性を高め、「さらけ出す」「素のままでいられる」状態をつくり出します。これはチームメンバー同士の相互理解を高めるうえで欠かせません。

・各人の得意不得意、性格を理解しよう

チームで長時間仕事をしていても、メンバーの得意不得意や好き嫌い、本当の性格は意外になかなか分かりません。もちろん分かればいいというものでもなく、会社ではあまりオープンにしたくない、という自由もあるべきだと思いますが……。

普段私たちは、その人の過去の経歴から見て、例えば「理系の大学を出て開発の仕事が長かったから開発が得意で、論理的なんだろうな」と想像したりします。しかし、実はその人が開発そのものよりリーダーシップを執ることが得意だったり、人間性の面で非常に情熱的だったり、情緒をとても大事にしたりする人かもしれません。そういうことは、なかなか分からないものです。センサーを開放して自分をさらけ出し、それをお互いが尊重し合うためにも、メンバーに興味を持ち、理解しようとする、その姿勢が大事です。

・虚栄心を捨てよう

人は自分を大きく見せようとする心理が自然に働きます。大きく見せることで敵から防御したいからです。あるいは逆に謙虚さのあまり、せっかくできるのにそのことを言わなかったり、自信がないように振る舞ってしまったりします。これは、期待されてできなかったら大変だ、格好悪いという意識の表れや、目立たないようにするためかもしれません。いずれも挑戦するリスクに対する恐怖が裏にあります。

自分を良く見せても何もいいことはありません。虚栄心を捨てて、等身大の自分でコミュニケーションできるかは、良い関係性をつくるうえで大きなポイントとなるでしょう。

・信頼しよう

社会人の人間関係は信頼でできている。そう言っても過言ではないでしょう。信頼がないと何も任せたくないし、大事なことも言えなくなります。

そして、信頼はほんのささいなことで失われることもあります。相互に信頼を失ったチームは、仕事ぶりがだんだん機械的になり、メンバー間のコミュニケーションも減っていきます。

深刻な議論の対立があったとき、あるいは、この人とは感性が違うなと思ったとき、チームは崩壊の兆しを見せ始めます。そういった場合、徹底的に話し合って感覚の違いやギャップを丁寧に埋める努力をしなければなりません。ところが、一度でも「この人とは合わない」と感じると、人は様々な理由を見つけて、関係修復の努力を怠りがちです。

言うまでもなく、人はそれぞれ違います。おのおのの特徴を生かしてワンチームとなればいいのです。「信頼とは、その人との間でかけた時間で決まる」。人と信頼関係をつくろうと思えば、努力が必要なのです。時間をかけてコミュニケーションを取ることの重要性は、意外と忘れられがちです。

・Give & Give

自分のスキルや時間を提供することについて、最近では「Give（ギブ）する」という表現がよく使われます。情けは人の為ならず。まず与えて貢献する。何の見返りもないかもしれない。でも、その気持ちで接していると、いつの間にかチームは気持ちよく、仲良くなります。そして強く結束してくる確率が上がります。

COLUMN

マッキンゼー時代の心理的安全性がもたらしたもの

私のマッキンゼー時代、クライアントへの新サービスの提案が難航していたことがありました。この新サービスは今やそのクライアントの重要なサービスとなっていますが、その当時は、安定して順調な既存事業を食う可能性がありました。そのため、クライアントはその新サービスの導入に難色を示し、話の糸口をつかめずにいました。

先輩からその話を聞いたとき、ふとひらめいて、両腕で抱えるほどの大きさの、サービス全体を表す「3次元の立体模型」を作り、クライアントのトップに持参することにしました。最初は「なぜ、こんなものを持ってくるのか」と数十分もの間、みっちり怒られましたが、徐々に目の前の模型に関心を示すようになりました。取り外したり動かしたりするうちに、ついに様々な感想や意見をおっしゃっていただけるようになり、これが話し合いの糸口になりました。その後、先輩たちの尽力によりその新サービスの導入が決定したのです。

模型だけで説得できたわけではありませんが、一つの重要な契機になったのは間違いないでしょう。造形の持つ力が、頓挫していたものの突破口になることを実感しました。そしてまた、アートがビジネスに与える力に、より関心を持つきっかけとなりました。

これ以外の案件でも、イラストなどのアートをプレゼンや提案に使い、様々な効果がありました。ロジカルな環境の中でもアート的な思考や行動ができたのは、先輩方が私の思考を否定せずに受け入れ、心理的安全性をつくってくれていたからです。ロジカルであり、同時に創造的でもある先輩が多かったおかげとも言えます。

創造性を生み出すために何より重要なことは、周りの環境だということもマッキンゼー時代に実感しました。

INTERVIEW

アート思考が変える企業の在り方
個の創造性を企業の意思決定に組み込めるか

シグマクシス
田中宏隆 氏 Director
岡田亜希子 氏 Research／Insight Specialist

田中宏隆氏と岡田亜希子氏は、著者のマッキンゼー・アンド・カンパニー時代の後輩。著者は2人の良き相談相手でもあり、ウェルビーイングとフードテックをテーマにした議論やワークショップを通じ、様々な議論が深まっていったという。そんな田中氏と岡田氏に、アート思考のワークショップの感想やビジネスにもたらす効果について聞いた。

内在する思いをアート作品で言語化する

――アート思考のワークショップを社内で実施したきっかけを教えてください。

岡田亜希子氏（以下、岡田） 町田さんとは以前から、定期的にいろいろな議論をしていました。町田さんは画家としても活動されているので、仕事でアートをテーマにするようなプロジェクトが発生したとき、企画についてご意見を伺ったり、既成概念を取り払う考え方を伝授していただいたりしています。私たちがフードイノベーションとウェルビーイングについて考え始めたときも、町田さんならきっと何かヒントを与えてくれると思い、ブレストする時間をつくっていただきました。

食はおいしさや食べる時間、空間、誰と食べるかなど「感情価値」と関係が深い。そんな考えは浮かんでいたものの、ウェルビーイングは壮大なテーマでもあり、どう結びつけるか悩んでいました。そういった話をしている中で、町田さんから「食とウェルネス」というテーマでワークショップを開催するご提案を頂きました。

田中宏隆氏（以下、田中）　私は今から7～8年前、ビジネスとアートの親和性について考えるようになりました。きっかけは、コンサルティングの仕事で、１００％狙い通りの結果を出すことができなかったからです。コンサルタントとして経験を積んでいくと、だいたいの答えにたどり着けるようになり、50％くらいの完成度を80％くらいまで高められるようになります。しかし、どうしても１００％には到達しないんです。その理由は案件によっても違いますが、最後は「思いや感覚が大切」などといわれており、そのとき「アート」にも何か可能性があるのではないかと思っていました。

私がアート思考を知ったきっかけは、京都大学で開催された「ARTS ECONOMICS KYOTO 2018」というイベントで町田さんの講演を聞いたことです。未来を見渡せる人がいないからこそ、未来はつくるものであり、アートは分断された学問や研究をつなぐ可能性があるといったディスカッションが、とても印象に残っています。そのとき、アートは接着剤のような役割があるのかもしれないと考えるようになり、その後、町田さんと何度も議論を重ねてきました。ワークショップにも参加したことで、それまでのロジック重視だった考え方から、創造性も取り入れた考え方に変わりつつあります。そして今、フードテックの世界で新しい価値やビジネスを考える際にも、町田さんのアート思考に大きく刺激を受けていることは間違いありません。

岡田　ワークショップに参加して驚いたのは、自分の中に眠っている答えがあり、その存在に気づいたことです。黙々と手を動かし、粘土で形をつくっているときや、完成したものを説明しているときに、自分にとってウェルビーイングとは何か、そのヒントが頭に浮かんできました。粘土は不思議なマテリアルで、どんな形にすることもできる。だけど、私たちのような素人はイメージ通りに表現できません。それでも、

たなか・ひろたか●SKS Japan主催者。シグマクシスにおけるマルチサイド・プラットフォームチームのチームリーダー。国内大手家電メーカー、マッキンゼー・アンド・カンパニーを経て、2017年よりシグマクシスに参画。食・料理という領域における日本として進むべき道を明らかにし、新たな産業への進化を目指す。　（写真／丸毛 透）

創造力を膨らませながら、短時間で頑張って完成させる。そのプロセス自体も、ウェルビーイングだと気づきました。とはいえ、何がウェルビーイングなのかは、日々、変わっていくものだと思います。常に意識したり考えたりすることが必要なのでしょう。

田中　私はワークショップについて、もう少し俯瞰（ふかん）して捉えました。まず、日本企業に勢いがないのは、ビジネスパーソンが自由に考える思考を失ってしまったからです。かつては、与えられた役割を粛々とこなしていれば、年功序列で出世をして、給料も上がっていきました。自分の意見は言わない。たとえ言いたいことがあっても、黙ってやり過ごす。そういう思考が根付いてしまっているビジネスパーソンは少なくないでしょう。

そんな時代だからこそ、自分を起点に発想するアート思考が新鮮に感じるのだと思います。

おかだ・あきこ●マッキンゼー・アンド・カンパニーでハイテク分野のリサーチエキスパートとして10年間従事し、現職。現在はインサイト・スペシャリストとして、食×テクノロジー・サイエンス×人間の未来を追求。高度なビジネスリサーチ力を駆使し、世界のイノベーターをつなぐ。（写真／丸毛 透）

プロダクトアウトやテクノロジーアウト、リサーチアウトではなく、人を中心に考える。仕事を自分事化するきっかけにもなる、アート思考には可能性を感じます。

　ある企業のプロジェクトで、町田さんに講演をお願いしたことがあります。12回の講演で、3回目に町田さんが登壇し、こう話しました。「つくりたい未来は、自分たちで描いてよいのです。自分の思いから考えましょう」。その瞬間、20代から40代後半の参加者の目の色が変わりました。そこから各自が自分の体験を語り出し、経営陣の想像を超える新しいビジョンを生み出すことができたんです。自分たちは会社の歯車ではなく、原動力なんだ。そう気づくことができたのだと思います。

――岡田さんはワークショップの粘土アートで、「炊き込みご飯」でウェルビーイングを表現したそうですね。

岡田　いろいろ試行錯誤しているとき、町田さんは、「普通ですね」「さほど面白くないですね」と優しい口調だけど、ちょっとイジワルにツッコミを入れるんです（笑）。そう言われると、どうやって面白くしようか、さらに違うことを考え始める。それがいいんです。なぜ、ウェルビーイングな食として「炊き込みご飯」を選んだか。それはいろいろな具材が入っていて、栄養のバランスが良く、日本人なら誰もが知っている。肩肘張らずに食べることができ、白米よりちょっとうれしい。そんな炊き込みご飯こそ、幸せの本質ではないかと考えたからです。

　ポイントは2つ。1つは、まずどうやって炊き込みご飯を表現するか。米粒や器、具材の種類や切り方など、あらゆる角度から炊き込みご飯について考えました。本質をつかむうえでとても大事なことです。もう1つは、どうやって炊き込みご飯のある幸せを表現するか。町田さんが「逆転の発想で、炊き込みご飯のない不幸せについて考えてみたらどうですか」とアドバイスをしてくださり、そこから検討を重ねた結果、炊き込みご飯の入ったお茶わんを横に倒して、ご飯粒がこぼれてしまった状態を完成としました。「程よい不幸せ」感によって、炊き込みご飯の「程よい幸せ」を表現したのです。

　今どきの私たちは何でも数値化して満点が最高だと思いがちですが、ウェルビーイングはもう少し曖昧な領域です。うれしかったり、楽しかったり、ちょっぴり寂しかったりする感情を中心に設計することで、面白いサービスが生まれるのではないか。町田さんには、そんなアドバイスも頂きました。

個人の創造性を信じて仕事を任せる

――アート思考を、ビジネスにどう生かしていますか。

田中　アート思考のワークショップを体験して、チームのメンバーを含めて、個人の力を信じるようになりました。各自の能力をもっと引き出そうと考えるようになり、その結果、活躍したメンバーもいます。人を評価するときも、スキルや実績などロジカルに判断していましたが、それだけでなく、「経営陣が思いつかないようなことを発想できる」といった視点で評価すると、頼れる部分が増え、任せられる仕事の幅も広がります。そうやって一人ひとりの創造性を信じて仕事を任せると、メンバーも自分の意見に自信を持つようになり、以前より多様な意見が出てくるようになりました。そうやって組織のピラミッドを意図的にひっくり返すことが、組織を活性化して成長させるには必要なことだと思います。

　町田さんからは「異質な体験を大切にする」ことも教わり（37ページ参照）、異分野の人と話す機会が増えました。異分野の人たちとの交流が、創造的なアイデアを生むきっかけにもなっています。今は、コンサルタントがロジカルに導き出した画一的な企画では、世の中は動かないと思うようになりました。

――ワークショップでの体験が、チームビルディング（１３６ページ参照）にも影響を及ぼしているんですね。

田中　最初はほかのメンバーが作る作品を見て、「なんじゃこりゃ」って思いました。でも、説明を聞くと納得できるんです。「そういう視点を持っているんだ」「そんな考え方があるんだ」など、新たな発想の気づきがありました。今はマネジメントのヒエラルキーのピラミッドが逆転していて、特にデジタルの領域では、現場で働いている人のほうがビビッドなアイデアを持っていることが珍しくありません。ただ、若手は自分のやりたいことや言いたいことを伝える方法論を身に付けていないため、意見が採用されにくいという面もあります。そんな現場で働く人の力を増幅させるためのツールが、アート思考かなと思っています。

　アート思考は、自分で考え、言いたいことをきちんと言う。視野を広げるきっかけにもなるはずです。そう考えると、アート思考は企業研修や新規事業開発のアプローチだけでなく、学校教育にも活用できるのではないでしょうか。

岡田　アート思考は、自分の中にあるものを掘り起こす感覚なので、年齢を問わないですよね。新しい言語を覚えるのとは違うので、ビジネスの研修はもちろん、田中の言うように教育の現場でも活用できると思います。

田中　アート思考の最大の壁は、企業システムに織り込みにくいことでしょうか。意思決定の仕組みに取り入れることが大事なのですが、簡単ではないと思います。そう考えると、既存の企業に取り入れるのではなく、例えばアート思考起点で新たに企業を立ち上げるのはどうでしょう。自分がやりたいことを突き詰めていくと、結果につながる。短期的な売り上げやキャッシュフローではない。既存の企業の形とは違う価値を見いだせる可能性が、アート思考にはあるのではないでしょうか。

COLUMN

キエン・アートを使った事例

ここではシグマクシス社内で行った、粘土を使ったキエン・アート（無意識アート）の話をしましょう（実際は、テーマに対して意識した制作と無意識の制作を統合し、1つの作品にしたケースです）。「あなたにとっての、食体験におけるウェルビーイングとは何ですか?」という問いに対し、チームごとに答えを考え、粘土で表現しました。

その中で「風邪を引いた自分のために妻が30分煮込んでくれた、ぐずぐずの冷凍うどん（を食べること）」を表現することにしたチームがありました。「無意識」で手を動かして制作したアートと、意識して制作したアートが合体し、スタート時には想像できなかった立体作品が出来上がりました。この一連の流れを、発想のタネを使って解説します。

最初は器に入ったうどんを制作しました。これだけでは、講師である私としては「うどんを作ったのですね」と確認し、2秒程度で鑑賞時間は終わってしまいます。

そこで、このコンセプトを幾つかのアイデアに分割してズラす、ということをしてみました。まず、うどん。器の中にあっても目立たないので、「器の外」に出すことにしました。研修では通常はテーブルの上で制作し、プレゼンテーションしますが、そこ

題名：「病気の時、茹ですぎて伸び切ったうどん、でも愛情を感じた」

を飛び出しました。テーブルから外に出し、部屋の隅から隅までうどんそのものを長く配置することにしました。そうすることで、うどんの長さ（距離と時間の両方を掛けた）を表すことができました。

このチームは2人で構成されていたのですが、発案者であるAさんは「先生、うどんはゆで過ぎるとブツブツ切れてしまうんです」と言われていました。私は「まさにアート作品なのですから、現実の通りに作る必要はないですよ」と言い、Aさんは意識してうどん部分をどんどん作っていきました。数メートルもの長さの細長いうどんができました。

そして、その長いうどんの果てに花を置き、愛情を表現することにしました。

もう1人のBさんは特にテーマを考え

図6-4 最初のアイデア段階

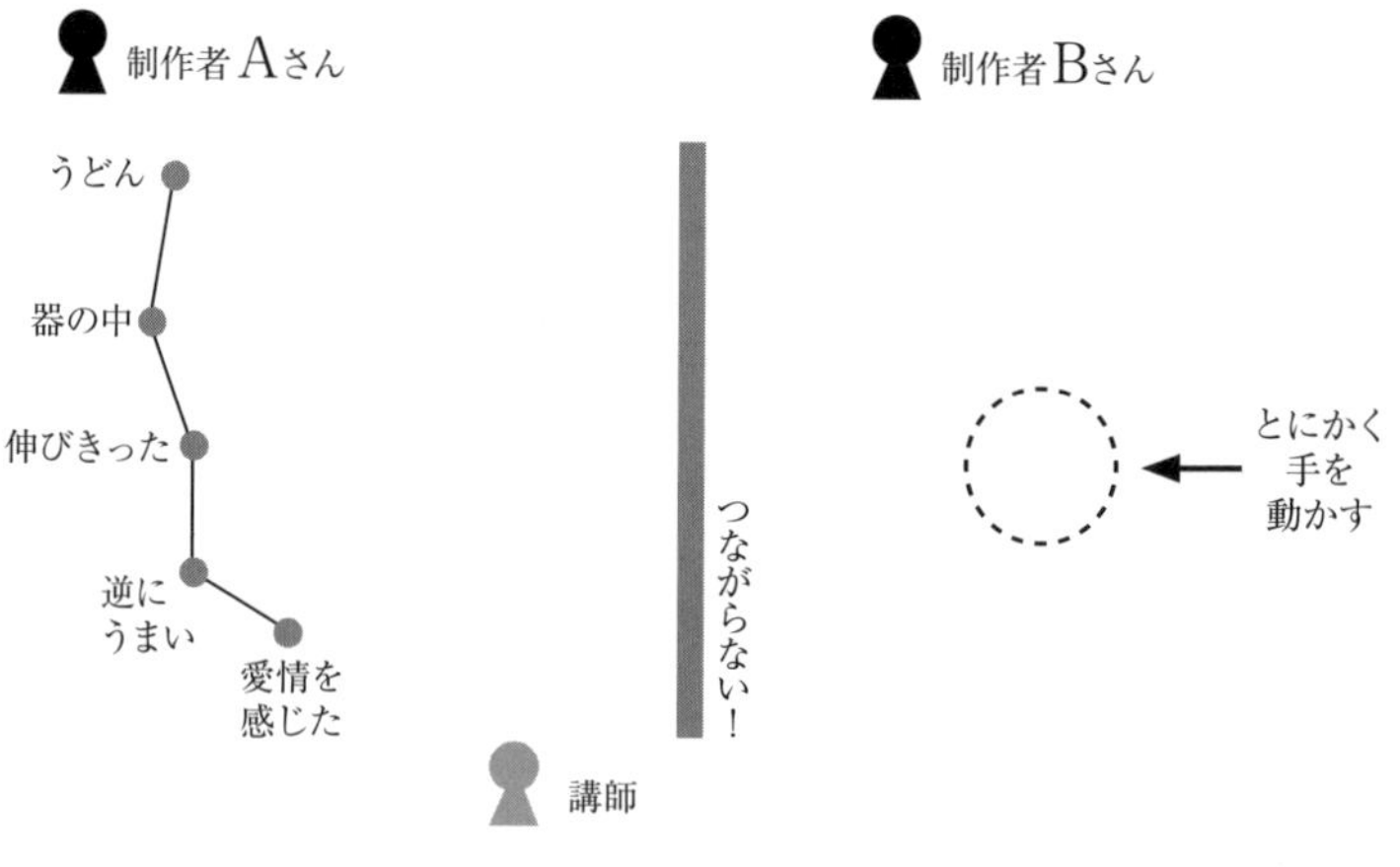

ず、無意識に幾つかの粘土アートを作りました。「何を作っていいか分からないときは、手や指に考えさせよう」と普段からよく言っています。そこでBさんは、その通りに手に任せて無意識に「何かわけの分からないもの」を作ったわけです。

「いいですね。いいですね。ちなみに、これは何に見えますか？」と聞いてみました。

「鼻や耳のように見えます」

このとき、ひらめきました。鼻や耳とは、嗅覚や聴覚です。あとは視覚、触覚、味覚を作れば五感がそろう。しかもうどんは長く伸びており、その上に5つの感覚器の造形を配置することができる。そして、愛情を表現するための「花」の反対側に「既製のうどんパック」を置いて

図6-5 最初のアイデアを形にしていく

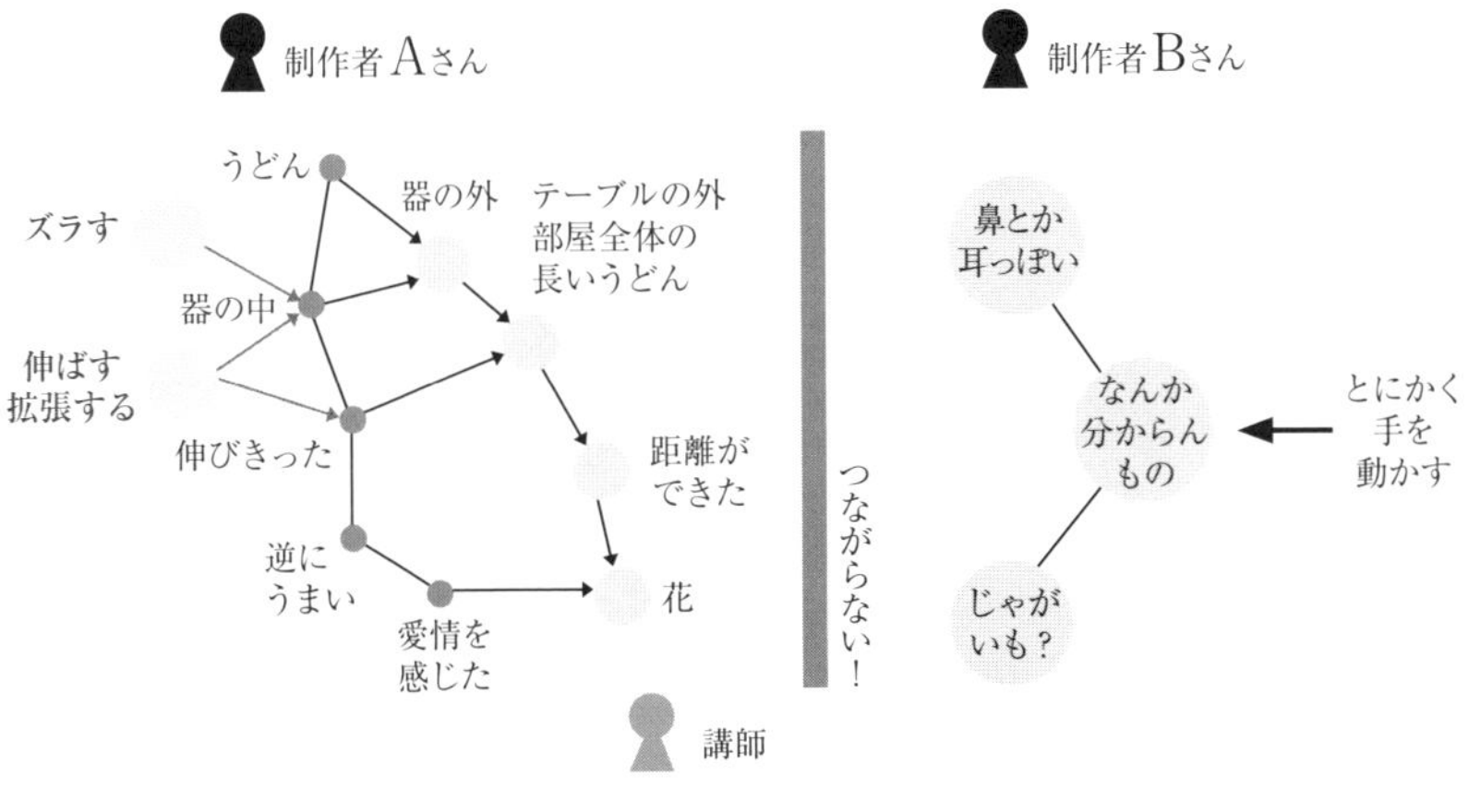

みる。

こうすることで、①既製のうどんパックからうどんが出て、長く伸び切るところまで調理したことを表現し、②その上に5つの感覚器の造形を配置することで、五感をすべて使って愛情を感じたことを表現できます。

このように意識して作品を作るだけではなく、無意識も取り入れたことで、思いも寄らない表現や発想が出てきました。無意識を活用し、アイデアを分割し、ズラし、統合していく。アート思考による創造力の出し方、発想の広げ方の一例にすぎませんが、様々な場面で、もちろんビジネスにおいても応用できると思います。

図6-6 AさんとBさんの制作物を統合し、1つの作品として完成

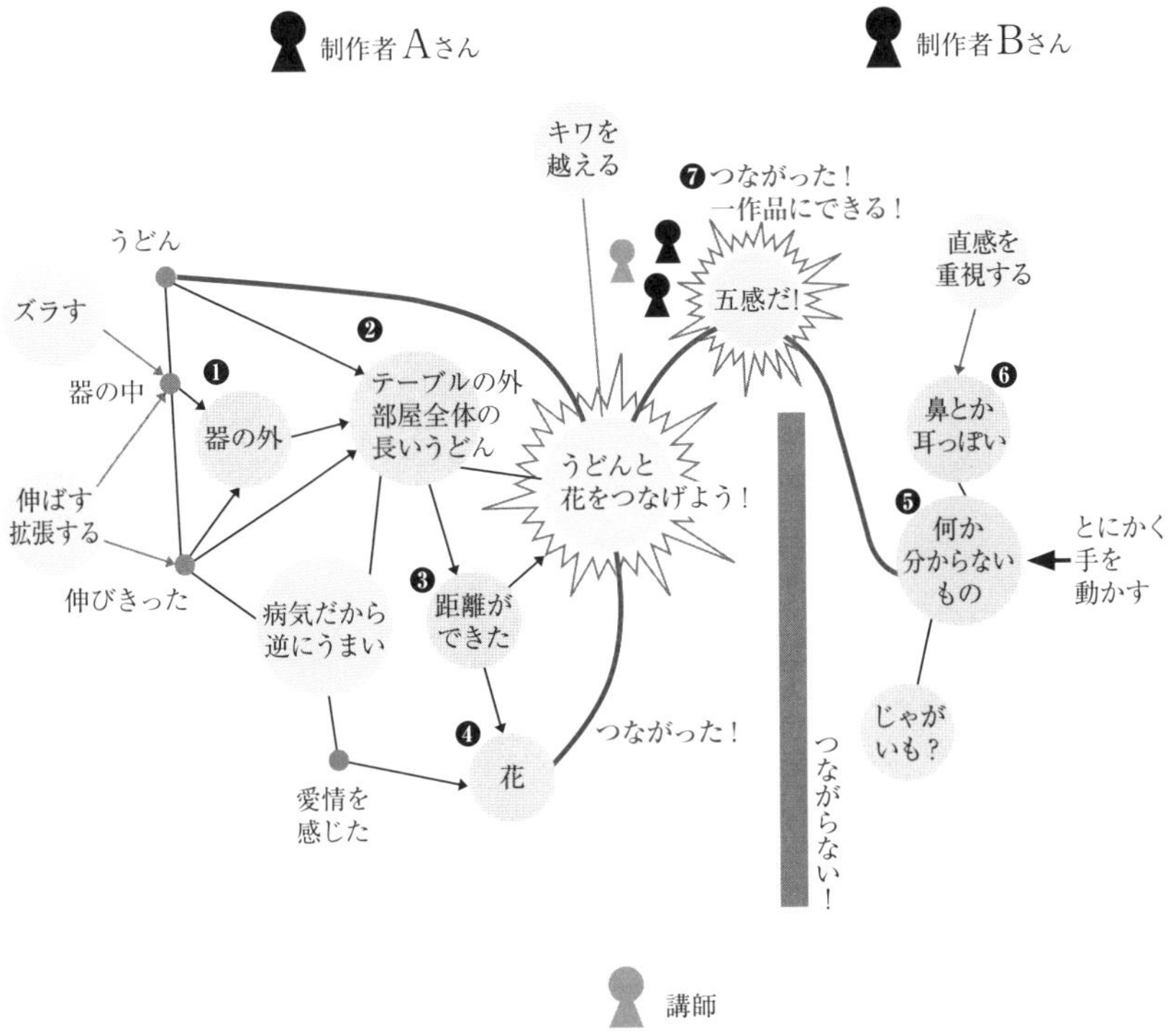

7章

事業構想の枠組みに
アート思考をどう取り入れるのか

アート思考による「事業構想支援」とは

ＢＯＤＡＩのアート思考研修の一つ、事業構想支援には様々なレベル感がありますが、特徴としては初めから売り上げ規模やコストを問わないところです（8章にＫＤＤＩの事例を載せています）。事業構想は、新規事業の立ち上げや既存事業の業態転換、企業全体の経営構想まで応用できるもので、事業計画の前提となる「ビジネスの骨子」を意味します。商いを成り立たせている重要なポイントやストーリーをまとめ、事業を行う理由と、何をどうやって実現するのかなど、包括的に書かれているものです。最終的には売り上げ、利益の目標、コスト、投資額などの概要を含みますが、精緻な事業計画とは異なります。その事業を前に進めるかどうかを決めるのに十分な情報が盛り込まれた「情報の束」のことです。それらは1つのストーリーで一貫して流れていなければなりません。

事業構想は一般的に、経営者と同じ目線で「事業環境の整理」「なぜ行うのか（Ｗｈｙ）」「課題」「何をどうやって行うのか

図 7-1　BODAIアート思考

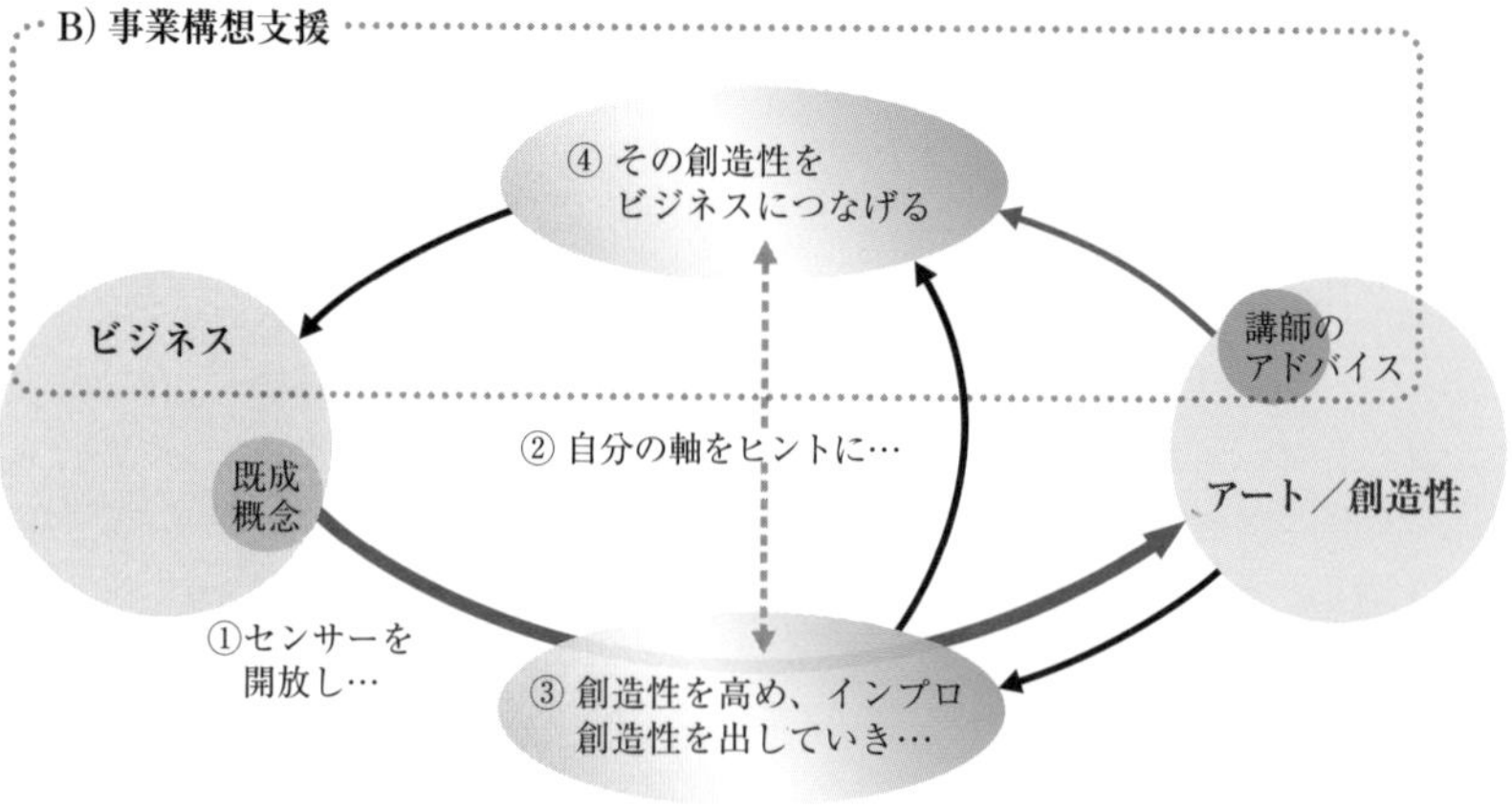

（Ｗｈａｔ／Ｈｏｗ）」「売り上げ／利益」などを論理的に組み立てた枠組みをつくります。そしてこの枠組みにアート思考を取り入れ、発想の転換、創造性を重視し、新しい課題を定義することを目指します。チームやリーダーの思いや自分軸をしっかりと入れ込みます。

前述したように、ビジネスは論理性を追求するだけでは発想が広がりません。ただ、創造性だけを広げても、実現可能性は高まりません。論理性と創造性の間を行き来しながら、既成概念からは出てこないような「思わぬ構想」を生み出そうとする、しかも実現可能性も十分に確保する――このバランスがアート思考の実践では最も難しく、事業構想支援で最も注意しているところです。

事業構想と聞くと難しく思えるかもしれませんが、ビジネスに限った考え方ではありません。誰しも、個人としての夢や実現したいことがあるでしょう。それらを周囲に説明し、共感を獲得し、協力してもらう――そんな場面で必ず役に立つ考え方です。ぜひ参考にしてください。

それでは、基本的な事業構想の考え方に、どのようにアート思考を取り入れるのか。その進め方について解説します。

事業構想＋アート思考

❶現状認識

まず、現状認識を行います。現状認識の方法や考え方はいろいろありますが、まずは5フォース（売り手、買い手、新規参入、代替品、既存の競合）を整理するのがよいでしょう。ほかにも、社会情勢の変化や地球環境の課題をまとめてみたり、自身の会社や事業に関わる問題を抽出してまとめたりしておきます。

これらは以前からその重要性を言われてきたことですが、多くの企業で、実際には十分やりきれていないようです。例えば、新規参入や代替品の脅威についても、技術革新がものすごいスピードで進む今では、思わぬ業界、思わぬ企業が新たな競合となり得ます。しかし、既成概念にとらわれていると、そこに考えが及ばないというケースは少なくありません。

❷Why1：自分軸

次に、自分軸（16ページ参照）を意識し、ベースとなるアイデアを考えます。「なぜ自分がそれをやりたいのか」を最も重視してください。通常の事業構想づくりの初期段階では、財務分析などを使って既存事業を徹底的に分析することが多いのですが、アート思考の事業構想では既存事業やコスト、売り上げは当初、無視して構いません。

図7-2　事業構想に創造性を入れる

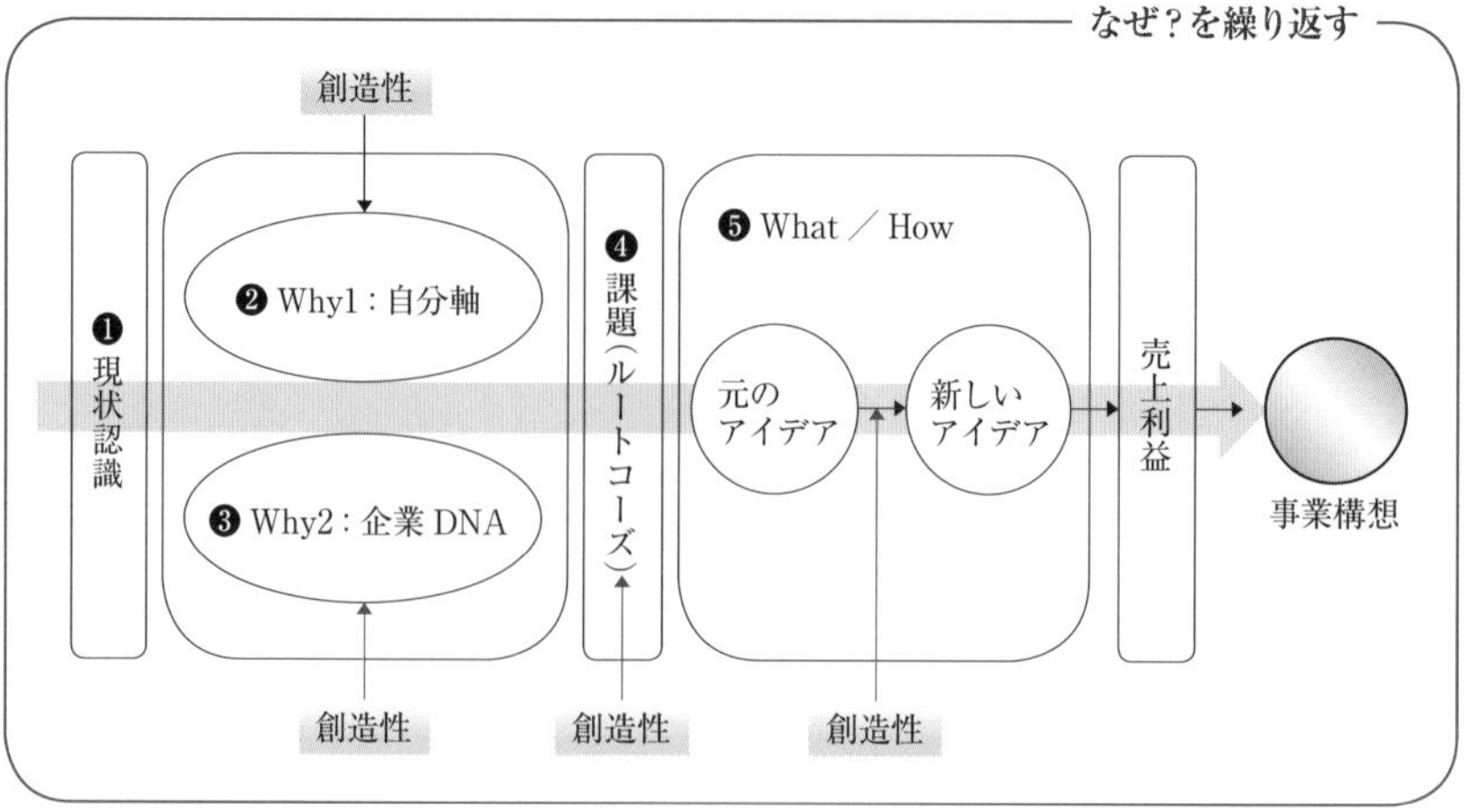

自分軸がまだ明確でない人は、とりあえず今、自分がやっていることや、やってみたいことといったレベルでも結構です。何事も、うまくいくとそのことがどんどん好きになり、自分の軸になっていくことがあり得ます。ただ、気をつけないといけないことは「自分探し」で迷走してしまうことです。自分がやりたいという思いだけで押し通すのではなく、そこには「企業ＤＮＡ」も合わせて考える必要があります。

❸Why2：企業ＤＮＡ

自分軸で生み出したアイデアを、「なぜ自社でやるべきなのか」考えます。その指針となるのが企業のＤＮＡです。事業構想で問われる企業のＤＮＡとは、表面的な強みではなく、一段高い強みのこと。「企業の組織や人材に共有・継承され、意識されている、または無意識になっている価値観、信念、行動規範などの体系」と捉えることができます。事業の柱が変わっても、企業体としては変わらず大事にしていることで、外からは見えづらく、簡単にはまねできないものです。

例えば、Ａ社の強みはマス層に強い製品づくり、ということに見えるかもしれませんが、実際の強みは「若いスタッフを中心とした現場マネジメント力、在庫売り切り力とそのためのシステム」だったりします。このように強みを把握していると、売る商品や業態が変わっても、生き続けることができるでしょう。

素材会社のＢ社は、素材の種類や形態に強みがあるように見えますが、「特定生産環境での課題解決力と顧客寄り添い力」が本当の強みの可能性もあります。圧倒的な営業力が表向きの強みに見えるC社が、実は「自律性を引き出す仕組みとベンチャースピリッツ」が本当のDNA。企業DNAとはこのような感覚です。

企業DNAは、事業構想を考える＝企業自体の新しい姿を描くうえで大変重要です。個人で言えば自分の軸に当たります。いわゆる「ビジョン、ミッション、バリュー」とは違い、企業DNAはもっと分析的で具体的なものです。事業モデルに直接的に影響を及ぼす強み。社外から見て感じるものとも違う強みとも言えます。

ただ、これまでうまく活用されていたDNAが今後もそのまま使える場合と、実態に応じて中身を変えていかねばならない場合があります。例えば前述のA社の例であれば、リアル現場でのマネジメント力はEC

図7-3 企業DNAの組み換え

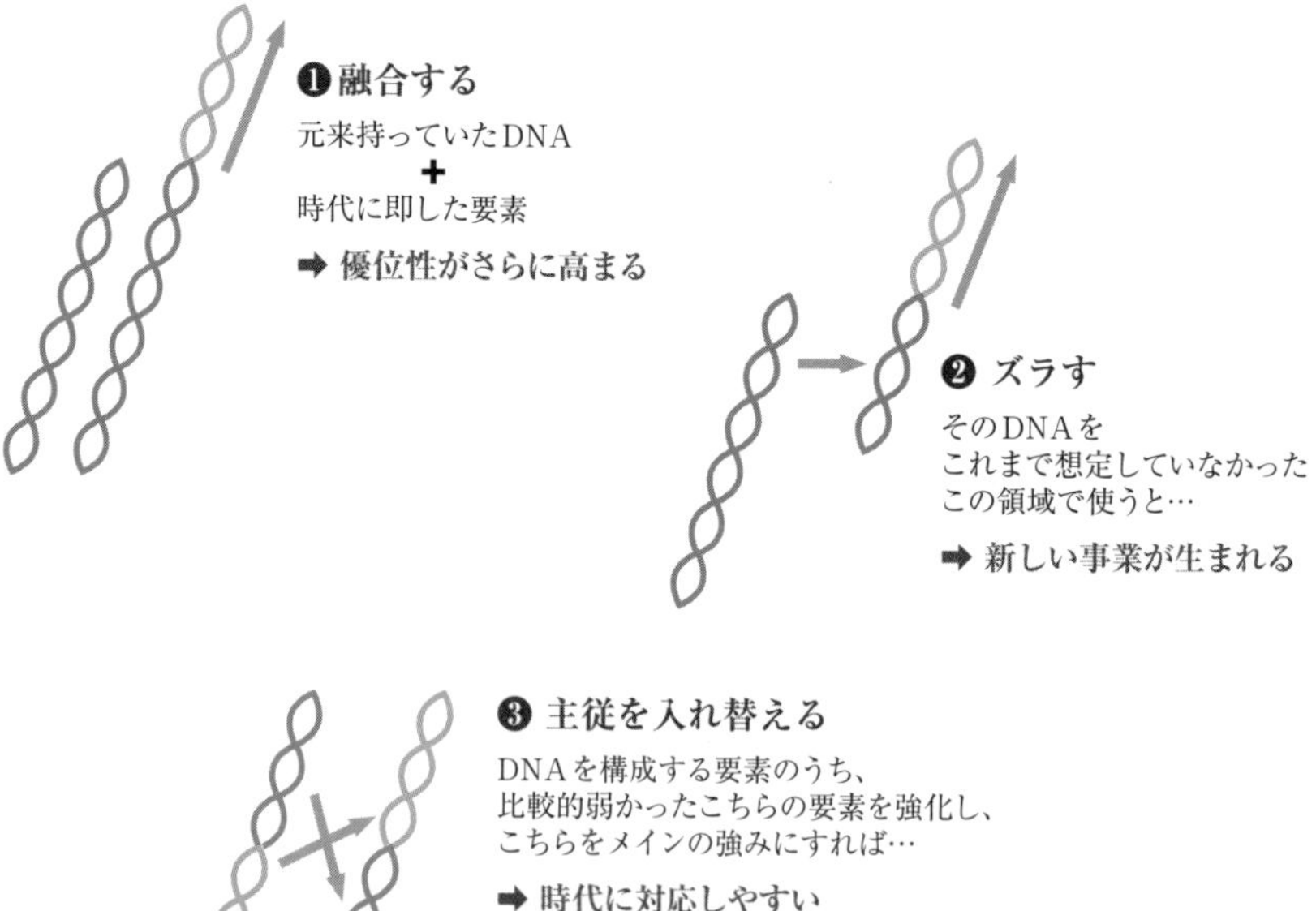

と連携したＵＸをつくるＤＮＡに、またＢ社の顧客寄り添い力も、受け身ではなく、能動的に動く方向に変容する必要があるでしょう。この変容のことを「読み替え」と言っています。

例えば、元のＤＮＡのうち新たな環境でも適用できるものが半分、新たに組み換えなければいけないものが半分あったとしましょう。その組み換え方にアート思考の発想のタネを使います。

①「元来持っていたＤＮＡに、時代に即した要素を追加すれば、優位性がさらに高まる」（＝融合する）

②「そのＤＮＡを、これまで想定していなかったこの領域で使うと、新しい事業が生まれる」（＝ズラす）

③「ＤＮＡを構成する要素のうち、比較的弱かったこちらの要素を強化し、こちらをメインの強みにすれば、時代に対応しやすい」（＝主従を入れ替える）

ただ、ＤＮＡは程よい抽象度である必要があります。具体的過ぎたり、表面的な強みをＤＮＡと捉えたりすると、うまくいきません。だからこそ、ＤＮＡは慎重に定義する必要があるのです。

❹課題（ルートコーズ）

課題とは、理想と現実の差のことです。新たな事業の方向性が見えたら、あるいは意志を持ったら、それを「理想」として、現実とのギャップを見ます。このとき、その差がすべて「課題」になるわけですが、表面的な課題に目を奪われることなく、「真の課題＝ルートコーズ」に迫ることが重要です。そのためには、よく聞かれるとは思いますが、「なぜ？」を繰り返すことです。真の課題はＷｈａｔ／Ｈｏｗへの架け橋になりますから、事業構想作成に当たり、最も重要なことだと言えるでしょう。

・理想

理想とは、将来なりたい状態です。まず「理想は何か」が問われているわけです。つまり、理想がない会社には、未来がないとすら言えるでしょう。理想とはビジョンと言ってもいいでしょう。会社の生き方に関わることですから、ビジョンには決まったルールはありません。企業のＤＮＡに根差して、社会をどうしていきたいかという意志、とも言えるでしょう。

ここに自分の軸を入れることができるかもしれません。自分の軸と企業の軸がつながると、強力なドライブがかかります。

・現実

次に、「現実」とは何でしょう。「表面的なファクトと、その理由のセット」。これが現実です。まず売り上げや利益などの会計数字、

図 7-4　課題は「解ける『サブ課題』に分解できる」と解ける

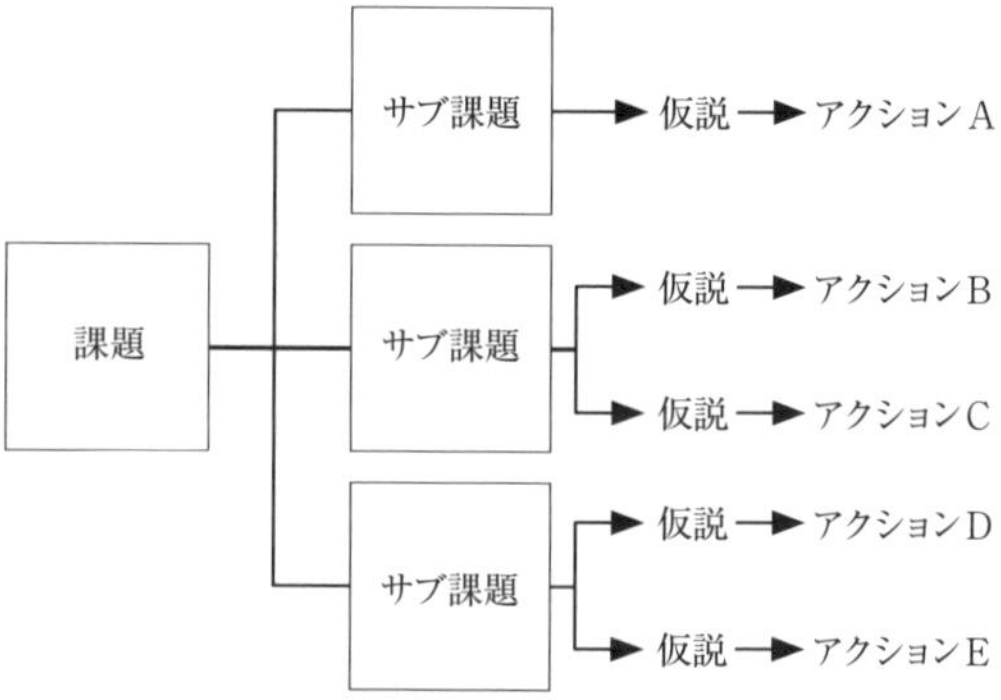

図 7-5　課題とは

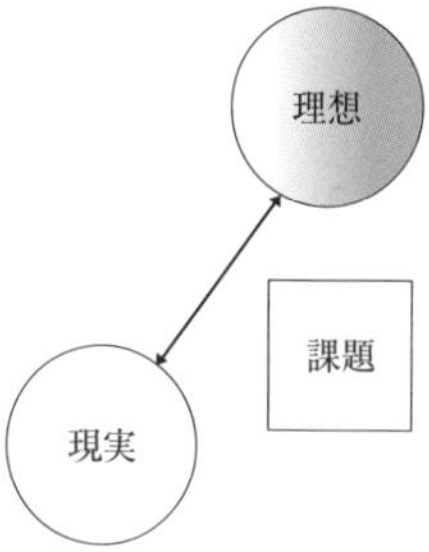

製品やサービスの構成比、その市場でのシェアの変化……。これらは表面的なファクトです。ここからなぜ?を繰り返して様々な分析を行います。例えば売り上げの中で新製品比率が下がっているとします。そのこと自体を課題と捉えることもできますが、それが本当の課題か、なぜ新製品比率が下がっているのか……と、なぜ?を何回も繰り返して、真の課題（ルートコーズ）につなげます。

・課題

課題は、「解ける課題」に分割できなければ、解くことはできません。つまり課題設定とは、「ダブりなく分割して、解けるサブ課題で構成すること」とも言えます。

解ける課題は、それを解決するための行動が明確であること。課題と言ってはいますが、解けると言っている以上、打ち手のイメージも含んでいます。事業構想はおのおのの構想要素を書くだけではなく、各要素を1つのストーリーとして流さねばなりません。そのため各所で「なぜ?」を何度も繰り返し、真の課題（ルートコーズ）につなげ、全体を俯瞰して見ていくことが大事です。

図7-6 ビジネスモデル

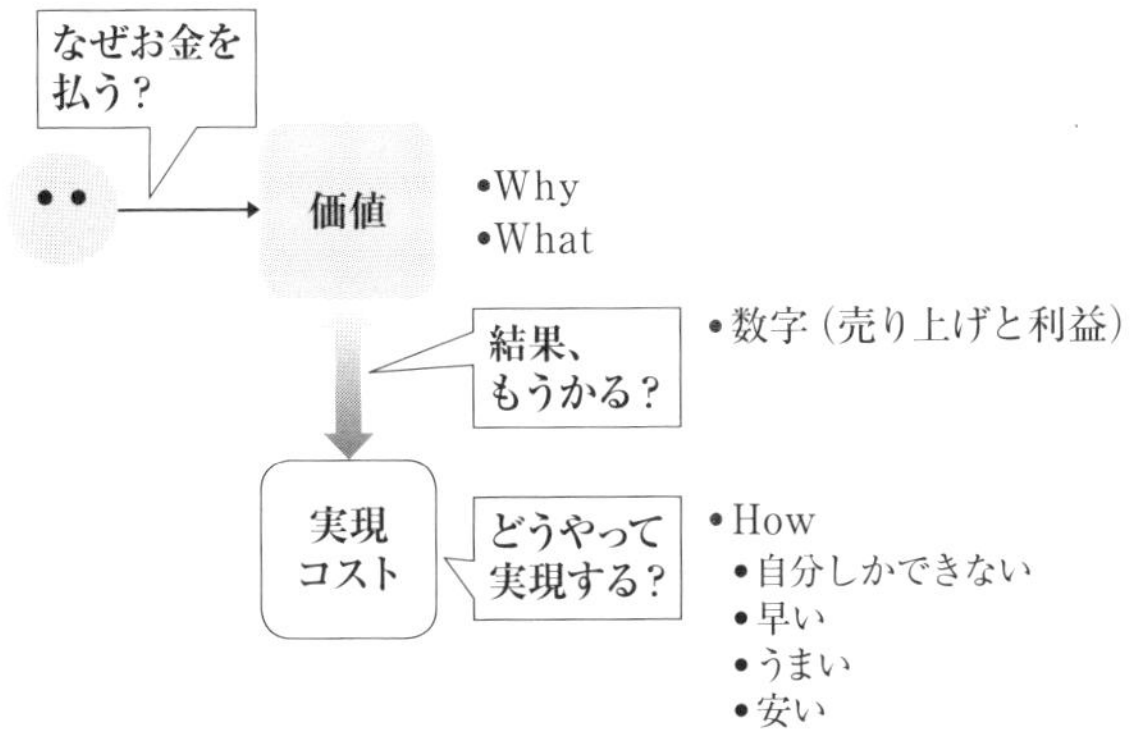

❺ Ｗｈａｔ／Ｈｏｗ

Ｗｈａｔは何をやるか、です。「ビジネスモデル」と言ってもいいでしょう。Ｈｏｗは実際の「実現可能性」を具体的に説明する部分です。

ビジネスモデルとは、関係プレーヤーの相関図を書いて、その図上でお金の流れがどのようになるかを書いたもの「ではありません」。それはあくまでお金の流れのフロー図にすぎません。それができたからと言って、あくまで理想図であり、それ自体では説得力を持たないのです。そのお金のフローのＷｈｙ、すなわち理由と説得性が必要です。ビジネスモデルとは、「どんな価値の差をつくって、どうやってもうけるのか」「なぜ顧客はそこにコスト以上のお金を払うのか」を説明でき、それを設計したものです。

この事業構想支援で、自分軸の次に最もアート思考らしいところは、このＷｈａｔ／Ｈｏｗにおける既存のアイデア一つひとつに発想のタネを使い、別の

図 7-7　既存のアイデア群を新しいアイデア群に変える

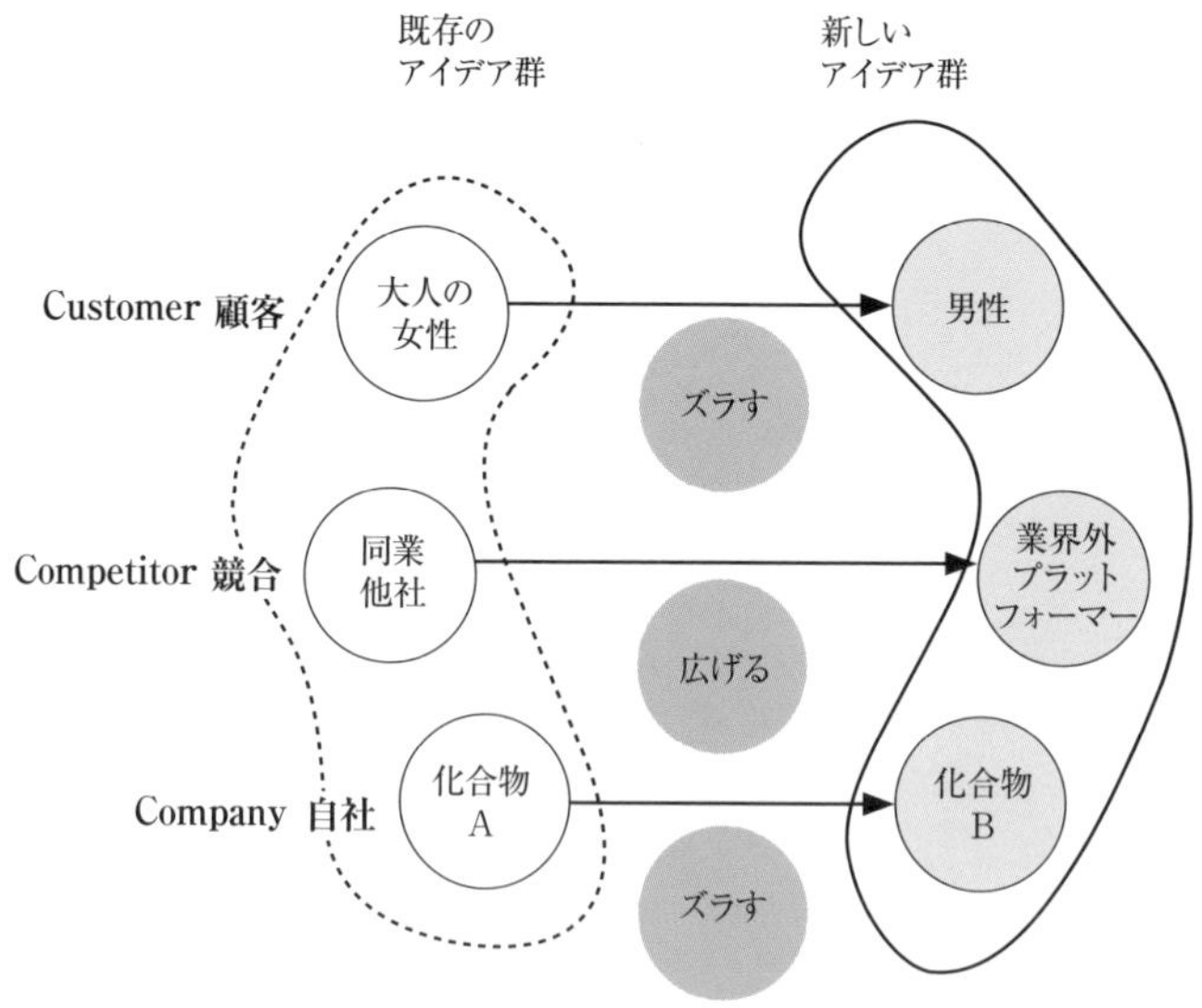

ものへと変容させていくところです。これらを再統合すると、オリジナルのアイデアとは全く違ったアイデア群に変わります。これが発想のタネを使った発想法のイメージです。どの発想のタネを使うか、に自由度があり、連想するものも多数あるため、発想自体は色々なパターンで出てくることになります。

まず、既存の事業や新規事業のアイデアを複数の「構成パーツに分解」します。例えば、女性向けの肌保護製品があるとしましょう。図7-7では、この製品（アイデア）を3つのC（Customer／Competitor／Company）を使って分解してみました。

製品（既存のアイデア群）＝顧客（大人の女性）＋競合（同業他社）＋自社（化合物A）

この3つのCをそれぞれ「ズラす」「広げる」などすると、全く異なる製品が生まれてきます。

製品（新しいアイデア群）＝顧客（男性）＋競合（業界外プラットフォーマー）＋自社（化合物B）

ここでは3つのCという普通の分け方をしましたが、分解の仕方自体が創造的だと、その後に発想のタネを使う際も創造性を出しやすくなります。

例題を解いてみよう

この感覚を体験するために練習問題を用意しておきました。Ｗｈａｔで最も創造性を入れやすいのは、元のアイデアを複数のアイデアに分割して、それぞれに発想のタネを使う方法です。分割の仕方自体も様々な方法があり、創造性を入れることもできます。

例題1―鏡を分割＋発想のタネ

「鏡」を元アイデアとして新たな製品を発想してみましょう。まず、「映すもの」を分割して発想のタネを使ってみます。ワークシートを用意しましたので、しばらく考えて、白い空欄に自分のアイデアを書き込んでみてください。

左ページにあるのは、参考として私が白い部分を埋めてみた例です。何度もお伝えしますが、アート思考に正解はありません。自分が「面白いな」「いいな」と思うものが正解です。

鏡は普通、左右を反転させて映しますが、それをあえて反転させず、「普通にどう見えるか」を映します。もちろん技術は必要です。発想のタネで言うと、「逆転させる」ということになります。

また、鏡は「今」を映しますが、映像（または

図7-8 「鏡」を分割して発想のタネを使い新アイデアを出す（やってみよう）

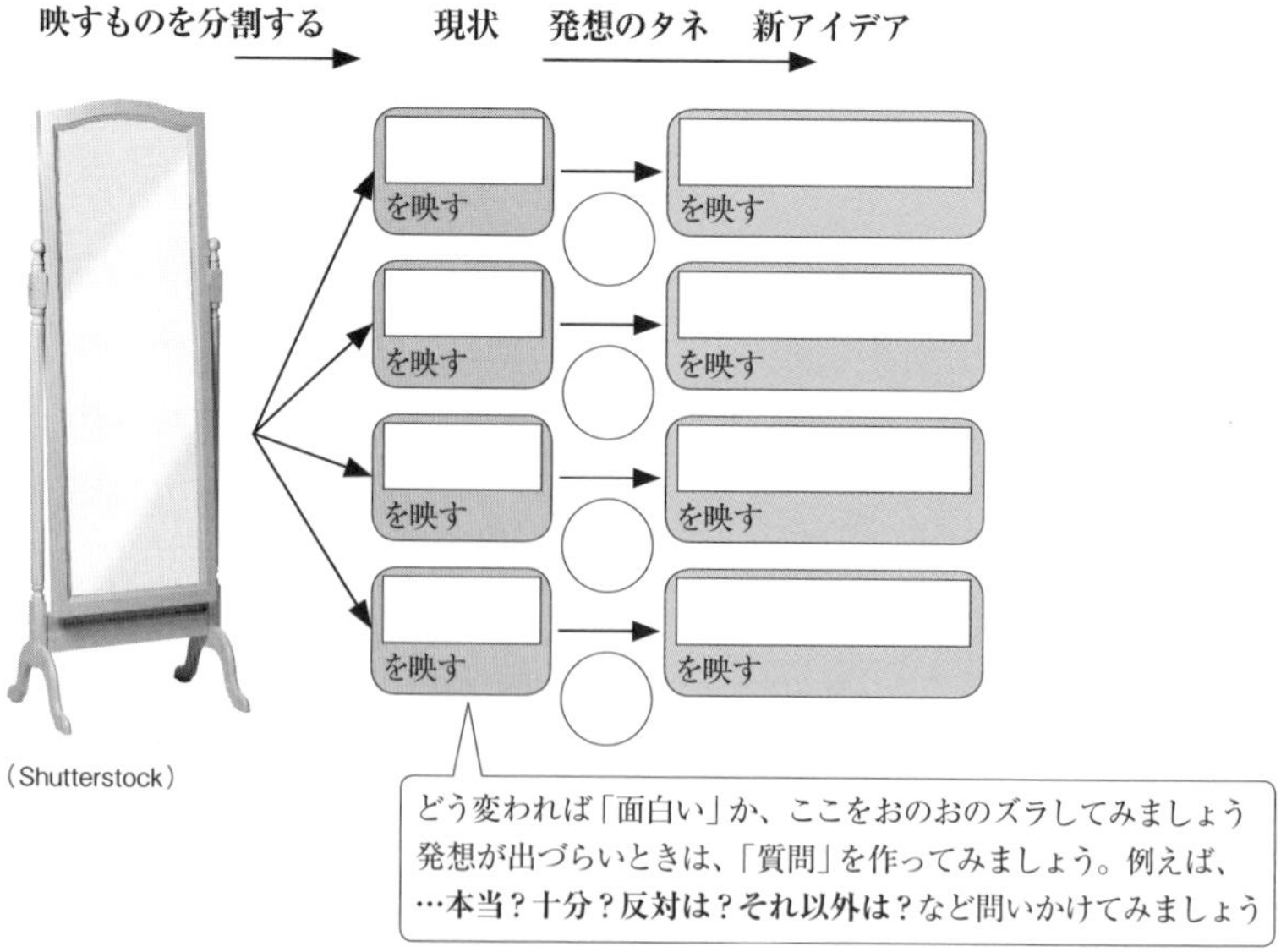

写真）を記憶させておいて、スケジュールアプリと連携して、「これから会う人」に「前回」会ったとき、どんな服を着ていたかを再現させる、という発想もあります。まさに映すタイミングを「ズラす」わけです。さらに、ズラす年数を思い切り大きく開いて、30年後の年老いた自分を映したり、30年前の若い自分を映したりするニーズもあるかもしれません（皮膚などの様子はＡＩで計算します）。最後に、鏡は「片面」を映すものですが、上下左右３６０度、どの角度からでも見られる、という発想もできます。

例題２―加湿器を分割＋発想のタネ

身近にある加湿器は、「こういうもの」という固まったイメージがありますが、こちらもアイデアを分割して発想のタネを使うことで、いろいろな発想を得ることができます。こちらもワークシートを用意してみました。しばらく考えて、白い箱

図７-９「鏡」を分割して発想のタネを使い新アイデアを出す（例）

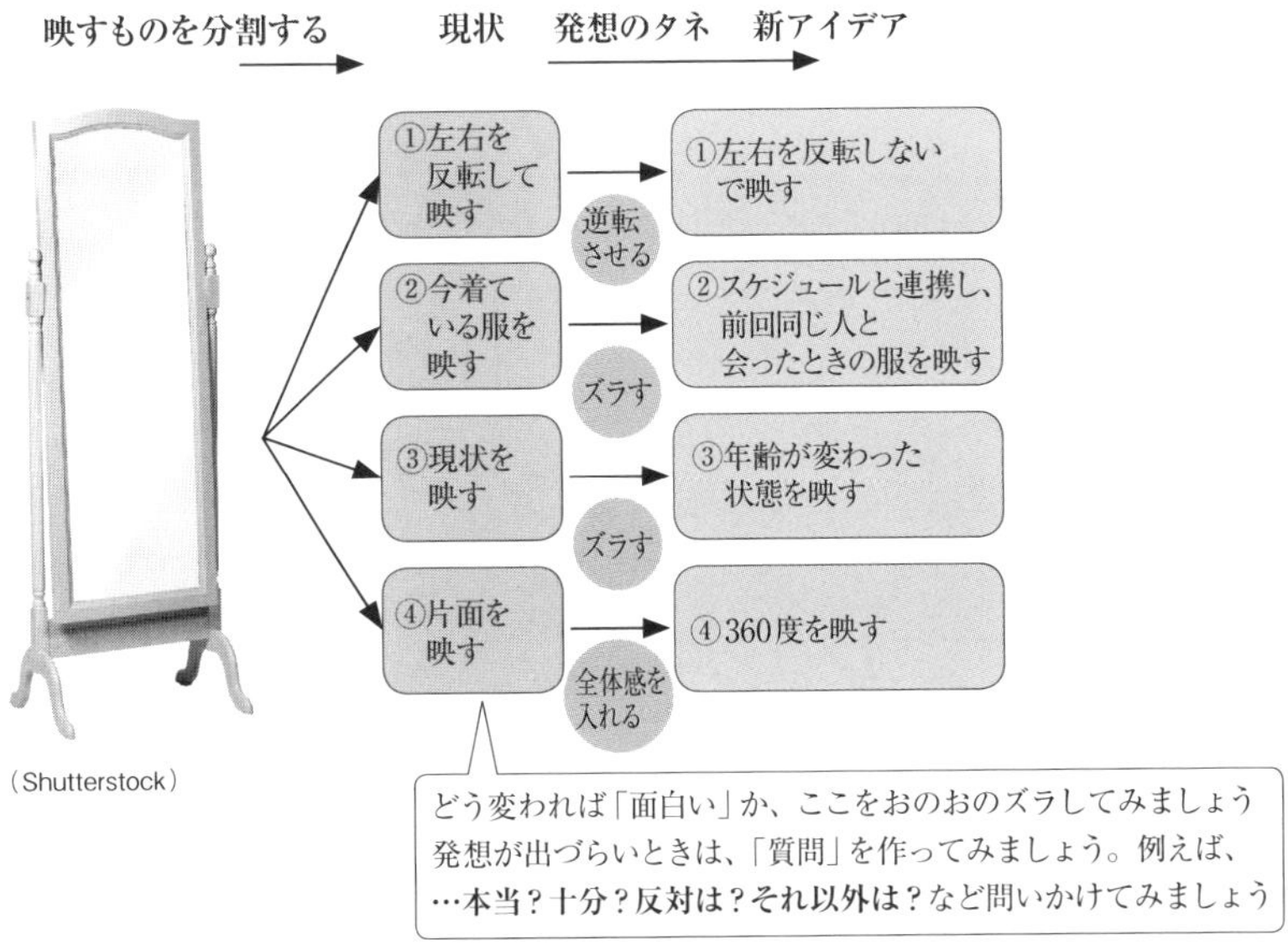

の部分に自分のアイデアを書き込んでみましょう。

それでは、こちらも私の例を書いておきましょう。

まず、加湿器は水を使いますよね。これを何か特殊な液にする。例えば肌荒れが激しい方のために、保湿成分を含んだ液体を入れることもできるかもしれません（補充の手軽さは失われますが）。モーターが回る音が気になる場合、「モーターを使わない」方法は考えられないでしょうか。手で回してゼンマイに力をためて、「クラシックな音」で風を感じるのも乙な体験かもしれません。これらのアイデアは既に商品に使われていたり、思いついたりした方はたくさんいるでしょう。大事なことは分割し、視点を変えて新たな発見やアイデアを出すきっかけにすること。プロセスやスキルではありません。頭を柔軟にして発想していきましょう。

いずれも、この段階では単なる「思いつき」に

図7-10「加湿器」を分割して発想のタネを使い新アイデアを出す（やってみよう）

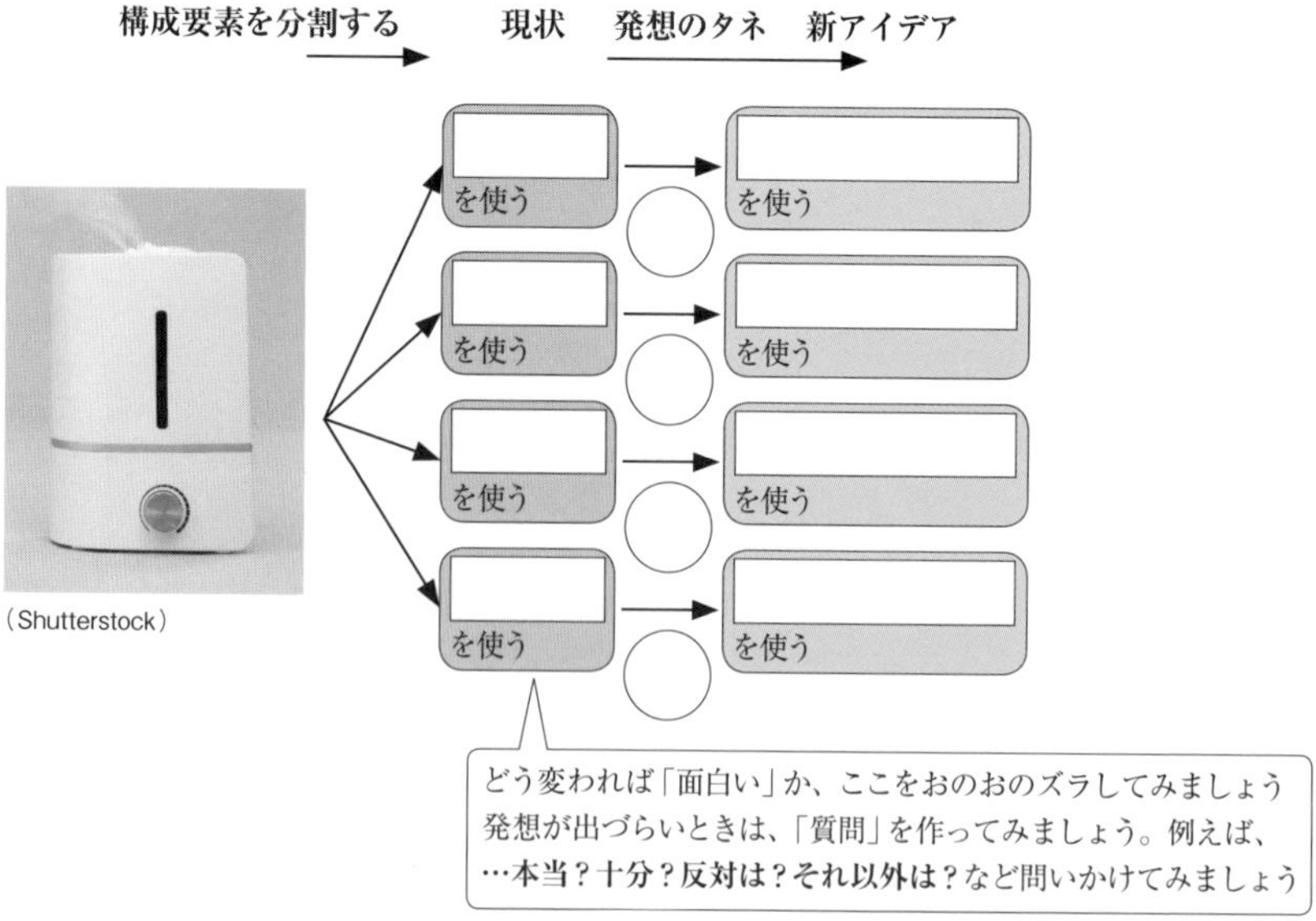

すぎませんが、「このプロダクトはこういうものである」という既成概念を外せば、様々な発想を展開できることがイメージできたと思います。

WhatとHow全体に発想のタネを使う場合

練習問題では、プロダクトを分割して発想のタネを使う方法を紹介しましたが、ほかにも様々な方法があります。例を見ておきましょう。

・キワの融合

社内でスキルや知見が足りない場合、M&Aで解決する方法もあります。発想のタネで言うと「融合」です。もちろんM&Aスキル自体が必要になりますので、そこは補填しなければならないし、失敗も多い手法なので、慎重に学びつつ、実行しなければなりません。対象となる企業があるのかどうか、は言うまでもなく慎重に吟味する必要があります。今までM&A市場に出てきてい

図7-11「加湿器」を分割して発想のタネを使い新アイデアを出す（例）

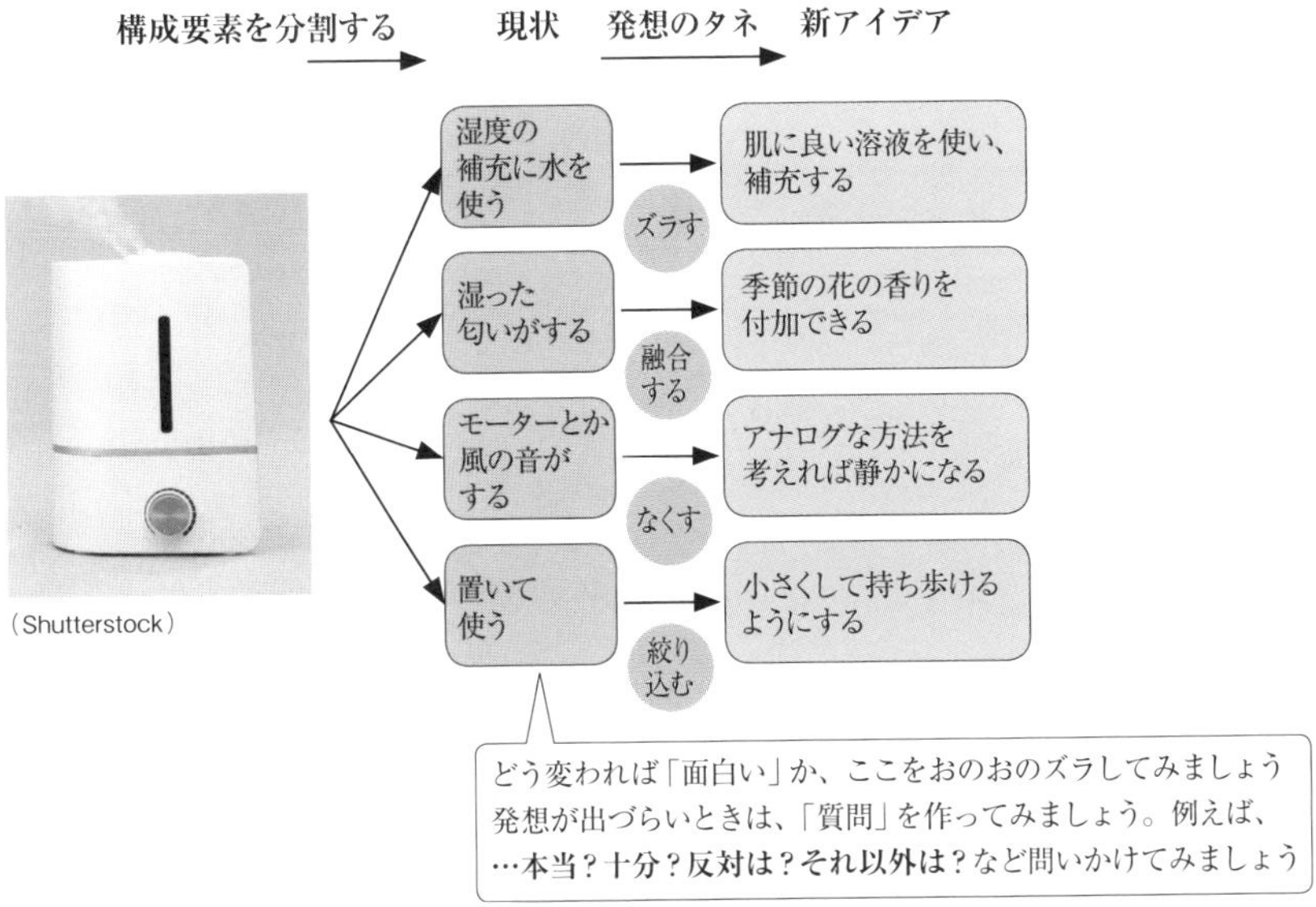

なくても、あるとき、ふと出てくることもありますし、粘り強く何度も説得に通う方法もあります。意志と情熱が課題を解決する好例です。

・絞り込む

例えば自分が好きな特定のアウトドアオケージョン向けの市場に目をつけ、そこにフォーカスするといった方法です。グッズから交通機関、自転車、コンテンツ、音楽まで徹底的にアウトドアにフォーカスする。そのために社内のアウトドア好きを集めてチームを組成する、といった発想の使い方です。

COLUMN

事業構想に当たって大事な考え方（マインド）

❶ネガポジ変換

企業の現場には課題が山積しています。それをネガティブに取るか、ポジティブに取るかは、実は自分次第です。例えば売り上げが天井を打っている状態が数年続いている事業で、それに対して明確な手が打たれていない場合、「会社の経営がうまくいっていない」「誰も打開しようとしない」「注目されていない」などと不満を語ることは簡単です。

一方で「ここぞ逆転のチャンス」と捉え、「どうすればうまくいくのだろう」と発想を転換すると、前向きな思考と力が湧いてきます。そのとき、「どうせやっても……」と言い訳がたくさん出てくることもあるでしょう。しかし、それとて自分の弱い心がつくり出した幻想かもしれません。

さらに深刻になると、「我が社はここがおかしい」「不満だ」といった問題があたかも真実であるかのように語られ、さらに「問題探し」に移る部門もあるかもしれません。どんどん雰囲気がネガティブになっていきます。特に事業再生が必要な企業の場合は、この問題が「周りのせい」になり「経営のせい」であると受け止められてしまっていることも少なくありません。そして、本当の問題は別のところにある、と正々堂々と声を挙げることができなくなっています。

時代や環境要因が原因でそうなっていることも確かにあるでしょう。けれども大方は、「せっかくある自社の強みが明確に定義されていない」「定義されていてもそれを認識しているのは一部の人だけで、うまく共有できていない」だけ、ということも多いのです。自社の強みを企業のＤＮＡにまで昇華させ、それを使って問題を捉え直すと、「ようし、自分が変えよう」という前向きな考えが出てきます。

要は、同じファクトを見て、ネガティブな意味合いばかりを引き出すのか、ポジティブに受け取るのかは、意志を持った人間次第である、ということです。どんな企業にも低空飛行のときがあり、そこから復活している企業もたくさんあります。事業を再構築するときも、新たにつくるときも、健全な批判精神や客観的視点は重要ですが、ファクトをいかにポジティブに捉えられるかは、その先の事業や会社の死命を制すると言ってもいいかもしれません。

典型的なネガポジ変換とは、以下のような捉え方です。

・事業が伸びていないのは、大きく伸ばすチャンスと捉える。
・自社のかつての強みが弱みになっていることを知り、そこから目をそらさず、新しい強みをつくっていこうと捉える。
・下落傾向であっても、新たな行動を起こすことで下落を止め、新たな活動の成果を手にすることができる、と捉える。

・企業のＤＮＡをよく見て、それを新時代に合わせて読み替えれば、必ず活路を開ける、と考える。
・何度やっても成功しなかったことでも、やり方を変えるとできるのではないか、と発想する。

❷自分で限界をつくらない

社会人は「会社で生き抜く」ために、様々な配慮をします。目標を達成し、必要な行動を実施する。まずはそこで生き抜くことが第一です。とはいえ、生き抜くために現場に最適化し過ぎると、時代が移り環境が変わったとき、思わぬ壁に当たってしまうかもしれません。

これまでのやり方が既成概念となり、新しい環境に適応しづらくなるリスクがあります。柔軟に対応できればいいのですが、無意識まで含めて体に染み付いた「癖」のようなものはなかなか抜けません。

特に、「自分の限界」を決めてしまうと、それ以上の成長が見込めない、という事態に陥ります。

自分の限界は、誰が決めているのでしょうか。これまでの仕事の中で見えてくる限界もあるでしょう。毎年の業績評価で、評価者からのコメントを通じて察知したり、あるいは外部の試験などを受けて自分はこのレベルか、と認識したりすることもあるかもしれません。

しかし、それらはあくまで自分の可能性を測る一指標にすぎないのです。それだけを見て「自分はこうだ」と思い込むことは、自分の無限の可能性に蓋をすることになりはしないでしょうか。

「自分の限界は、自分の頭がつくる」――何かに取り組むときに大事な心構えの一つです。「自分でつくったものだから、自分で取り払えばいい」のです。

❸ファクトを知り、目をそらさない

ビジネス思考のすべての出発点は「ファクト」です。可能な限り現場のファクトを知る、自分の目で見る、聞く――これはどんな場合においても原則となります。売り上げや利益が落ちている場合もそうです。それは数％なのか、数割なのか、何年間続いているのかで意味合いは大きく異なります。例えば企業再生のプロが、数年にわたってでも全従業員と一対一でランチを取ることがあります。これも一人ひとりと会い、自分の目で見て、自分の耳で聞くためです。ファクトを知るために、そこまで徹底することもある。ファクトを追わずに伝聞と評判だけで判断を下すのは、他人の判断基準に乗っかっているだけで、大変危険なことです。

❹「なぜ？」を繰り返す

前述したように新鮮味はない言葉かもしれませんが、「なぜ?を繰り返す」は、実際は意外に実行されていないことでもあります。売り上げがなぜ落ちているのか。本当に環境要因だけなのか。製品の競争力低下が原因か、営業か。競合と同じことをやって業界全体で収益率を下げているのか。原因を「切り分け」ねばなりません。売り上げ低迷の原因を環境のせいにしつつ、実際は、営業現場が顧客の要望の変化に対応できていないことが理由で、環境要因は言い訳にすぎない、といったこともあります。もちろん長期的なトレンドを見れば国内の人口減は明らかですから、それを理由にすることは可能かもしれません。しかし売り上げが落ちているのは「今」ですから、混同してはいけません。事業の延命にこだわり過ぎることは危険ではありますが、なぜ?を繰り返し、本当の原因を探ると、既存事業でもまだまだ徹底できることが見つかることが多いのもまた真実です。事業の新しい柱がまだ見えていないときに、新しい柱ができるまでの時間を既存事業で稼ぐことができたとしたら、企業の継続性にとって大変重要な時間を得ることになります。

❺「言い訳」をつくらない

事業構想の中で、ある確率で出てくるのが「言い訳」です。言い訳とは、本当の理由ではないのに、そのせいで自分たちは結果を出せていない、というものです。他責的な発想です。環境要因と混同されていることが多いので、取り扱いには注意を要します。

環境要因の分析は大事です。これまでの「何が」「何に」どう変わったかをしっかり理解することが、事業の構想に影響するからです。けれども環境要因と事業が厳しくなっていることは、長期的には正しくとも、必ずしも結びついていないこともあります。時代が変わって売り上げが伸びませんというケースでも、やり方次第でまだまだ成長させることができた例もあります。これは「徹底度」とも関連しています。

また、「うちの業界はこうだから、変えられないし、変わらない」というのも「言い訳」の一つかもしれません。

「顧客志向は分かるが、顧客の理想をかなえるためには、バリューチェーンが分断されていて、それら全体を変えることはできない。だから顧客の期待には応えられない」

「小さな変化を起こしても、それが業界の慣習で変えられない。だから小さな変化には意味がない」

こうした意見はとても現実的に思えますが、意志が感じられません。この発想が多くの社会課題を生んでしまっている真の原因とも言えるでしょう。一度でもゼロベースで考え直してみると、違う切り口が見えてくるかもしれません。

❻仮説思考

仮説思考は、短期間で問題解決を行う場合に必ず必要になってきます。そうでないと「あらゆることを調べる」、つまり「海を沸かす」という事態になってしまいます。時間は有限ですから、何でもかんでも調べているとそれだけでプロジェクトは終わりを迎えるでしょう。

仮説思考のメリットは、その仮説に関わるところだけ調べたり考えたりすればいい、という点です。

❼「ギリギリアウト」を狙おう

アート制作ワークショップは、実際にアートを制作して創造性を出すので、アート色の強い環境です。一方で事業構想支援では、ビジネスを取り扱うので既成概念に引っ張られ、制約の中で考えがちになり、創造性が出にくい環境になります。どうしても良いアイデアが出てこないときは、「思い切り制約を外し、あえて意識して箱の外に出てみよう」「センサーを開放して『ギリギリアウト』を狙おう」と投げかけるだけで、場の雰囲気が変わるときがあります。「ちょっとアウトかもしれないけれど、言ってみよう」と、創造的なアイデアが出てくることが多くありました。あまりに自由では発想を出しようがないから「ギリギリ」を狙う。既成概念に引っ張られないように、「アウトでいい」。これでちょうどよいところにアイデアが集まり始めます。「ギリギリアウトを狙い、あえて発想を飛ばしてみよう」と考えるのではなく、その場の「即興的なひらめき」を大事にする感覚です。そうすると、最初の構想と全く違ったものになったり、新たな発想を付け加えた中身の濃いものに変わったりします。

COLUMN

課題に取り組む姿勢の違い

課題に対する姿勢や対応度には、「課題が何かすら分からない」というレベルから、「行動しているのに結果が出ない」といったレベルまで、企業や組織によって大きな違いがあります。以下のいずれかに該当することが多いので、あなたの場合、どこに当てはまるか、チェックしてみてはいかがでしょうか。

❶課題が何か分からない。閉塞感だけがある

企業としては、最も深刻な状態です。いち早くなぜ?の繰り返しによって「真の課題」を定義し、その課題が解けるように、企業の行動変革を仕掛けることが必要です。

❷「コインの裏返し」で発想がとどまる

事業構想に慣れていない場合、「事業環境を書き、それを課題と言い換え、何となくそれを逆にした打ち手を解決策とする」といったケースが見受けられます。例えば、「グローバル市場でのシェアが低いから、グローバルを強化する」といったものです。これは「コインの裏返し」と呼ばれる発想です。なぜグローバルシェアが低いのか、なぜ?

を何回か繰り返して真の課題に至らないと、状況を変えることはできません。

また、世の中で言いはやされている変化に対応できていないから、それが課題だ、といわれることがよくあります。ＡＩの台頭などです。それが本当に課題なのでしょうか。ＡＩ時代が来るといわれて、「何でもいいから、とにかくＡＩをやらねば」という発想では、結局継続しなくなるでしょう。「なぜＡＩなのですか？　自社しか取れないデータがありますか？　ＡＩが判断できるほどの情報量を集められますか？」などという質問に、答えられるでしょうか。

❸課題は分かっているつもりだが、「解き方」が分からない

組織の課題解決スキルが弱い場合、こういうことがよく起こります。あるいは論理的な課題解決力は強いが、創造性が弱い場合にもこのケースになります。また、課題解決のスコープが狭過ぎて、実現可能性をすぐに問うような組織ですと、簡単に答えが出ない可能性があります。もちろん、分かっているつもりの課題が、実は真の課題ではないというケースも少なくありません。実態は❶や❺であることが多いです。

❹課題の解き方は分かっているが、行動に移せない。移していない

課題を解けた気になって、箱やシステム、チームだけをつくって終わりにしているようなケースです。もしかしたら課題を整理しただけなのかもしれません。真の課題は、

現場の徹底不足だったり、現場での課題解決スキルが弱かったりすることです。この場合、現場をしっかり支援する解き方が望まれます。

❺課題が明確で、行動にも移しているが、なかなか結果が出ない

この症状の要因はなかなか複雑なのですが、実は「真の課題」に至っていない、真の課題を解いていない場合が非常に多いです。あるいは、結果を出すのにどれくらいのタイムスパンが必要かの判断が間違っている場合もあります。

❻今、直面している課題のレベルが分からない

課題の緊急性、重大性が把握できない、あるいは対処方法が分からない、ということがあります。これは一歩間違えると、会社にとって致命傷となることがあります。例えば、社長がすぐに対応し、止血策を講じなければいけない場面で、部門トップが対応することで改善するどころかこじらせてしまい、より深刻な問題になってしまう、などです。ただ、本当は緊急性、重大性が分かっていないのではなく、真の課題は「上にファクトを報告しづらい、忖度する」風土が根付いている、ということなのかもしれません。

❼将来の変化に対応しきれない

現在、比較的安定していたり、それなりに成長していたりする企業の場合でも、決して安泰ではありません。いつ大きな社会変化が起きるか分からないからです。この場合、未来の予測から手前を刻んで、それらを幾つかつなげて、少し先に将来につながるストーリーをつくります。

「利益とは」「売り上げとは」

既に書いたように、アート思考の事業構想支援では売り上げや利益はできるだけ最後まで問わないようにしています。なぜなら早く問い過ぎると、創造性が出にくくなることが分かっているためです。ただ、発想を狭めることなく、売り上げや利益を問うことはできないのでしょうか。私は深く考えると、できると思っています。

そもそも売り上げと利益とは何でしょう。意外にその意味合いを考えることが少ないようですが、このように考えてはどうでしょうか。

「利益は期待、売り上げは人気」

良い製品を作り、高い値段で売った場合、高い利益がもらえることの真の意味は、「あなたの製品やサービスは素晴らしいから、コストを引いて余った分（利益）は、さらに良い製品の開発に自由に使ってください。使い方はお任せします」という顧客からのメッセージなのです。顧客からの「期待」であり、これが利益の本当の意味です。このように整理すると、「利益は期待で、期待を集めると良い開発投資ができて、さらに良い製品が作れる。だから、成長は必要なのだ」となります。利益が高い企業は期待をたくさん集めている、つまり社会的責任がある、と言い換えることもできるでしょう。逆に利益を株主や従業員のためだけに使ってしまうと、次の製品を開発できなくなるかもしれません。それでは社会的責任を果たせません。社内に内部留保しているだけではいけないといわれるのも、同じ理由です。

では、売り上げとは何でしょう。たくさんの人が支持しているという意味で、「人気」と言えると思います。自己判断だろうが、人の噂だろうが、見た目の印象だろうが、売れるには理由があります。つまり、売り上げも利益も伸ばさなければいけない理由は、本質的に、企業として「期待と人気を上げ、それに応えること」にあります。誰もが、期待が低く、人気もないところで働きたいとは思わないでしょう。

資本主義の原理は、「良いもの、良いやり方が広がる」です。つまり、広がらないということは、良いもの（やサービス）ではない、良いやり方（組織的な対応含めて）ではない、ということになります。

また、誤解が多いのですが、競争が豊かな社会をつくるのではなく、「分担」が豊かさをつくります。市場を文字通り競争していると捉えてしまうと、同じことをたくさんの企業がやりますから、ヒト、モノ、カネの社会資源配分の視点から見ると、「非効率」です。競争の果てには、市場を食い尽くして成長の期待もなくなり、縮小する未来が確実に来ます。従業員の給料も上がらない。企業は延命するかもしれないが縮小均衡になるかもしれない。良いことはあまりないのです。

適度な競争をしたうえで得意技を変えて分担するほうが、資源配分としてはうまくいく、という考えもあるのです。つまり、企業を主語にすると、競争はしないほうがいい。正確に言うと、競争原理という原則の下、競争しないで済む領域を探すことが市場原理で動くといわれる競争の本質です。これは非常に誤解の多い部分です。競争して良いものが選ばれる、という「思想」は資本主義の根幹ではありますが、あくまで思想であり、現実には競争に甘んじているのは、思考不足と言えるでしょう。

誰もいないところに旗を立てて市場をつくることを求められている場合、過去にとらわれて耐用年数を超えた事業にしがみつくのではなく、新たな事業を考え出すほうが社会資源的にもよほど健全です。

また、資本主義は効率が良いところにお金が集まるので、結局、富めるものがより富み、貧しいものがより貧しくなる、という原理が隠されています。つまり社会格差です。最近ではこれが繰り返されてきた結果、表面化し、世界中で深刻な社会不安を引き起こしています。競争社会が限界を迎えていることは間違いない。ただし、『FACTFULNESS（ファクトフルネス）』などによると、世界の貧困層は確実に少なくなってきており、格差は拡大しつつも、世界は本当に悪くなっていると言えるのか微妙なところがあります。

かといって、ルールがルールである以上、それを守らねばならないのが「プレーヤー」。ルールを変えるのは政治など別の存在。次の社会システムが出てくるとしても、それまでは既存のルールの上で戦うしかありません。とはいえ社会への大きな影響力を持つくらいに企業が巨大化した場合、その企業が新時代のルールをつくれば、その限りではないかもしれない。それが大企業の使命と言ってもいいのかもしれません。さらに資本主義の限界を正面から捉えて、新たな基準がつくられることが待ち望まれているのかもしれません。ただ、長い歴史で積み重ねてきた資本主義の良い面は、そう簡単にはなくならないことでしょう。

「成長がすべてを隠す」とよくいわれます。企業にいろいろな組織問題はあっても、成長している限り、給料も上がるし、多少の問題があっても隠されます。言い換えると、社会が成長を促すようにできているわけです。縮小している場合、あらゆる歯車が逆回転し、問題が急激に増えます。

「攻める」感覚。前向きな気持ち。期待と人気を上げようとするのは、人間の競争意識を取り込んだ知恵。会社の雰囲気を全く変えてくれます。逆に成長しないと、停滞感が出てきてしまいます。実はこれが最も重要です。

停滞感や閉塞感のある企業は、閉塞感自体を何とかしようとすることもありますが、そう簡単ではありません。売り上げと利益が上がらず、成長できていないことがその原因であることが非常に多いからです。売り上げと利益を得て成長すると、企業の閉塞感は吹き飛びます。売り上げが落ちている真の原因を突き止めるために、なぜ？を繰り返す、そして処方箋は成長です。

COLUMN

図解（簡易版）

事業構想で必ず使うものが「ビジネスチャート」です。これなしにコミュニケーションは取りづらい。ところが意外にも「図の描き方」への関心は必ずしも高くなく、また参考となる良い手引きが世の中にはあまり出ていません。実はノウハウは大量にあるのですが、ここでは最低限のヒントをご紹介するにとどめます。重要な論理スキルですので、覚えておくと便利です。

これまで見たチャートを使って、そのノウハウをご紹介しましょう。

こちらは3章で見た「デザインの価値が広がっている」という図です。これは縦軸に「見えるもの」「見えにくいもの」を取

図7-12 デザインはその価値をどんどん広げている

	デザインの従来の価値	デザインの新たな価値		
		Company 企業内	Customer 対顧客	Competitor 対競合
見えるもの	意匠 ロゴ ネーミング パッケージ ブランド	イノベーション 製品 企業変革 企業再生	流通含めた売り方 伝え方 UI	
見えにくいもの		認知科学を用いた成果の事前説得	UX 体験設計	IP/知財の防衛

り、横軸に「従来の価値」「新たな価値」を取り、さらにこの「新たな価値」を3つに分割して、企業内、対顧客、対競合、として説明しています。

図解のノウハウで、最も大事なものはこのように「軸」を取り出すことです。軸とは、伝えたい情報群をグループ化した抽象概念で、「次元」と言うこともできます。一般的に図解とは、この複数の軸の中から伝えたいメッセージを最も効率的に、かつ目的に沿うように2～3軸を用いて、1～3次元で情報を整理することです。選ばれなかった軸は選ばれた軸に統合される場合もあるし、凡例や色付けなどで2次元とは異なる方法で表現されることもあります。

本書はアート思考の本ですから、この表を感性的に変化させてみましょう。「広がっている」ことが言いたいメッセージですから、広がりを表現するとすると、その「広がる前」をどこに置くのか、が問題となります。表では左上でした。感性チャートではどこにおいてもよいのですが、「真ん中」に置き、そこから全方位に広がる図が良さそうです。かつ、新たな価値が広がっているわけですから、顧客、企業組織、競合対策と3つの方向に分化させてみましょう。

さらに、中心は「見えるもの」とし、外縁部は「見えにくいもの」と文字で解説すると、ちょうど良いようです。このように、社内や説得すべき相手の「雰囲気」に合わせて、「論理軸」を使った図解も可能ですし、「感性系」の図解も可能です。一般にボキャブラリー（語彙力）が大事だと言いますが、図解のボキャブラリーを増やしておくと、大変便利です。

図 7-13 デザインはその価値をどんどん広げている

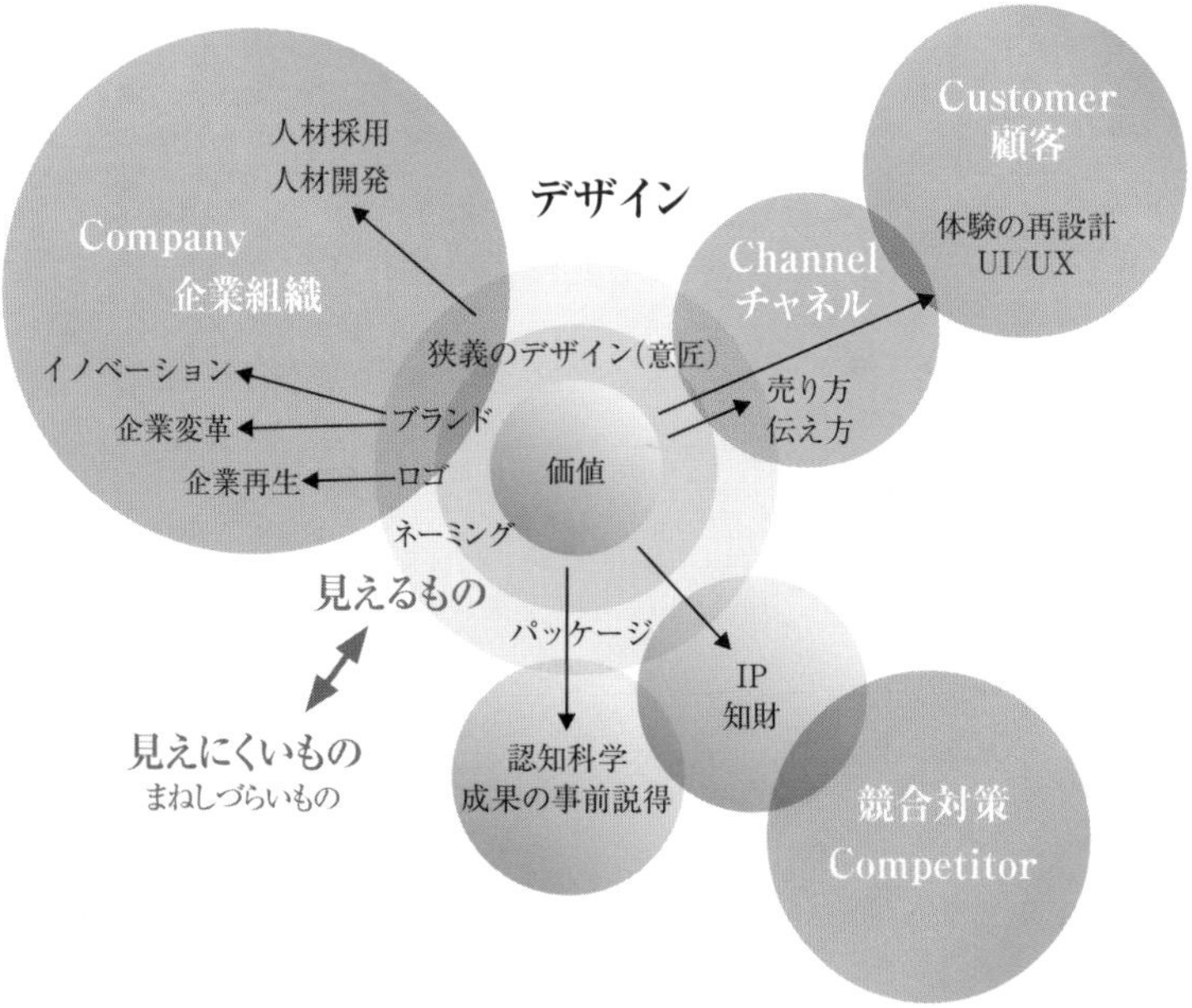

8章

事例紹介
KDDIアート思考研修の現場から

ＫＤＤＩアート思考研修の流れ

ＫＤＤＩの「経営塾ジュニア」という研修で、アート思考を取り入れたプログラムを実施しています。この研修は、ＫＤＤＩの次世代を担う人材を育成・発掘することを目的としており、その意味でとても重要性が高い研修と言えるでしょう。全体の流れを説明すると、アート制作と事業構想づくりが入り６回で１クールとなっていて、それぞれの回で実施する内容は以下の通りです。

事前宿題

・自己探索

６章で説明したように、研修に入る前に事前宿題として、「自己探索」をしてもらいます。アート思考でとても大切な自分軸を発見するの

図8-1　事業構想ワークショップでのやりとりのイメージ

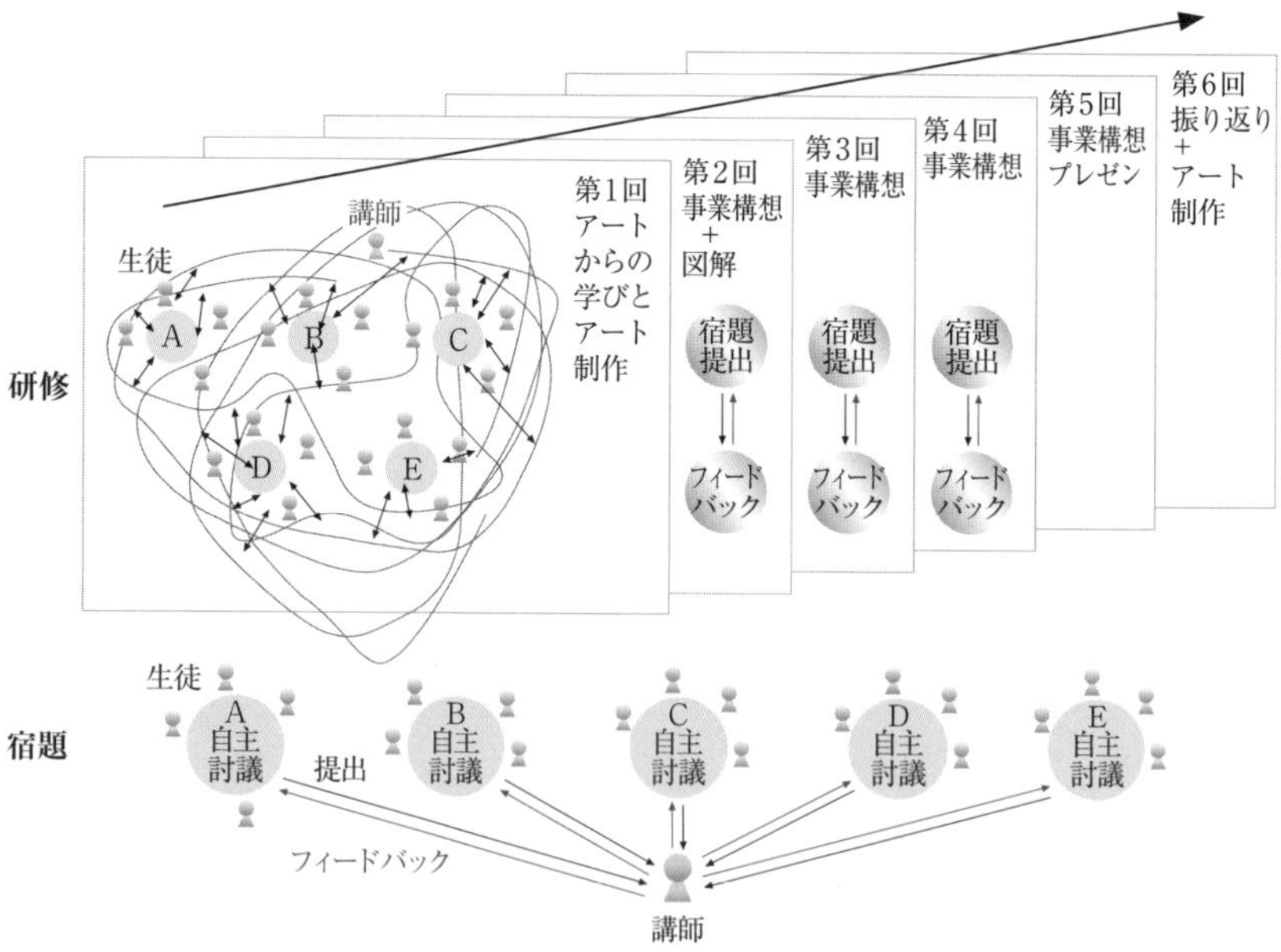

に欠かせません。

第1回　アート制作ワークショップ

・既成概念破り

研修の最初の回では、まず既成概念を取り払うため、自分にとって当たり前、当然と考えてきた「既成概念」を紙に書き出し、それをビリビリと破ってもらいます。

・自己紹介アート

・「キエン・アート（無意識アート）」

アートを使った自己紹介、そしてチーム単位で立体作品を制作するプロセスを経て、やわらか頭に変えていきます。チームビルディングとしても重要なパートです。

第2、3、4回　アート思考×事業構想

2回目からは、事業構想づくりに移ります。この研修で目指す事業構想は、発想の転換、創造性を重視したものです。ビジネスの実現可能性については過度に追求せず、チームやリーダーの思いがしっかり入った構想を目指します。ポイントは次の通りです。

・チームごとに自分たちがやりたいことを考え、まとめていく。事業構想のテーマ選定については、メンバーそれぞれの自分の軸を大事にしつつ、事業としてチームで1つの初期仮説に統合するという「難題」に正面から向き合い、解決方法を探る。

・授業中は講師がチームを回り、アドバイスする。感性に振ったほうがいいか、論理性を入れたほうがいいか、違う発想にしたほうがいいか、など状況に応じて様々なアドバイスをする。

・各回が終わった後、各チームの構想を講師へ提出する宿題を課す（計3回）。

・講師は宿題に対しフィードバックし、チームはそれをきっかけに新たな発想をしたり、アイデアを取り入れたりするなど、ブラッシュアップをして次の回に臨む。そうすることで、相互の意見を掛け算していき、よりとがった事業アイデアに磨いていく。

・最初の段階では、ほかの研修でもそうですが、チームの目線はあまりにも自分の生活の周囲、既存事業の周囲に限られており、これを言っておけば誰からも文句が出ないだろう、というリスクヘッジされたアイデアの固まりになっていることが多い。これを取り払い、世界へ羽ばたいていくために、講師はＫＤＤＩグループの世界での可能性や、日本企業の若者のグローバルでのポテンシャルを共有する。

・最初は売り上げ、コストは無視して始めるが、第5回のプレゼンテーションに向け、事業環境（5フォース分析など）、Ｗｈｙ（自分軸、企業軸）、事業コンセプト、課題、Ｗｈａｔ／Ｈｏｗがそろっている必要があるのでだんだんと論理性が入ったフィードバックとなる。また、研修では図解やプレゼンの授業も入れ、第5回への準備とする。

第5回　事業構想プレゼンテーション

各チームが練り上げた事業構想を、人事担当役員へプレゼンテーションします。経営者目線を意識します。上司を説得する、という目線ではなく、自分が経営者になったつもりで、皆を巻き込み、魅了するようなプレゼンを目指します。

プレゼンに際して、再びチームでアート（立体造形）制作をします。チームでつくった事業構想をテーマに、粘土で制作します。

第6回　フォローアップ

第5回まで走り抜けた後に振り返り、創造性の重要性を再確認するのが最後の回です。アート思考研修で学んだこと、体験を振り返り、実際のビジネスに戻った後でも創造性の重要性を忘れず、継続して創造性と向き合ってほしい、という狙いがあります。

経営者としてのマインド変革

アート思考×事業構想の狙いは、構想の中身そのものよりも「経営者としてのマインド変革」にあります。そのために以下のことを強く意識しています。

・「自分（の資質）」を知る。スキルというより、経営者マインド

KDDI「経営塾ジュニア」研修風景

の醸成を求める。
・事業構想を通じて、経営者マインドに何が必要か、を学ぶ。
・今まで接したことがなかった新たな世界を知ることで、既存事業に対する新ビジネスのアイデアが出てくることが望ましい。そのため、社外を対象にインタビューやリサーチを行う行動設計をする。
・外部へのインタビューや、講師からのフィードバックを通じて、自分の位置を確認し、自分（自分の軸）への意識を高める。
・事業構想と課題解決の基本スキルを備える。
・創造的なメッセージを効率的に伝える。経営コミュニケーションとしての図解スキルを底上げする。
・生産性を上げる。問題解決の糸口となる価値観を伝える。

　ここで言う「経営者マインド」ですが、経営者が会社経営を発展させていくうえで必要となる心構えや考

図8-2 経営塾ジュニアとは

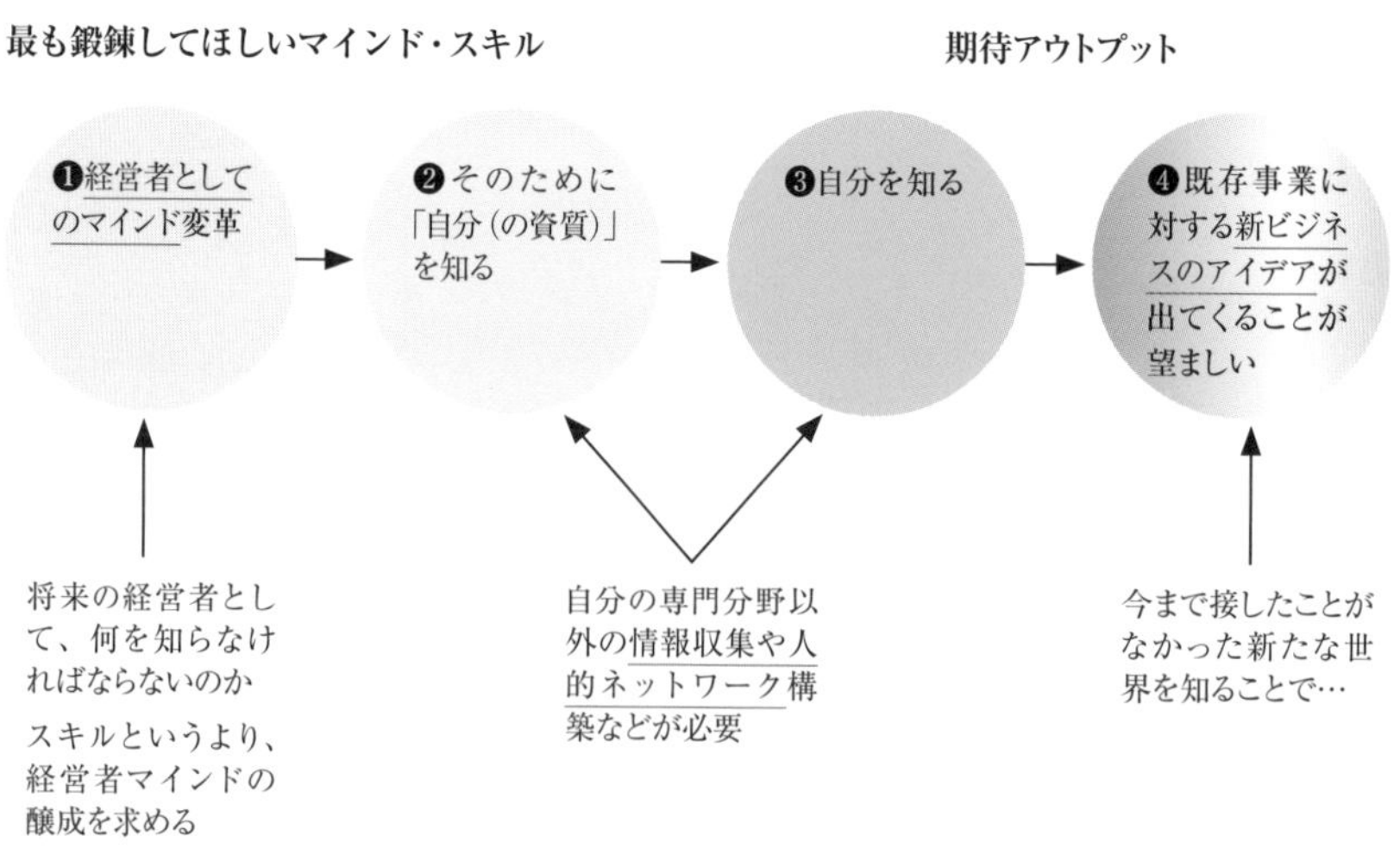

え方、意識などを指します。具体的には、以下の要素が不可欠だと思います。

［全体感］会社やグループ全体の視座・視点を持っている。

［ビジョン］経営の方向性と新たな価値を明確にし、それを組織の隅々まで浸透させることができる。

［社会と事業］社会や地球の課題に鋭敏になり、それを自社の方向性とひも付けることができ、社会に貢献できる価値を事業を使って実現できる。

［柔軟］ファクトを真摯に受け入れ、新たな思考や手法を取り込み、そのことで組織を新しい環境に適応できるようにする。

［風通し］情報を開示し、風通しを良くし、フラットでフェアな組織づくりを行う。

［意思決定］以上を基盤として、会社や社会のあるべき方向に基づく意思決定ができる。

［人間性］その結果として、「この人についていきたい」と思ってもらえる。「この人なら新たな価値観を実現してくれそうだ」と賛同を得ることができる。

［実行・行動］ビジョンや意思決定だけでなく、実際にその行動を現場が取ることを促す。それを組織の仕組みにして実現できる。

［バトン］次の世代に右記全体を「経営のバトン」として引き継ぐことができる。

強い意志でやり遂げたチーム

さて、ＫＤＤＩの「経営塾ジュニア」という研修でアート思考を取り入れたプログラムを担当させていただいたわけですが、研修の中で特に私の印象に残った1つのチームについてお話ししたいと思います。２期生のＤチーム（２０８ページのインタビューのチーム）のことです。

Ｄチームは非常に高度で高尚な議論からスタートしました。資本主義が人類社会に幸せをもたらしているのだろうか？　経済格差を助長し、富める者を増やし、貧しい者を増やしているだけではないか？　最近の若い世代ではこのような考えを持っている人が増えています。格差だけでなく、温暖化にしてもプラスチックごみにしても、ますます深刻な社会課題になっています。確かにこれは何とかしなければいけません。しかし、課題は一筋縄では解けません。なぜなら、これらの社会課題のほとんどは、そのポジティブサイドを見れば人間が文明のメリットを極大化することで成立させてきた複雑なシステムによって構成されているためです。いわば人間が追求してきた文明のメリットの副作用が社会課題になっているとも言えるわけです。

これはアート思考研修の事業構想づくりで扱えるほど簡単な課題ではないので、「もう少し分かりやすい事業を考えたらどうか」と助言しました。私がこれを言うのは、これまで実施してきた数多くの研修の中でも初めてのことでした。しかし、Ｄチームはへこたれませんでした。「とても重要なこの問題に対して、絶対に何らかの結果を出したい」という非常に強い意志を感じました。実は私もこのことを考えることが大事であり、かつ、一度本気で考えてみたいと思っていたので、メンバーの皆さんと一緒に考えてみよう、と思い始めました。

通常、アート思考の研修は現業を持ちながら夜や週末を使ってチームごとに議論し、ブラッシュアップを行います。「時間もエネルギーも相当使いますが、その覚悟はありますか」と尋ねると、「確かに貴重な時間を使うことになるが、貴重な時間だからこそ貴重なことを考えるべきではないか」というＤチームの心意気に心が動かされ、私も乗せられました。「よし、やってやろう」と。

第1のルールとして課したのは、「貨幣（金銭価値）を使わない」ということでした。最後のルールは「それでも事業にすべきだ」。究極の矛盾を感じました。アート思考の2軸で言うと、感性（創造性）軸を最大化する一方で、論理性（実現可能性）軸の根幹となっている貨幣を使わない、という大変なチャレンジです。

ここからは本当に大変でした。「ポスト資本主義」、その中で発想を出していくことは、自由なようでいて意外に制約が多い。相当考え抜かないと事業構想の形にはできない。どのように実現可能性を上げていくのか、突破口があるのか、が最大の課題でした。事業構想ができないようであれば、方向を変えないと研修が成り立ちません。講師として様々な注意点を伝え「まず、具体的な事業構想を考えよう」と、具体化しおのおのを「ズラす」という発想をしたのですが、出てきた案のどれもが結果的に金銭価値を使ったほうが容易だと分かり、その都度、自分たちの発想の限界に直面しました。

それでもＤチームは、「お金やそれに類する価値を絶対に使わない」ことを徹底的に守り抜き、いくつものアイデアを出していきました。私も突破口を見つけるべく、併走を続けました。どんどん期限が近づいてきますから、どんなプレゼン構成にするかも並行して考えていきました。これは構想を高速につくり上げなければいけないときに有効な方法です。

自分が持っているスキルを空き時間に提供したり、それほど高度なスキルでなくても猫の手を借りたいほど忙しいときに、仲間の手を借りたりする発想も出てきました。けれども、どんな発想を出しても、時間には時給というお金の概念が染み付いていて、結局、お金やポイントを使ったほうが楽じゃないか、というアイデアが山積していきました。社会課題を解く、社会貢献をする、そこにはやはり時給的な考えが染み付いていることを痛感しました。

「あ、これならお金は使わないな」というアイデアが出るたびに、「いやいや、こういう意味で使っているよ」と誰かが気づき、私たちはお金という概念から逃れられないのか、と絶望した時期もありました。チームはそれでも連日深く議論し、突破口を見つけ出しました。

貨幣の価値は交換可能であり、市場原理によって変動します。けれども変動しない価値を持つものに思い当たったのです。それは「時間」そのものでした。どんな人でも、1日は24時間だということだけは平等です。「何にいくら払うか」ではなく、「何分使うか」。時間そのものを交換してはどうだろうか、ということです。例えば、Ａさんがエクセルが得意であれば、エクセルのスキルをＢさんに2時間教えましょう。その代わりＢさんは、別のことで2時間をＡさんに返してください。これだと、お金を交換するという行為とは異なるイメージになると思えました。

しかし、いろいろなパターンを考えていくと、提供する時間の中身、つまりスキルの高低に金銭的価値が付いて回ります。

そのとき、「結局、Give & Takeこそ本質的な発明であり、それを円滑に進めるために貨幣が生まれ、モノやスキルに値段が付いたのではないか」「基本的なビジネスモデルをGive & Takeにしている限り、資本主義から逃れられないのではないか」ということに気づきました。

そこで、このGive & Takeという「概念自体」を発想のタネでズラすことにしたのです。Give & Giveです。これは私が研修などのチームビルディング（136ページ参照）で大事にしている考えでもありますが、ここでハマりそうだ、と感じました。Give &Takeという価値を交換するという発想に立つから貨幣が必要になる。

人類はもともとGive & Giveの世界にいたはずです。「ニンジンがたくさん取れて、余ったので村の中で分けましょう」「思ったより魚が釣れたからお裾分けしましょう」。そして、そこには見返りを求める気持ちはなかったのではないでしょうか。

そもそも日本語で食事を取る前に発する「いただきます」という言葉は、「自然の命をいただく」という意味があったはずです。いわば自然は人間にGive & Giveをしてくれているのです。

自然の食資源でGive & Giveができたわけですから、それ以外のスキルなどでもできるはずではないか。確かにこれが実現できれば通貨的なものを媒介させずに最低限の食べ物や仕事などは確保できるかもしれない。Dチームの議論は深まっていきました。このチームの優れたところは、すぐに現場で実験してみたところです。

ある地域支店でこのGive & Giveモデルを実験してみました。その結果、お金やポイントを介在させなくても、業務で決められたジョブ以外のことでお互いにスキルの凸凹がある問題を解消できることが分かりました。Teamsのチャットに分からないことや教えてほしいことを入力したら、すぐに回答があったそうです。

分かりやすく言えば「単なる掲示板」ですが、一定規模の社員がいる会社では成り立つし、大きくなり過ぎた企業で失われがちな一体感を強化できるかもしれません。なお、これは互いの信頼感がある程度担保されているということが非常に重要です。その意味で通貨が持っている信用と同じようなものが結局は必要なのですが、通貨に頼っていないところが面白いと思いました。

ポスト資本主義という非常に難しい軸から始まり、そのチーム軸を最後まで持ち続け、研修という短い期間で事業構想まで仕上げたのはすごいことです。そうやって論理性と事業背景やＷｈｙ／課題／Ｗｈａｔ／Ｈｏｗを一貫してつないだストーリーをしっかりつくり、実際に実現可能性をここまで高めることはとても難しい。Ｄチームは外部役員へのインタビュー、徹底した討論、そしてパイロットモデルの実験など、強い思いを持ち、や

Dチームのメンバー

れることをすべてやり切りました。最終的に、この研修でつくった事業構想を、ＫＤＤＩの中で導入できるのではないかと、社内でプレゼンすることになったそうです。無理だと思うところを突破してみる、そのことで新しい発想が得られる。アート思考研修としては画期的なチームとなりました。

INTERVIEW

KDDI、アート思考研修導入の狙い 10年後のリーダーを発掘する

KDDI
千葉華久子 氏　コーポレート統括本部 人事本部 人財開発部 部長
小佐野光代 氏　コーポレート統括本部 人事本部 人財開発部 人財育成Gグループリーダー

ＫＤＤＩが社内研修「経営塾ジュニア」でアート思考を取り入れ始めたのは２０２０年7月から。同社の次代を担うことを期待されている幹部候補が対象だ。アート思考研修を実施する理由は何か。ＫＤＤＩ人事本部の千葉華久子氏と小佐野光代氏に、研修の狙いと効果について聞いた。

自分を知り、見つめ直す。それがリーダーへの第一歩

——アート思考を取り入れた研修の狙いは何ですか。

小佐野光代（以下、小佐野）「経営塾ジュニア」と呼ぶ研修を実施している一番の狙いは、様々な部門に所属する40歳前後のグループリーダーの中から、次世代を担う人材を育成・発掘することです。ＢＯＤＡＩのアート思考を取り入れた研修に期待したこと

は、その人自身が本来持っている能力や、日常業務で気づくことができない人材の魅力や特異性などを、研修を通して見いだすことでした。

今回の研修には、全社の様々な部門から参加します。これまで交流のなかった事業部がつながっていくためには、どうしたらいいか。その中でどんな新しいことを生み出せる可能性があり、実現できるのか。それを町田さんに導いていただき、学ぶ機会にもしようと研修を設定しました。

企業が成長を続けるためには、既存事業だけでなく、新規事業の立ち上げや成功も欠かせません。それを成し遂げるためには、どういった手段があり、どういう考え方が必要なのか。今までとは違った発想方法などを学ぶことも、研修の柱の一つでした。

社外の方々が発信している情報を取り入れていくことも、人事本部が掲げている方針の一つです。単に情報を得るだけでなく、社外の方々の考え方や意見を知るためにインタビューを行うなど、外の情報を積極的に取りに行く。視野や見聞を広げ、社内でどう活用し、何を生み出せるか。情報収集とその活用方法を考えることも、人事本部として取り組みを強化したい部分です。

千葉華久子氏（以下、千葉）　将来を担っていく人材の育成・発掘なので、通常はミニＭＢＡ的な内容と事業構想をセットにした研修に取り組んだと思います。研修のご相談をしているセルムさんが提案してくださった中に、ＢＯＤＡＩによるアート思考の研修がありました。面白そうだなと思ったのは、左脳だけでなく右脳も駆使する点。粘土や絵の具などを使った研修も、今まで取り組んだことがなかったので、まずは挑戦してみようと思いました。

研修に参加する社員は、正解に対して最短ルートで論理的に、かつ効率的に解を出していくことにたけています。ただ、今のグループリーダーが10年後、会社をけん引していく立場になったとき、社会はどんな課題に直面しているか全く分かりません。そんな時代だからこそ、自分起点で課題を考え、解決策を導き出すアート思考に可能性を感じました。

――アート思考による研修を実施してみて、人事本部としての感想はいかがですか。

小佐野　アートがどう響くのか、研修を実施するまではよく分かりませんでした。一番響いたと感じたのは、参加した社員一人ひとりが「自分軸」を探し、アートで表現するワークショップです。自分が考えていることや、自分が本当にやりたいことは何か。これまで自分は、どんなことに影響を受けてきたのか。それが自分の思考にどう影響をしているのか。アート制作を通じて気づいた参加者は多かったようです。

――参加された方々からは、どういった感想がありましたか。

小佐野　1日の研修が終わると、「今まで使ったことがない脳をフル稼働させたので疲れた」という声が少なくありませんでした。だけど、みんな「すがすがしいグッタリ感」だと言っていたのが印象的でした。それだけ自分を出し切ったのだと思います。また、同じ役職で異なる部署の仲間とチームになって取り組むことで、現業での協業を考え出す人たちもいました。部署を超えた仲間ができ、チームビルディングの効果もあると思いました。

千葉　これまでもイノベーションをテーマにした研修を実施したことがあります。そのとき、課題を解決するための解を探すのに、大変苦労している様子でした。それと比べると、研修の雰囲気はとても明るかった。「これもやりたい」「あれもやりたい」と発想が次々と生まれ、アイデアを形にするプロセスは苦労しながらも、夢中になって取り組んでいました。これまでの研修ではあまり見たことがない光景だったので、驚きました。

——研修の成果について。どのように評価していますか。

小佐野　当初の狙い通り、研修を通じて人材の発掘ができました。一定の成果が出たと評価しています。ビジネスの中では目立たないけれど、今回の研修を通じて、内に秘めた部分を表に出している人もいました。いわゆるビジネススキルを学ぶ研修とは違う、狙い通りの効果が出たと思っています。

アート思考研修に参加したＫＤＤＩ次世代リーダーに聞く
既成概念捨て、自分軸で発想する大切さを知った

ＫＤＤＩ「経営塾ジュニア」は毎回20人ほどが参加する。２０２０年11月～２０２１年３月に実施した第２期に参加した社員のうち、Ｄチームに属した佐々木智宏氏、田中康夫氏、平田陽亮氏、藤田亮氏の４人に集まってもらい、アート思考研修を受ける前と後で変化したことなどを聞いた。

最初に既成概念を「ビリビリ」

――研修を受けた率直な感想や、印象に残っているエピソードなどを教えてください。

佐々木智宏氏（以下、佐々木）　まず、事前準備のお知らせに「汚れてもいい服で来てください」と書いてあり、それを見た瞬間に、いつもとは違う研修であることを認識しました。将来の幹部候補の発掘・育成の研修だったので、選出された喜びと、不安や期待が入り交じった不思議なワクワク感がありました。

藤田　亮氏（以下、藤田）　アート思考を取り入れた研修内容については、受講１日目に

町田さんから説明があったんですよ。今のビジネス思考を否定するわけではないけれど、近い将来、限界が来るだろうという話もありました。私自身、ＡＩに勝てる人間にならなければ……と思っていて、その方法の一つがアート思考であることが分かりました。アート思考について知ったのは、この研修がきっかけです。

平田陽亮氏（以下、平田）　私もこの研修を受けるまでアート思考のことは知りませんでした。事前に配布された資料には、研修の具体的な内容や、アート思考という言葉もありませんでした。研修内容で特に印象に残っていることは、自分にとっての既成概念を紙に書き出して、それをビリビリに破り捨てるというプロセスです。私は「ＫＤＤＩの社員であること」「父親であること」「管理職であること」などを書き出して、ビリビリに破りました（笑）。

藤田　このビリビリに破るプロセスは、普段、ビジネスで使っている思考とは全く違う「新しい蓋」を開けるための儀式のようなものだと理解しました。「ビジネスや経営とは何か」といった理屈や理論を学ぶところから始まると身構えていたので、良い意味で驚きがありました。想定していたこととは真逆で、「自分の感覚」を取り戻すことからのスタートでした。

田中康夫氏（以下、田中）　事前準備として「自分の軸」（16ページ参照）を考えるという宿題もありましたね。今まで、誰にも言われなくてもやったこととか、幼少の頃からの記憶をたどるのですが、その作業も新鮮でした。

藤田　「自分を客観的に見る」といった考えはよく聞くけれど、本気で自分自身のことだけを考える時間は、ありそうで実際はほとんどないです。だから今回、自分自身を知る良い機会になりました。町田さんは「人間は経験を積んで進化していくので、自分軸が変わることも当然ある」と教えてくれたのですが、その考えを含めて納得できました。

田中　無意識に任せて、目的もなく自由にアート作品を作るワークショップ（128ページ参照）も印象的でした。日ごろは「目標に向かって進むこと」が当たり前です。だから、何も考えず無意識で何かを作り出すということ自体が新鮮でした。各自で作った「なんじゃこりゃ！」という粘土作品の集まりからストーリーをつくる工程は難しかったけど、まさに創造的で面白かった。

藤田　私は粘土でサーチライトのようなものを作りました。なぜそれを作ったのか、無意識だから分からない（笑）。このプロセスから、チーム4人での

佐々木智宏 氏
コンシューマ営業統括本部
コンシューマ広域代理店統括2部
コンシューマ広域第2関東統括第1支店
支店長

（写真／丸毛 透）

共同作業が始まりましたね。

佐々木　たしかに。ここから本格的に研修が始まった実感がありました。

平田　4人それぞれが無意識で作った個性的なアートを、統合させて1つのものにする――これは、事業構想の疑似体験なんですよね。与えられたテーマから何らかのアイデアを生み出すことは、私に限らず、みんな日々の仕事や、これまでの研修で行っています。今回の取り組みは、それとは正反対。事業構想の研修も無意識でアートを制作するワークショップと同様のプロセスで、4人それぞれの自分軸から「こんな世の中になったらいいよね」「こんなものがあったらいいな」など、既成概念にとらわれないアイデアを出し合ったんですよね。

――皆さん、どんなアイデアを出したのですか。

佐々木　私は「人と出会う」というキーワードが自

田中康夫 氏
情報セキュリティ本部
システムセキュリティ部
CSIRTG
グループリーダー

（写真／丸毛 透）

分軸にあったので、人と人がモノとモノを交換して何かできないか、という考えを伝えました。

藤田　私は何を提案しましたっけ？　いろいろ考えた気がするのですが……。

田中　藤田さんは、ＡＩ関連のアイデアでしたね。自分がやりたいことを考えてくれるＡＩを作りたいと話していたのを覚えています。

藤田　そうでした！　それはいわば「旅館のスーパーおかみ」だという話になりましたね。旅館でおもてなしをするおかみさんは、お客さんが何も言わなくても先回りして欲していることに気づいてくれるからって。

平田　ＡＩおかみ！（笑）

田中　私はデータを集めてものを見える化することが好きで、それが自分軸にありました。今はセキュリティーの部門にいるので、安全を守るとか、お客さんを守るといった話をしました。

平田　私は「陸を捨てる。海に戻る。」という突拍子

平田陽亮 氏
ソリューション推進本部
ソリューションプロダクト推進部
3G グループリーダー

（写真／丸毛 透）

もないことを伝えましたよね。地球の約7割は海だし、ダイビングも好きなので、海の中で生活をするとか、海に都市をつくるとか。

田中　最初は全くゴールは見えなかった（笑）。

平田　そうそう。だけど不安じゃなかった。もし、初日のアート制作のワークショップを経験していなかったら、各自が出したバラバラでぐちゃぐちゃのアイデアを、どうやって1つにしていくべきか焦っていたはず。みんなで無意識アートを制作したことで、むしろ寄り道したほうが面白いものができると、何となく分かっていたので、肯定的に取り組むことができたんですよね。

田中　無意識アートを体験したことで、やりやすくなったのは確かにそうですね。

藤田　特に平田さんは、話をまとめようとしなかったもんね（笑）。

佐々木　話し合いの途中で硬直状態になると平田さんが新しい話題を入れてくれて、そこからまたアイ

藤田 亮 氏
技術統括本部
次世代自動化開発本部
プロセス統合推進部
プロセス統合企画２G
グループリーダー

（写真／丸毛 透）

デアが広がっていく。それをまた藤田さんがまとめてくれる……ということを研修の間に何度も何度も繰り返しましたね。

平田　初日のアート制作を通じて、ビジネスの構想にもアートを生み出すときのように「発想を爆発させる」ことが必要なのだと理解できました。だから、最初から無理にまとめる必要はないな、と。もちろん、一般的な研修だったら期限内に完遂させようと、できるだけ効率的に取り組んだと思います。普段はバリバリの論理的思考で仕事をしていますからね。

社外へのインタビューが自信に

――具体的にどうやって1つの構想に仕立てていったのですか。

田中　海での生活から、共同体の話に変わっていきましたね。

平田　各自のアイデアはバラバラでしたが、「既成概念にとらわれず、新しいコミュニティーや世界をつくりたい」という意志は一致していました。佐々木さんの「モノとモノの交換」によって生活を成り立たせるためには、どうすべきか議論したり、弊社はインフラ会社でもあるので、生活インフラについて話し合ったり、生活のコミュニティーをつくる話から、ベーシックインカムや社会主義について議論したり……。

佐々木　平田さんの自由な発想に刺激されて、みんなの発言も柔軟になっていったのが印象的でした。研修は約5カ月続きましたが、後半は毎日のように、オンラインで打ち合わせしていましたもんね。気づいたら、生や死の話とか、文化や哲学、宗教の話もしました。

田中　地域通貨といった話から「ポスト資本主義」という、お金のない世界でビジネスを展開するにはどうしたらいいか、といった議論に発展していきました。SNSの「フォロワー数」や「いいね！」の数のほうが、お金より価値があるのではないか。それをうまく生かせない

か、とか。

平田　そこから「私たちの使命は、お金をなくすことだ」という壮大なテーマに行き着いたんですよね。そこから「モノとモノ」「コトとコト」を交換するという話へ発展していくのですが、それも紆余曲折ありながら……。

佐々木　事業構想なので「モノとモノ」や「コトとコト」を交換してもうける方法を考えていたのですが、それだとお金は介さないだけで、本質的には今と変わらないですからね。

平田　ここからが地獄（笑）。お金のない世界「ポスト資本主義」を目指すとなると、資本主義的な要素をすべて排除する必要がある。しかし、私たちは骨の髄まで資本主義にどっぷり漬かって生きていますから、気を抜くと「それって資本主義じゃん」ってなるんです。だから議論をしながら「これって資本主義入ってる？」と、常に確認し合ったりして。

田中　コトとコトを交換することも、「同じ価値同士の交換なのか」と考えている時点で、資本主義だろうと。

平田　見返りを求めること自体、資本主義ですからね。

藤田　町田さんから、感性と論理の2軸で右上を目指していくという考え方を教えていただきました（34ページ参照）。しかし、そう簡単には、右上には到達しない。そこに至るまで感性と論理を行き来する「苦悩の道」をたどるのですが、その過程で「ポスト資本主義」という答えに近づいていきました。ただ、今度はそれをどう論理的に成り立たせていくか。

田中　町田さんからは「私は大抵のことは受け入れ、否定しないのですが、これは無理じゃないか」と言われましたね。

――途中でくじけなかったのは、なぜでしょうか。

平田　最初は「本当にこの方向性でいいのかな」と、手探りだったのは確かです。だけど、途中で自信を持てた。その理由は、社外の役員クラスの方、何人かに自分たちの構想を伝えて、コメントをもらうというプロセスがあるのですが、どなたからも「面白い！」「これからの世の中にはそういう考え方が必要だよ」といったコメントを頂けたからなんです。

藤田　役員クラスの方々へのインタビューの時点では、まだ具体的な構想ではなかったのですが、思った以上に反応が良かったんですよね。それと同時期に、社内のセミナーで面白法人カヤックの柳澤大輔社長による講演をお聞きしました。そのとき、カヤックは自由な発想で事業に取り組まれていることを知り、何となく同じような〝におい〟がしたんです（笑）。そこで勇気をもらうことができました。

平田　このあたりから、感性に振り切ったアイデアがみんなからどんどん出てくるようになりました。

心理的安全性の重要性

——最終的には、どういった構想になったのですか。

平田　タイトルは「企業単位の善意と時間の『お裾分け』モデル～全てが金銭価値で測られる世の中への挑戦～」です。この事業構想は、通貨やポイントなど資本主義を介さない「ポスト資本主義」という30年後の理想の未来から考えたものです。その理想をどうやったら実現できるか。検討に検討を重ね、その結果、3年後に実現する方法として「お裾分けモデル」を導き出しました。

藤田　一般的に、自分が持っているものを人に与えると、見返りを求めるものです。いわゆる「Give & Take」の壁をなかなか突破できなかった。与えるものと与えられるものとの価値の「差」を、どうやって埋めていくか。「時間」ならいけるかもしれない、となったのですが、朝の30分と夜の30分では違うし、多忙なビジネスパーソンの30分と、時間がたっぷりある大学生の30分では価値が違うのではないかとか、資本主義的な価値観が出現するんです。そんな行き詰まっている状態のときに出てきた「お裾分け」というキーワードが、最後のブレークポイントになりました。

田中　Give & Takeではなく、Give & Giveという概念。そこから一気に構想が固まってきました。

佐々木　お裾分けであれば、レベルの差や見返りを求めないのでは、と気づいたんですよね。そこで、当時私が所属していた部署で２０２１年1月20日から3月末まで継続して「お裾分けモデル」をテストしてみました。参加人数は27人。

「お裾分けしてほしいこと」＝「ささいなことでも、分からないことや教えてほしいこと」をTeamsのチャットに入力して、お裾分けの精神で分かる人がチャットに「お裾分け」＝「回答」する。実施してみると、お裾分けしてほしいこと1件に対し、2分後には、2件のお裾分け（回答）がありました。お裾分けしてほしい人＋お裾分けした人を含め、支店全員が知識アップ・スキルアップができ、調べたら2分以上かかることも、時間を短縮することができ、生産性の向上につながる結果となりました。お裾分けした人には、みんなで「いいね！」もしてました。

平田　ポイントは、お裾分けを「される側」だけでなく、お裾分けを「する側」にも喜びがあると気づけたことです。エクセルの使い方を無料で教えてもらえて喜ぶことは、想定の範囲内。実際には、エクセルの使い方を「教えた側」の幸せ度も高まっていたんです。つまり「自分の得意なことで貢献できる喜び」が価値になるということです。

――人の役に立つとうれしい。それは、人間の根源的な本能でもありそうですね。

図8-3 Dチームの「挑戦の旅」

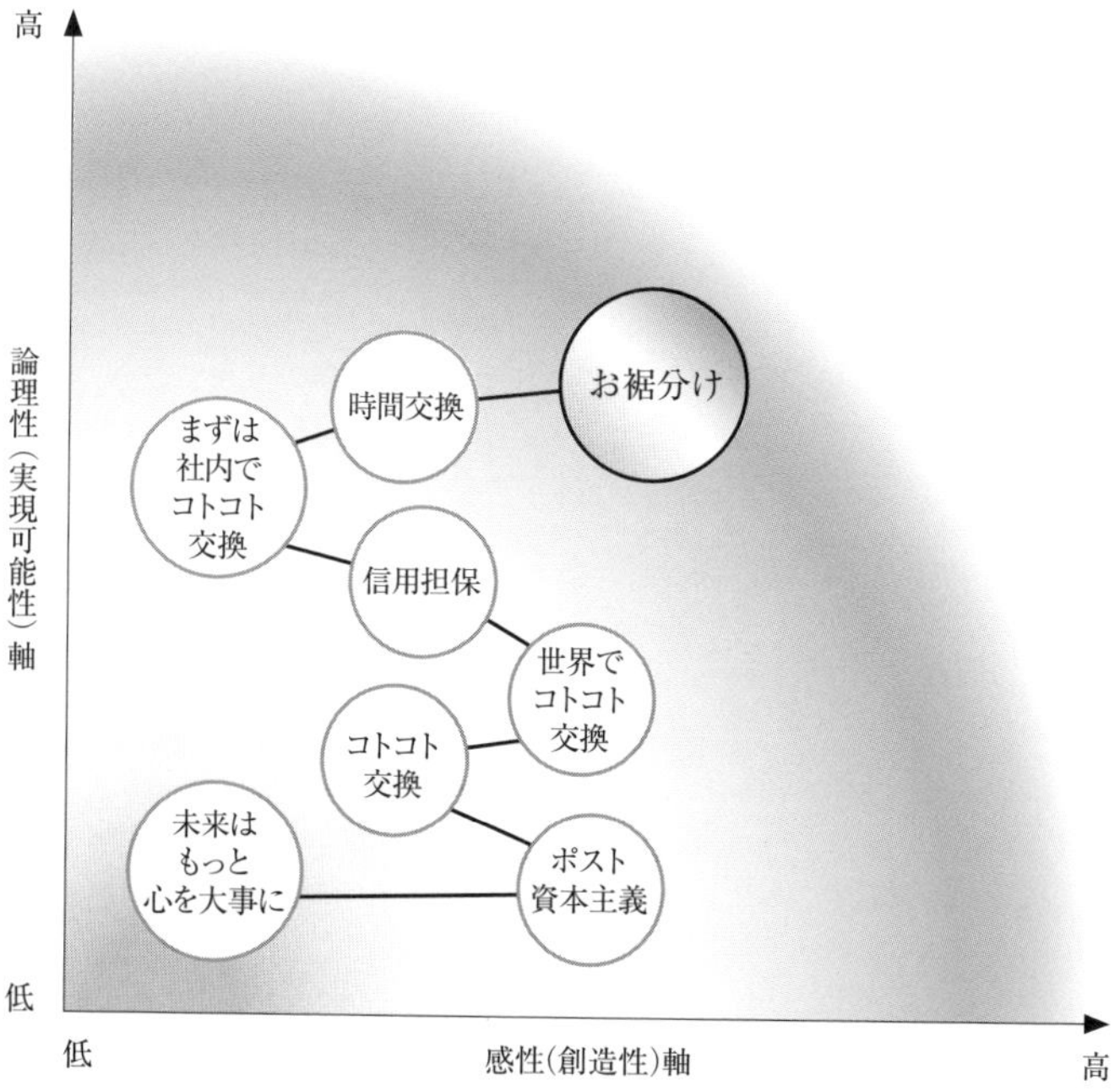

佐々木　できないことを自力で調べて取り組むより、詳しい人に教えてもらえることで、時間が短縮でき、生産性の向上にもつながりました。参加メンバーからは、「お裾分けを多く貢献した人に、支店長から表彰するのはどうか」といった意見や、事業所が名古屋と北陸で離れていたこともあり、「支店間のコミュニケーション強化にもつながる」といった声もありました。私自身、部内を活性化でき、「会社や仲間への貢献を通じて効率的に、日々の仕事を進めることができると実感できました。

平田　目指した世界は、通貨のない世界。モノとモノ、コトとコト、時間と時間などが自然に流通することが理想です。ただ、いきなりそこにたどり着けないので、手前を刻み、「お裾分け」というキーワードで、まずはモノとモノ、コトとコトを交換する文化を根付かせることを目指そうという考えです。

そのとき必要なのは、信用や安心感。知らない人が自宅に来て、見返りも求めずに30分も庭の草むしりを手伝ってくれるのは、普通ならちょっと不安ですよね。そこで、まずは会社という組織の中で取り組んでいくことを提案しました。

——その後、何か具体的な動きはあるのですか。

平田　研修の一環として生まれた着想ですが、ビジネスの現場での活用も探っています。お裾分けモデルは、社員の隠れた才能を見つけ出すことができ、その才能をもって貢献する場を提供することで、貢献の喜びを与えられることも魅力です。そうした特徴を弊社の人事システムに組み込める可能性があることを、社内でプレゼンしました。また、弊社では主に管理職向けに資質や強み、才能にフォーカスした研修を実施しており、その研修にもお裾分けモデルを入れられないか、と検討している段階です。

——今回の研修では、創造性に振り切った状態から、論理性を付加して実現可能性を高めていきました。自由な発想を最後まで貫き通すことができたのは、なぜですか。

平田　まず、４人それぞれの自分軸から派生して生まれた、お金を介さず生活する「ポスト資本主義」というチームの軸があったからです。かなりぶっ飛んだアイデアですが、各自の自分軸から生まれたものだったので、ぶれなかった。なぜ、お金を介さない世界になるべきなのか。理想の未来とはどういった社会なのか。チームの４人であらゆる観点で議論し尽くしました。おそらく２００時間以上。共有のメモは、90ページ以上にも及びます。だけど、その時間がすごく楽しかったんです。

藤田　感性に振り切ったアイデアを突き詰めていく、その議論は本当に面白かった。どっぷりはまりましたね。

平田　自由に議論ができたのは、町田さんのアドバイスによって「心理的安全性」が確保されていたからです。既成概念の鎖を外すことは、たぶん誰でもできると思います。

だけど、心理的安全性を確保し続けることが難しい。その点、町田さんは最初から最後まで「それ、面白いですね」「すばらしいと思います」と、自由な発言を認め続けてくれるんです。

例えば、「アートを見て感想を述べる」という講義では、「これが何に見えますか」という町田さんの問いかけに、受講者は当初、「どう答えるのが正解なのか」を探ろうとしていました。それに対して、町田さんは「答えはありません。自分がどう見えるか、それを答えればいいんです」と教えてくれました。ある人にはフェスティバルに見えるものが、ほかの人には火山に見える。正解はなく、見る人の自由。それがアートなのだと言うのです。その考え方に私はとても感動し、共感しました。そうやって既成概念が解き放たれた状態で、ビジネスの話に戻るのですが、たとえ「海で暮らしたい」と言っても、町田さんは「アーティスティックな意見、いいですね」と肯定し続けてくれました。もちろん、論理性を高めていく段階でも、的確なアドバイスを頂きました。論理的思考とアート思考を行き来できる町田さんだからこそ、できるのだと思います。

――最後に、研修を受ける前と後で、「アート思考」や「創造性」に対する理解度や必要性など、自分の中で変化したことがあれば教えてください。

藤田　研修前は、何か知恵を絞って考えるとき、無意識に一定の「枠」をつくり、常識の範囲内で考えていました。研修を受けなければ、「自分で枠をつくっていた」と気づくこともなかったと思います。実践を通じて学んだことは、新しい考え方や発想の仕方。新しい発想をすることや、知らないうちに身に付いてしまった既成概念を取り払うこと、あえて真逆の発想をしたり、論理性と創造性を行き来したりしながら実現可能性を高めていくことなど、初めて経験することばかりで、とても刺激的な研修でした。新しいおもちゃを手に入れた子供のように、今は何かを考えるときに自分軸でアイデアを生み出すアート思考を乱用しています（笑）。その結果、これまでとは違った新しい考えや方向性を思いつくことも多くなりました。

田中　研修を終えて変わったことは、物事に行き詰まったとき、今やっていることや、常識を疑う習慣がついた点です。部下から突拍子もないアイデアが出てきたとき、発想のタネ（88ページ参照）を思い出しながら、ちょっとズラしてみたり、逆から考えたりしながら議論するようになりました。

お裾分けモデルの考え方とも通じるのですが、ある人にとっては捨ててもいいようなものでも、他の人からすると宝だったりします。仕事の現場でも、Aさんにとっては特別なことが、Bさんにとっては当たり前だったりする。それぞれの特性を生かしていく見方をすることが、チーム力の向上にもつながると考えられるようになりました。

佐々木　仕事で行き詰まったとき、研修で学んだ自分軸と発想のタネである「ズラす」「破壊する」「意識して捨てる」などの発想を意識的に活用するようになりました。新たな発想で仕事に取り組み、仕事で生かすことができています。

毎日のようにオンラインでチームの仲間と議論して事業構想を考えたことは、苦労もしましたが、非常に充実した期間でした。先生や仲間との議論によって、自分自身が成長できたと思っています。

平田　私は「捨てる力」がつきました。1回捨てて、新しいアイデアを生み出す。その繰り返しによって、「ポスト資本主義」という創造的な着想から「お裾分けモデル」にたどり着くことができたんです。その実践を通じて、思考を巡らし続けることで、自分たちでも思いがけないところにたどり着けるのだと分かりました。

自分の現業でも、アイデアはすぐ捨てるようになりました。グループでの方針をぶらすことはありませんが、プロセスは紆余曲折、途中変更があってもよしとするようになりました。これまでは、できるだけ最短距離でゴールに向かい、決めたら守ることが義務だと思っていたんですけどね。そう思えるようになったきっかけは、既成概念を書いてビリビリに破り捨てるプロセスと、無意識に委ね自身を解き放つアート制作です。これによって、自分が宇宙空間に存在する「1つの粒」になり、既成概念にとらわれない自由な発想ができた。「ビリビリ」はお勧めです（笑）。

9章

アート思考を取り入れる組織づくり

「７Ｓ」の考え方

組織において発想の仕方や行動を変えるということは、そう簡単ではありません。「本気で変わりたいと思っている」「変わるために本気で行動をする」という2つの覚悟があるかどうかが重要です。

アート思考で頭をストレッチし、視点を変える、発想を変える、創造性を出していくなど、既成概念にとらわれず論理性と創造性の行き来を体験しても、それを企業組織で生かすことは難しいことが多いようです。この章では新規事業の立ち上げなど、新しいアイデアを組織に取り入れるうえでのポイントと、アート思考や創造性をめぐる、組織や意思決定の問題に触れておきたいと思います。

組織の課題は「7つのＳ」に分けられます。ここで言う組織は「組織の箱」ではなく、組織運営上の様々なシステム全体のことを指します。

7つのＳとは、共有価値（Shared Value）、戦略（Strategy）、システム（System、典型的なものとしては意思決定、情報共有、業績評価、教育といった要素）、組織の箱（Structure）、スキル（Skill）、人材（Staff）、スタイル（Style）のことです。アート思考を取り入れた事業構想づくりで深く関わるものは、主にシステムとスキル、そしてシステムのデザインであることが多いです。

新規事業をつくったり、ある事業に創造性をより強く入れたりしていこうとする場合、最も重要なのは、意思決定やその仕組みに関わる共有価値とシステムです。組織の箱だけつくって、後は既存の仕組みの下で創造性を出そうとしてもなかなかうまくいかないことも多く、ほとんどの組織が創造性の扱い方に悩んでいると言っていいでしょう。

人は必ずしも合理的に動きません。新規事業部隊の設立を決めて、抜てき人事を行い、優秀な人材を投入しても、部隊のメンバーが新鮮な気持ちで前向きでいられるのは最初の数カ月、という場合も少なくありません。自社の既存事業における強みを使おうと、既存事業のメンバーに相談に行っても、「未来の我が社を背負っているのだから、頑張ってくれ」と好意的に捉え積極的に協力してくれる人は、そう多くはないのが現実です。逆に「うちの事業部から優秀な人材を引き抜いたのだから、お手並み拝見」とばかりに、斜に構えた人も多いようです。

そして1年ほどたつと、経営から「成果」を問われ始め、新規事業部隊に対する圧力となって、部隊メンバーたちが必死に持ちこたえる、という構造ができてしまう。このような悩みを、一度

図9-1 7つのSをマトリクス式に並べる

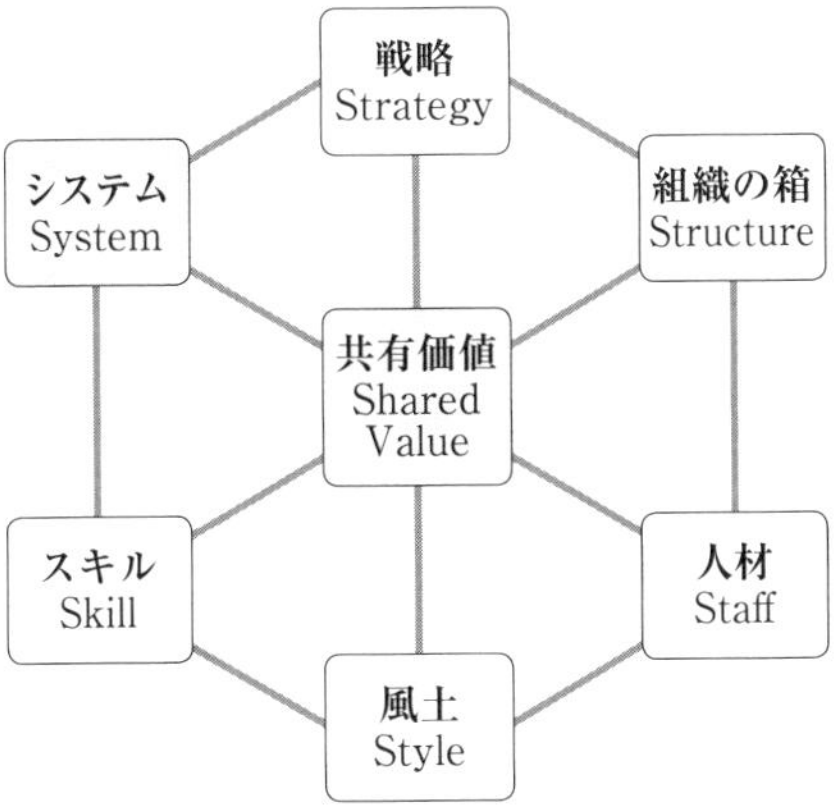

は見聞きしたことがある方が多いのではないでしょうか。

組織マネジメントにおいて、社内の風通しや透明性を重視する傾向が大きくなってきています。しかし、これもまた、まだ事業性が見えないうちから透明性を掲げると目標や売り上げ、数字に追われ、実現可能性を問わざるを得なくなってしまいます。中途半端に透明性を導入すると、事業の芽を初期段階で潰してしまうリスクもある、ということです。既存事業を見る目と、新しい事業をつくる目は違う、と言ってしまえばそれまでですが、現場の実務では無視し得ない大きな組織問題となります。

そもそも７Ｓのフレームワークは新規事業に限らず、組織の現状や課題をグループに分け、整理するのに使いやすいものです。ただ、その後それをどのように扱うかが大変難しく、柔軟に取り組む必要があります。では、７Ｓを様々な視点で見ていきましょう。

７Ｓには「課題に気づく順序」と「課題を解決する順序」がそれぞれ違うという考え方があります。課題に気づく順序は、「風土→人材→スキル→組織の箱→システム→戦略→共有価値」となります。

例えば、「うちの会社は企業風土が問題だよ」とよく話題になりますね。そのとき、「その原因は人だよ。古い考え方の人間が多いんだ」とまではよく語られると思います。しかし、より深掘りして、なぜ古い考えの人が多いのかを問い続けると（なぜ?を続けると）、スキルに行き当たることもあるでしょう。ここまで来れば、新しいスキルを補充したり、時代に即したスキルを持つ人を中途採用したり、と現実的な解につながるようになります。そして、それらの人たちをフル活用できるよう、組織の箱を組み替えていきます。それでも無理そうなら、課題はより深いところ、システムや戦略、共有価値にあることに気づきます。その場合は、会社や戦略の大幅見直しとなります（以上はあくまで想定された例にすぎません）。

問題を解決する順序は、課題を見つける順序の逆で、「共有価値→戦略→システム→組織の箱→スキル→人材→風土」となります。言い換えると、「風土の課題はすぐに見つかるが、本質的にはその裏に、本当の課題（ルートコーズ）が隠されている」ということになります。また、組

図9-2 「組織風土」は最大の課題ではないことが多い

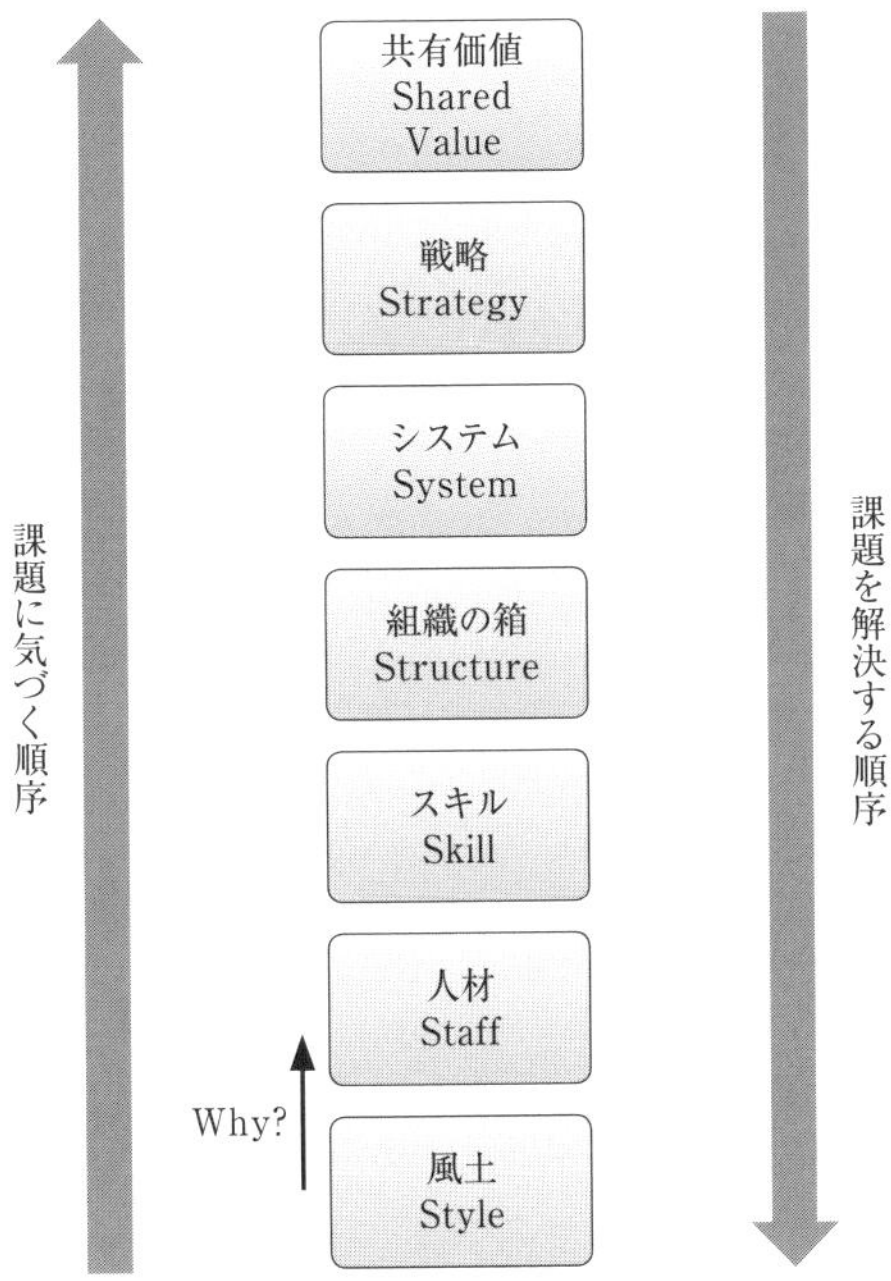

織が抱える課題をどのレベル（深さ）で対応しなければいけないか、を考えるときにもうまく使えます。

特に要注意なのは、組織の箱です。いわゆる「組織」と言ったときに思いつきやすい課題ですが、実は組織の箱を変えても大勢にあまり影響がないことが多いのが現実です。ただ、ほかの６つのＳを変えなくても、組織の箱を変えるだけで全体が変わった感じがします。企業によっては「箱を変えて組織変革をしたように見せる」という技を「悪用」し、実態（すなわちほかの６つのＳ）が何も変わらないのに、変えた変えたと言ってしまうのです。もちろん実態は変わってないわけですから、成果にはつながりづらい。本当に課題を解決したいのなら、ほかのＳもセットで変えなければ意味がありません。

ほかのＳの中でも大事なものがシステムです。システムといってもＩＴだけではなく、組織のケイパビリティ（能力）のことを指します。典型的には意思決定、情報共有、業績評価、教育などを示しますが、ほとんどの会社はここに問題を抱えています。また、扱い方も解くのも大変難しいのがシステムの課題です。なぜなら人は感情を持ち、ロジカルに動くようで動かないところがあり、組織の決定者が論理的に考えて設計しても、思うようにいかないケースもあるからです。組織においてはロジカルな答えが必ずしも真の解になるとは限りません。特に組織の箱やシステムをロジカルに設計して、上から見たら美しい解を出し、それで「変わるはずだ」と期待する企業もありますが、そう簡単には動かないことも、また多いのです。

システムの典型例として、どうやって社内で営業案件の情報共有をすべきか、という課題があるとします。通常であればＩＴの時代ですから、ＩＴシステムの情報構成から入り、情報整理の軸、すなわち項目を考え、組織別にアクセスできるかどうかを決めていく、という流れになるでしょう。しかし、ここに大きな課題があります。そう、「そのシステムを本当に使ってもらえるか」「そのモチベーションをどうやってつくるのか」です。

例えば、クライアントへの提案案件のうち優良なものを、サニタイズ（企業秘密に関わる固有の商品名や固有情報などを一般的な言葉に置き換えること）したうえで社内でシェアするデータベースをつくっても、「見にいく努力」や「動機付け」をどうするかが壁になります。一番良くないのは、各社員がこのデータベースを何回見たかを管理しようという流れです。そこまでいかなくても、見るように催促メールを送ることは多いようですが、結局、そのように多数の人の時間を使って促してみても改善が見られず、せっかくの投資が全く回収できないという例がよく見られます。

こういうときは例えば、システムをデジタルではなくアナログにズラすなどすると、解が見えてきます。発想のタネで言うと、デジタルからアナログに「主従を逆転させる」です。例えば、「毎月、優良案件を紹介する社内イベントを行う。皆で投票して順位を決める」といった仕組みが考えられます。リアルイベントはもちろん手間はかかりますが、目的が「優良案件を頭に入れる」にあるとすれば、イベントのリアリティーと順位付けの興奮、そして皆からの注目度によって参加者がどんどん広がり、年間大賞を取ろうものなら、大変な名誉となります。気づくと、優良案件の情報だけでなく、メンバー間の良い雰囲気も社内に広がっている。このように実際の現場では「あちらを立てれば、こちらが立たず」ではなく、「あちらも、こちらも立てる」ような解が求められるときがあります。システムとはＩＴシステムだけを指すのではなく、アナログもシステムだ、と覚えておきましょう。

大事なことは、論理の美しさではなく、現場の人の心理まで読み込んだ解を出す、ということです。そうやって「解の出し方」に経験値が蓄積していくと、様々な課題を解く発想のタネに育っていきます。

では次に、新規事業と、組織や意思決定の問題を見てみましょう。

「芽」を育てるシステム（System）をつくる

新しい事業をつくるときの組織課題が典型的に現れるのが、例えば「社内新規事業アイデア募集のピッチ大会」です。ピッチ大会で「良いアイデア」ということで評価されても、経営レベルでの事業化判断の際に「ビジネスとして採算が取れるか」「スケール化するか」を厳しく問われ、新規事業の種がほとんど消えてしまう、といったことも起こりがちです。

事業化の際に市場性、競合性、実現可能性などについての「正しい質問」がきっちり行われること自体は悪いことではありません。ビジネスロジックが通っているか、投資に対して十分なリターンが期待できるかをきっちり説明できることは、言うまでもなく事業着手の必須条件でしょう。

ただ、社内で新規事業を生む場合は、それに加えて、「芽」を育てるシステムをつくれるかどうかが大事です。単に選ぶのではなく、まず「アイデアの芽を育てる」。そのうえで「どれを選ぶか意思決定する」という2段構えにするのです。そして、「芽」を育てるところが最も重要です。

今やベンチャー企業は、様々なプロによって支援され、「芽」を育てるシステムがどんどん出てきています。大企業で新規事業を生む場合も、それと同じように育てるシステムを整備したうえで、ベンチャーにはない認知度もブランド力もあるので、その武器を生かすといいでしょう。

「芽」を育てるとはどういうことかと言うと、初期アイデアに発想のタネを使ったり、自分軸を意識したりしながら発想を思い切り膨らませる。そのために事業立ち上げ経験者や外部の視点を取り入れる。さらに、事業を引っ張れるリーダーを成長させる、チームを様々な立場から支える、などの仕組みです。これらを組織の中に埋め込むことがとても大事です。

そのうえで、「どの段階になったら、経営レベルの意思決定フローに乗せるのか」を判断するシステムと人材、そして判断基準が必要です。ここを丁寧につくらないと、判断が遅れることで、その事業への投資のタイミングを逸したり、逆に早く社内に開示してしまって潰れてしまったりと、芽にとって好ましくない事態が起こりがちです。

さらにこの判断は、芽を育てるのに十分な支援をしているか、と裏表の問いにもなります。例えば最初は、「20%ルールの時間」を使って、社内で個人の有志を募ってアイデアを事業化することがスタートかもしれません。だんだん面白みが増し、実現可能性が見えてくると、50%、１００％とかける時間が増え、巻き込む人も増えていくでしょう。このとき、組織がしっかりしたサポートを行えるかどうか、どんな支援をするのがいいのかを設計することが、芽を潰さないために重要になってきます。これまで担当リーダーや上司が片手間に判断してきたかもしれませんが、この丁寧さが生死を分けると言っても過言ではないでしょう。つまり「権限を、誰にどう付与するか」や「新しい活動に経営陣がコミットすること」を、しっかり設計する必要があります。

実際、新規事業の芽を「採用」と判断する前の段階では、扱い方が非常に難しい。社内での立場が中途半端だからです。まだ会社がコミットしている事業ではない。けれどもリーダーとしては、少しでも実現可能性を上げて会社に認めてもらいたい、と思っている。経営陣は3つのC（Customer／Competitor／

図9-3「芽」を育てるシステム

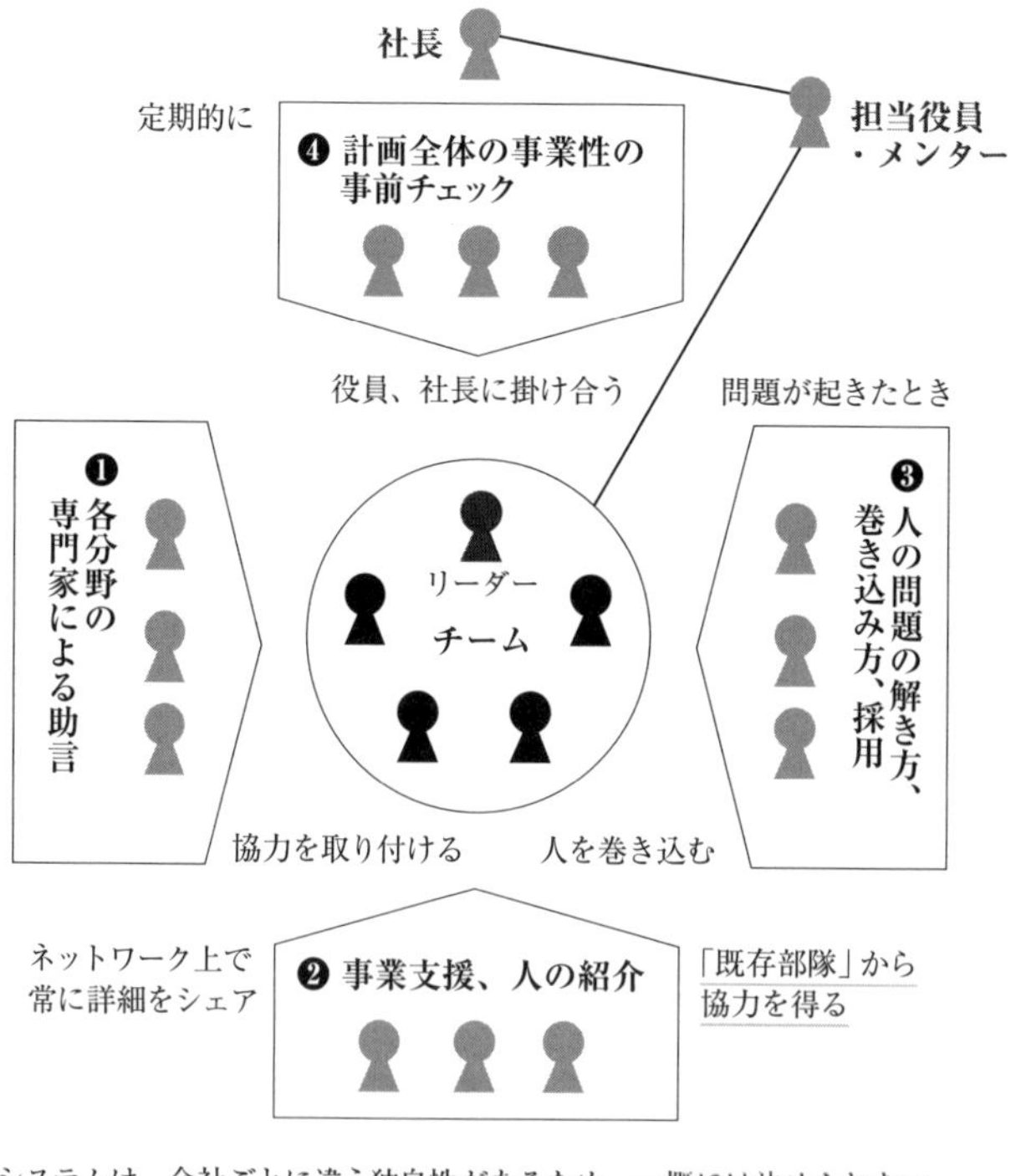

注：組織のシステムは、会社ごとに違う独自性があるため、一概には決められない。
上記は組織の「箱」ではなく、複数の人が連携して1つの「システム」として機能するプロセス。

Company）を問いたいが、前述したようにこの段階でこれを厳しく問うと、芽自体が潰れてしまうかもしれない。逆にここで支援をしないと、やはり芽は潰れる。

では、芽を育てるためのシステムとは具体的にどういうものでしょうか。組織運営の中で、先ほどお話しした「20%ルールの時間」を活用した場合を想定してみましょう

リーダーは、最初は仲間を集める。上司に掛け合って情熱があるチームメンバーを集めます。チームができると、サポートしてほしいことが大量に出てきますから、ここに社内外の適材を手配する。皆、フルタイムではなくパートタイムですから、そのスタンスは様々です。

①「各分野の専門家による助言」：内部だけでなく外部も含めアドバイスをする人。

②「事業支援、人の紹介」：ネットワーク上で情報を常時シェアしておき、問題発見のサポート、人の紹介などの形で事業支援をしてくれる人。

③「人の問題の解き方、巻き込み方、採用」：問題が起きたとき、様々な方向から助っ人となってくれるような人。

④「計画全体の事業性の事前チェック」：定期的に事業性をチェックし、社長や役員に掛け合ってくれる人。加えてセレンディピティを実現できる場を紹介できる人。セレンディピティとは多くの経営者が重視している重要な概念です。「ある場所で偶然、隣同士に座ったことから関係が生じ、そこから事業が生まれた」「全く知らない業界だったけど、人間性が素晴らしかったので（彼・彼女の）事業に興味を持った」など、偶然の出会いが意外と大事な役割を果たし、結果的に何か新しいものを生むという考え方です。

新規事業の芽が正式に採用決定となる前に、一部でもいいのでこうしたシステムをつくって運用しておきたいものです。この設計は社内に限りません。組織の外部への接点として、提携パートナーとの関係のデザインも重要な課題となります。また、新規事業だけでなく、既存事業の再生などでも同様の支援システムを設計し、運用することは大事です。

このようなシステムをつくるということは、案件支援室などの「組織の箱」をつくって、予算を与えるだけで終わりではありません。定期的な会議体をどう設計するのか。困ったときの相談窓口は、どこの誰か。社外のプロとどんな関係を築くか。社長や担当役員を含め、意思決定をどう運用するのか。既存部隊からの協力をどう得るのか。ヘッドハンティングは有効か。これらのソフト面をしっかり設計する必要があります。

よく「出島をつくろう」という発想が出ますが、途中で肝心の役員のコミットがなくなったり、あるいは担当役員が代わって新任役員が実現可能性だけを厳しく問うたりすると、チームが厳しい状況に陥る場面もあるでしょう。また、経営陣が「頑張りたまえ」と様子見で丸投げしている状況も良くありません。

夢と情熱

組織の中で新規事業に挑戦する人は、常に「いつ失敗の烙印を押されるか」を恐怖に感じているため、支援の姿勢はとても大事です。もちろん「失敗こそ勲章だ」という価値観の会社であれば、それをしっかり人事評価に組み入れればいいでしょう。しかし、それとてなかなか実現できない会社も多いように感じます。

逆に自分軸が明確になってくると、そこに強い情熱を持ち始め、「夢」にまで至ることがあります。例えば、国内事業を中心としていた企業のキーパーソンが、これまで社内で何度も失敗してきたグローバル事業に目覚め、過去の失敗から学んで、今度こそ絶対成功するまでやると決め、そしてそれを「夢」とするようなケースです。本気の夢を持つことは、経営目線で見ても、とても大事なことになっていくことでしょう。

また、新規事業や事業転換を行うとき、そこをリードするチームが「注目されている」ことだけでも十分なモチベーションになります。一番良くないのは、経営陣が「新規事業を立ち上げてください」と指示だけして、後は経営としての関心を失ったり、「良さそう」な結果だけを待ってそこに乗っかろうとしたりするような態度です。現場の人間はそれをよく見て敏感に肌で感じ取りますから、そのような態度では、組織のモチベーションの良いサイクルは生まれません。要は経営陣も一体となって挑戦する姿勢が大事である、ということになります。

経営者もアートを

この点で、社長や役員も創造性やアートを理解し、意思決定時に感性的な視点を取り入れることが大事でしょう。そのために、アートや文化芸能に触れる経営者も多いようです。先日、江戸浄瑠璃系三味線一中節宗家、都一中先生と対談させていただいたとき、三味線の音色や魅力、人の創造性の素晴らしさなどを教えていただいたのですが、先生が教えていらっしゃる方の中には経営者が多いそうです。経営者として豊富な経験と優れた感性がある方の中には、「現代の諸問題を解決する答えはすべてこの（三味線の）中にある」と言われる方もいらっしゃるとのこと。中には「経営が厳しくなるとお稽古に来られ、お稽古しているときは経営から離れる。すると違う発想、いいアイデアが浮かぶ」という方もいるそうです。役割としてはアート思考ととても似ていると思いました。音がたくさん詰まっているわけではないのに、一本一本の弦が奏でるシンプルな音から、とても豊かで神秘的な情景を思い浮かべることができました。

イノベーティブな組織とアート思考

では、経営目線でアート思考を捉えると、どのような意味があるでしょうか。

結論から言うと、アート思考は、今関心が高まっているイノベーションを起こすための「地ならし」であり、その「突破口」になる、ということになると思います。そして組織的な変革の「楔（クサビ）」となる、とも言えるでしょう。

❶挑戦しているところを見える化する

企業内でイノベーションを生むために挑戦することは、社員にとっては通常、大変なリスクを意味します。既存事業を進めたり、改善したりするよりも、はるかに難しいからです。挑戦する人に対して、「そんなに難しいことをやるより、今の事業のままでいいじゃないか（そのほうが出世できる／組織の中で生き残れる確率が高まるよ）」といった先輩や同僚の声もよく聞かれるようです。けれども経営の視点からは、それでは既存事業が縮小するのを座して待つのみ。企業は縮小していってしまいます。

そこで経営陣は、エース社員や面白い社員を集めて、「イノベーションを起こそう！」と新規事業チームをつくることになるのですが、そのとき、経営陣としてやるべきことがあります。それは、「我が社は挑戦する」と宣言し、「挑戦しているところを見せる」ことです。

イノベーションを起こそうと口だけで言って、何もコミットしなければ、誰もリスクを取らず、新規事業チームも「すぐに結果を出さなければ、はしごを外されるのではないか」という恐怖と闘わなければならず、結局、イノベーションは生まれないでしょう。具体的には、例えば、経営陣自らがイノベーションチームのリーダーになって、陣頭指揮を執る。社外の経営者とタッグを組んで、新しい事業を起こしてコミットするのも一つの方法でしょう。社内でリスクをとって挑戦している人を、結果が出る前から思い切って引き上げるのもいいかもしれません。大事なことは、経営の意志を「見える化」し、経営陣の行動を「見える」ようにすることです。

❷失敗に寛容になり、心理的安全性をつくる

イノベーションに関わることに強いリスクを感じる要因として、「失敗はリスクである」とい

う既成概念があります。経済が成長していた時代は、失敗は「失敗しなければ売り上げが取れたのに、何をやっているんだ」という機会損失の意味になり、「失敗はしないほうがいい」ということになります。失敗をできるだけ避けることは、その意味において正しかったわけです。

ただ、時代の先が読めず、創造性を扱わなければいけない時代は、正反対の意味になります。「失敗とは、挑戦の結果」になるからです。失敗しないことは、挑戦していないことと同義になってしまうのです。失敗はどんどんする。もちろん先の見えない失敗ばかり繰り返すことは避けるべきです。しかし、失敗から「学べばいい」のであり、「学んで同じ轍（てつ）を踏まなければいい」のです。そのようなスタンスこそが、創造性が出る確率を上げてくれます。

❸情報をオープンにする

貴重な失敗の経験を糧にするために、挑戦の過程と結果はどんどんオープンにするのがいいでしょう。ある会社では数年おきにビジネスアイデアを全社的に募集していました。毎回それなりに良い構想が複数出て採用され、進められていたのですが、これらのアイデアはどれもいつの間にか立ち消えてしまったようです。何度も募集しては、やはり立ち消える、ということが繰り返されました。どのアイデアも成功がイメージできず、投資を続けると会社の資金を食うために止められたのかもしれません。

大事なことは、事業化に向け進んでいく過程で「なぜ、立ち消えたのか」を見せること。「なぜ成功できなかったか」をしっかり分析し、そこから学ぶ。学ぶには、「何に挑戦して、学びは何だったのか」を、社内的にオープンにする。その情報がなくては、何度も同じ失敗を繰り返すでしょう。そしてそのような情報の公開は、何より、組織として挑戦していることがよく伝わる、という副産物を生みます。また、学びが明確であれば、その後に挑戦する人たちにとっての良い知恵になり、成功確率が上がります。

「どうすれば成功するかはまだ分からないが、少なくてもこれをやると失敗することは分かる」。このような段階になってくると、事業のアイデアを出して、実際にそれが事業として成功する確率は上がるし、そのことを遠くから見ている人も、情報がオープンになると失敗しても大丈夫ということを察して、創造性を出しやすくなります。

❹競争と階層感覚を排除する

組織が「過去の成功要因」や「既成概念」にとらわれ、なかなかそこから逃れられないことはよくあることです。既成概念の延長線上で考えることが、いかに創造性の幅を狭めるかについては、これまで説明してきました。組織や人の心理は、なかなか変わらないようです。

例えば、社内の同期・同年代の競争意識などはその典型例です。この競争意識も、皆が同じことを一生懸命やれば成果が出た時代には、ピアプレッシャー（仲間からの圧力）としてうまく機能していたのだと思います。しかし、これからは違います。同期や同年代の社員が、別々の新規事業を担当したとしましょう。それぞれの事業の成長度合いは違いますから、横並びで見ていても意味がありません。事業をしっかり育てること、顧客の視点に立つこと、そこから学ぶことのほうが、競争意識よりもはるかに大事です。むしろ互いに連携し、ノウハウを交換して、一緒に成長していくほうがずっと効率的でしょう。

また、デジタル化の名の下に、せっかくＳＮＳなどを導入しても、若い人たちで実験している段階まではよかったが、そこに上司が入ってきた途端にフラットな雰囲気がなくなり、忖度の嵐になる。そこかしこで聞かれる現象ですが、これも完全な間違いです。過去の成功要因であった「階層意識」が復活し、創造性を生む心理的安全性が損なわれてしまいます。創造性を生むフラットな感覚を、上司や経営陣である「あなた」が破壊してしまう可能性があるのです。そのような状態だと、部下が考えたアイデアを聞いてちょっと腕組みをするだけでも、部下は敏感に反応し、「まずいことを言ったかな」と感じることもあるようです。相当意識して「どんなことを言っても大丈夫」という雰囲気をつくらないと、組織から創造性は出てこなくなる恐れがあります。

❺アート思考で創造性の「突破口」をつくる

アート思考のワークショップ後、参加された方々と話していて感じるのは、組織のあちこちに創造性の「突破口」をつくることの重要さです。

現場の会議で、創造性が発揮できるような雰囲気をつくると、たちまち（特に若い方から）様々な違った視点が出てくることがあります。論理的思考で様々なことを判断してきたが、そこに創造性の軸、つまり「面白いことを言ってもいいですよ」と雰囲気をつくるだけで、閉塞感が打ち壊され、挑戦心が湧いて出てきます。ここが「突破口」となり、これまでの視点や発想では考えられなかった方向にチームや組織が動いていく。「アート思考の発想と、そこで培ったこの強いチーム意識で、会社を（正しい方向に）変えることができるように感じた」との感想すら聞かれます。

とすると、経営陣から見ると、これ以上の「使える」突破口はありません。

企業再生や組織改革に長く関わっていると、見えてくることがあります。組織課題を解くには、様々な「創造的な発想」を、組織の様々な場所に「打ち込む」ことが有効であることが多いのです。これを「組織の楔（クサビ）」と呼び、組織改革の一つの重要な手法であることを、組織改革を得意とする先輩から学びました。組織の各所に「創造性を積極的に取り入れてみよう」という姿勢でリーダーやチームが臨むことが、まずは肝心です。

COLUMN

組織力を強化するために

グローバルトップを目指す会社、チームは今、何をやっているべきか

ラグビーのニュージーランド代表「オールブラックス」は、なぜ強いのか。それは、常に「世界一を目指すチームは、今、何をやっているべきか」ということから発想するからだそうです。ビジネスで言えば、その領域でグローバルトップを目指す会社、チームは今、何をやっているべきか、と言い換えることができます。

グローバルトップを目指す会社のチームは、言い訳はしないでしょう。結果をすべて受け入れ、全部自分の責任と捉えて、日々自分たちでできる努力をするはずです。同様に「誰にも負けない訓練に耐える」こともしているはずですし、できるはずです。

グローバル戦で世界のトップになれるようになりたいし、そのような時間の過ごし方をしたいと思う会社は多いでしょう。仕事が人生のうちかなりの時間を占めるのであれば、なおさらトライすべきです。広い市場のトップは無理でも、ある特定のニッチな市場なら世界一を目指せるかもしれません。

無理だと思いますか？　誰が無理と決めたのでしょう？　ここでも、自分の限界は自分の脳がつくる、ということが言えます。

毎日１０１％の成長

よく言われることですが、「昨日より今日」。少しでも小さな挑戦を積み重ねていくと、仮に昨日と今日の違いは１％だったとしても、１年で $(1.01)^{365}=37.8$。実に40倍近くになる計算です。

もちろんこれは数学の上のことであって、実生活で筋トレ時間を毎日１％ずつ増やしても、１年で40倍の筋肉が付くわけではありません。現実には成果は累乗で伸びるものではなく、上昇カーブはだんだん緩やかになる。けれども少しの頑張りを継続すると、いつか誰も追い付けないレベルに至る、ということはお分かりになると思います。そしてその努力が、土壇場で最大のモチベーションになってくれます。

COLUMN

空、雨、傘で考える

ここでは課題解決の際に使い勝手が良い考え方、「空、雨、傘」についてお話しします。本質的には7章で説明した「事業構想の枠組み」と組み立ては同じで、これを分かりやすくしたものです。ビジネスだけでなくプライベートにおいても、ポイントを押さえて整理し、簡潔に説明しやすくなるので、様々な場面で考え、使ってみましょう。

なお、英語で言うと、「空、雨、傘」は、Situation＞Complication＞Resolutionとなります。

①空＝課題解決の前提となる現状認識、すなわち「ファクト」をまとめたものです。天気予報で言えば、まずは「空を見てみましょう」「天気図を見てみましょう」ということですね。事業構想で言うと、「事業環境の整理」に当たります。ここに「解釈」を挟んではいけません。必要なのは、誰が見ても意見の違いが入り込まない「事実」のみです。自社や自グループの財務分析を一通りやって、置いておくといいでしょう。誰が見ても変わらないものですから。

②雨＝事業環境を整理し、ファクトを認識した後、そのファクトが自社にとってどのような「意味合い」を持つかを解釈します（またはシンプルに課題を指すときもありま

す）。数値から分かる「意味合い」は、次に「打ち手」を考える際にとても重要です。なぜ「雨」と言うかというと、天気予報では「この気圧配置なら、雨になりそうだ」と推測しますよね。ただし、一口に雨と言っても、小雨が長時間続くのか、突然の雷雨になるのか、天気図の解釈次第で予想が大きく変わります。ここが重要なところです。

③傘＝「打ち手」を表します。「雨が降る」と解釈した場合、「打ち手」は「それなら傘を持っていこう」というものだけかというと、決してそんなことはありません。「車で移動する」「地

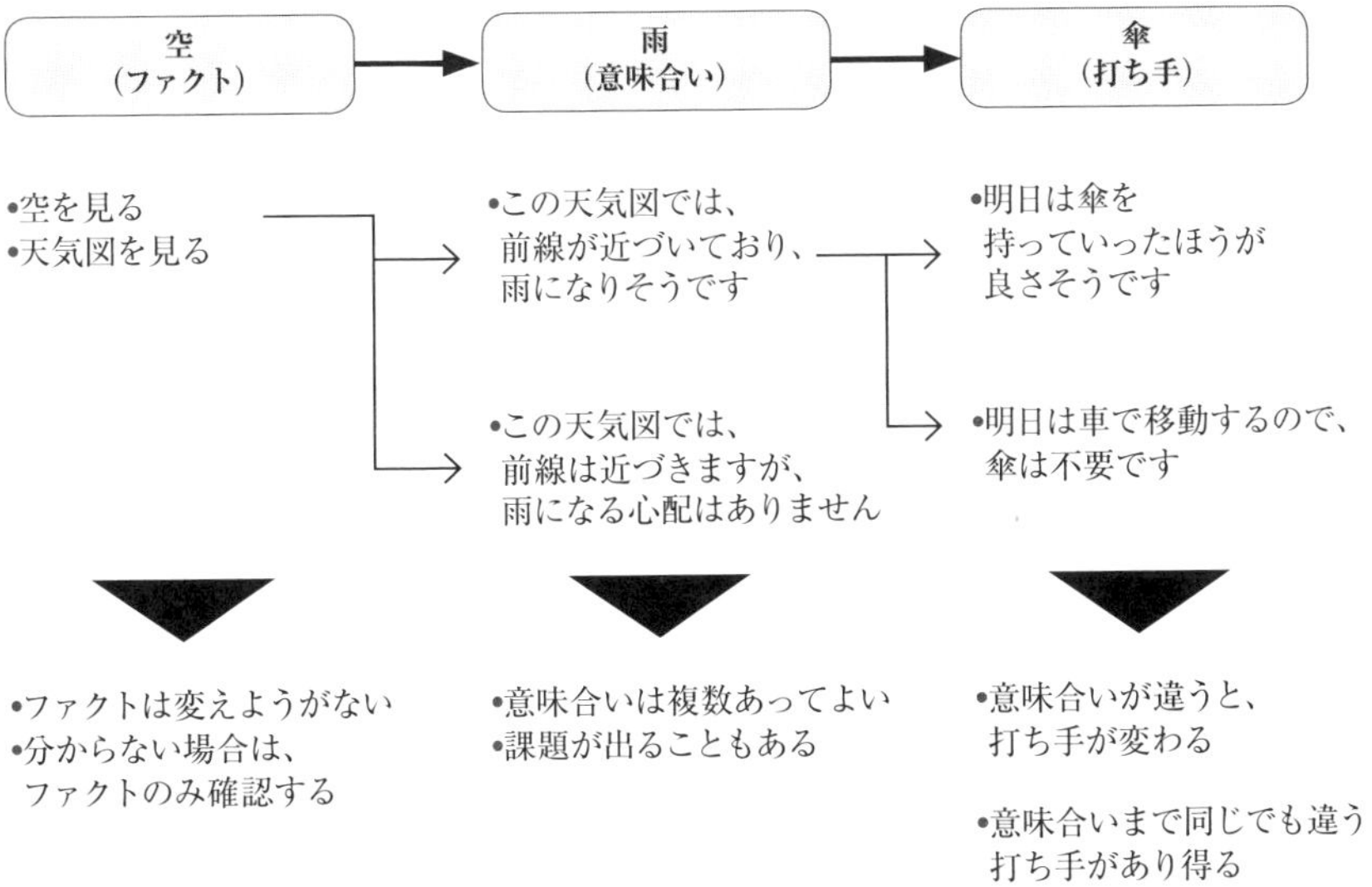

図9-4 空・雨・傘

下街を移動する」など、様々な「打ち手」が考えられます。

大事なポイントは、「空、雨、傘」に完全に分割でき、同じ空（ファクト）でも違う雨（意味合い）が、同じ雨（意味合い）でも違う傘（打ち手）が導かれる点です。

例えば、Ｘ社がＩＴ製品を仕入れ販売しているとします。そして、長年取引がある顧客Ａ社がいるとしましょう。Ａ社全体の予算は、来年は減る様子です。ここで空（ファクト）は「顧客Ａ社の予算が減る」となります。雨（意味合い）は、「来年の顧客Ａ社との取引額が減りそう」です。何とか手を打たねばなりません。そこで、傘（打ち手）として「当社への予算を減らすのをやめてもらうよう、Ａ社の社長に頭を下げに行く」という選択が考えられます。これも立派な打ち手です。一方「頭を下げるだけではあまりに無策だ」という考え方もあるでしょう。「予算が減りそうだから増やしてもらおうというのは『コインの裏返し』。頭を下げて売り上げをつくれるのもあと2～3年が限度だろう。ここで抜本的な打開策を講じなければ」と。

そもそも雨（意味合い）の段階で、別の解釈はなかったのでしょうか。「なぜ予算が減るのだろう?」「なぜ当社へ予算を回す可能性が低いのだろう?」と、なぜ?を繰り返してみましょう。すると、Ｘ社の製品とほとんど同じ機能を提供でき、もっと安い価格の競合製品が出てきていることが分かりました。であれば、雨（意味合い）は「自社の既存製品では顧客ニーズを満たせなくなった」となるかもしれません。すると「最新の高機能製品の扱いを増やす」という傘（打ち手）も考えられるし、「売りっ放しではなく、手厚いサポートも含めたコンサルティング営業を強化する」という傘（打ち手）もあり得ます。

　このように、なぜ？を繰り返すと様々な意味合いと打ち手が出る可能性が高まります。ただ、この手法は多くの会社で既に使われていると思います。とすると、競合相手が同じファクトから同じ意味合い、同じ打ち手を導き出すことも考えられます。

　先を予測しにくい時代がきているということは、ファクトから意味合いを導くことも困難になっているということです。論理的に課題解決を考えるための「空、雨、傘」ですが、様々な視点で捉え、雨、傘を考えるときに創造性を入れるなど、新たな発想が必要になってきているとも言えます。

図9-5 空・雨・傘の例

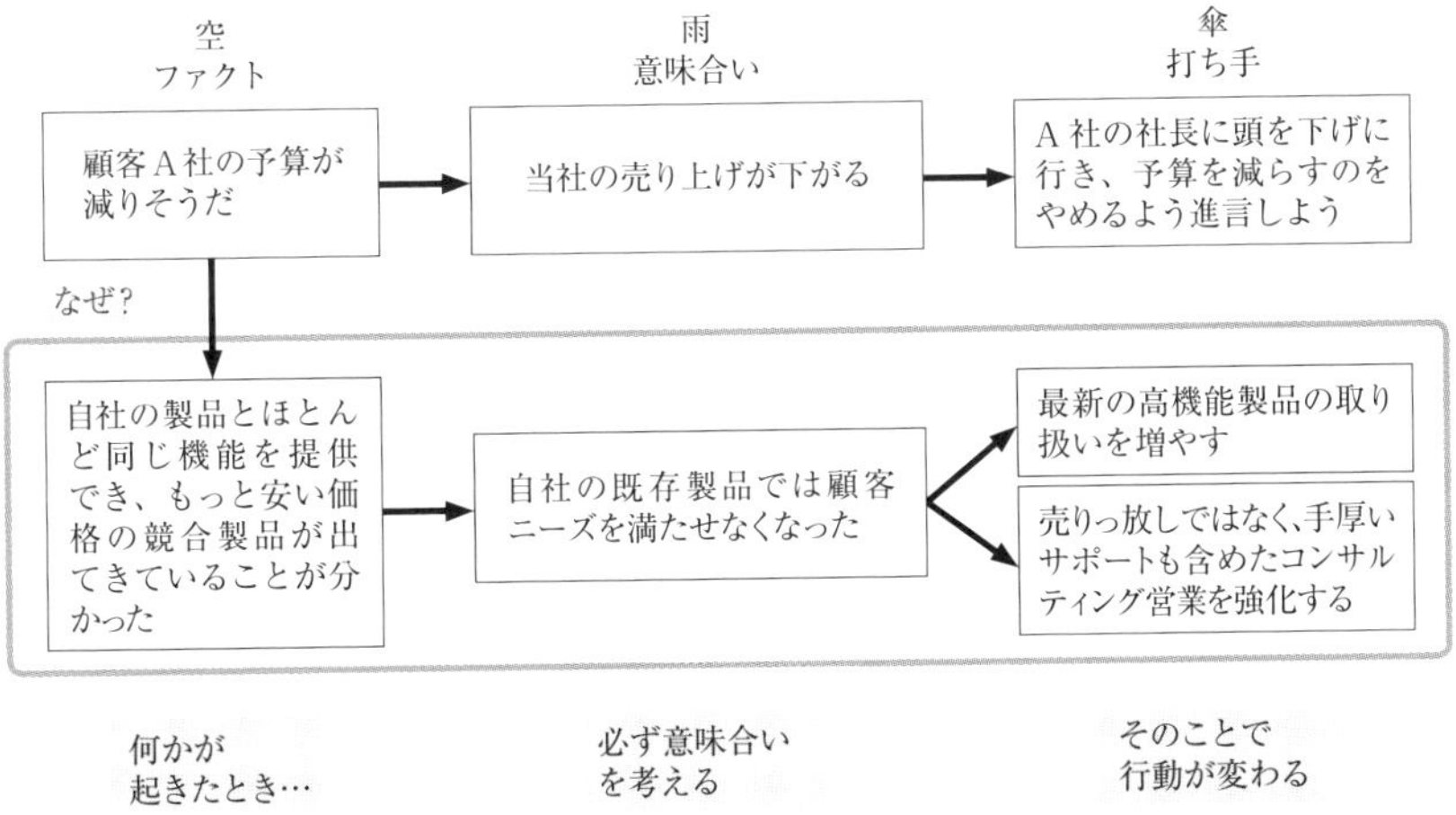

COLUMN

戦略とは

戦略には様々な形があります。ですが、一言で言うとしたら、以下の4つ、またはその組み合わせに尽きます。

「自社にしかできない」
「早い」
「うまい」
「安い」

特に、ものづくりの歴史を持つ企業は「うまい」で勝負しがちですが、それよりも他社にできないことをしたほうが、はるかにもうかります。「うまい」ということは、既に市場があり、場合によってはレッドオーシャンになっている可能性があるからです。

そもそも企業とは、社会に貢献してナンボであり、社会の価値をつくり、価値を広げ、分ける仕組みです。同じ市場に複数企業が殺到したら、主導権は顧客になり、価格は下がり（顧客から見れば良いことですが）、利益がなくなっていく運命にあります。他社でもできるのだから、あなたの席はないよ、ということです。ある意味、「業界」があるところは、すべてレッドオーシャンと言えると思います。また「これから来るもの」は何か、についてネットを検索して血眼になって探す方法は、皆が同じことをするので、潜在的にはレッドオーシャン化のリスクをはらんでいます。同じことをすると伸びる、そして安心感があるのは、高度経済成長時代の古い社会の遺伝子のなごりでしょう。

　できるだけ競合が現れない「市場の切り口」を見つけて、そこに市場を新たにつくる。自社または自社のＤＮＡを持った会社しかできない事業をつくる。そうすれば、おのずから、ブルーオーシャンの事業ができるでしょう。そこに「自分の軸」を入れて、「自社で、自分しかできない」状況までつくることができれば、競合がまねできる確率はどんどん減っていきます。社会の中で唯一の役割が担えるわけです。

　例えば、誰もリスクを取りたがらない中で、他社が気づきにくい（でも自社だから気づける）全く新しい価値の源泉を見つけてリスク領域に入り込むモデル。顧客との関係を自社しかできない唯一無二のものに変えて、そこから新たな事業の柱が見えたときには、誰も入ってこられないようになっているモデル。このようなイメージです。

　「戦略」という言葉は「相手を打ち負かす」ような意味にも取れますが、ビジネスでは「そもそも相手がいるような市場に行くべきではない」ということが本来の戦略の趣旨です。また、「早い」が「うまい」より先に来ているのもポイントです。「早いほうがうまいよりも戦略的には大事なのでしょうか」というご質問をよく頂きますが、その通りです。早ければ、競合が少ない新しい市場でノウハウを先に学べるからです。競合が入ってきたときには、自分たちははるか先に行っているというわけです。「自社しかできないわけではないけれど、早く陣地を取ってしまおう」という発想です。

とはいえ、競合のほうが後から来て、先行者を追い抜いていくことも数多く起きていますから、油断はできません。特にＩＴ系は、ブラウザも、検索も、ＳＮＳも、本当の先行者が最大のスケール化を実現しているわけではなく、用意周到に後発で入り込んできたプレーヤーが勝利者になっていることもあるので要注意です。逆に言うと、「早さ」においては、1番手だけでなく、2番手、3番手程度まではチャンスがあると思います。

「うまい」については、具体策が比較的思いつきやすいでしょう。例えば、優れた付加価値を持つ製品を開発したり、高いレベルのサービスを提供できる組織を構築したりすることなどがこれに当たります。ただ、既に先行者が（数多く）おり、その中で背比べをしていても、爆発的な成長は期待できないかもしれません。結局、事業づくりが社会の価値配分である以上、競合他社が多いか少ないかが最も重要な判断ポイントになるわけです（皆と似たような発想をすることに警戒心を持つのも、同じ理由です）。

「安い」は、単独では戦略の中でも下位の発想になります。安さのみで勝負をすると、一時期は売れるでしょうが、競合も簡単にまねできますから、その市場での業界全体の利益が減ってしまいます。別の言い方をすれば、お客様のせっかくの「期待」を自ら減らすようなことになります。とはいえ、大阪で「ええもんやすい」というように、自社しかできない、早い、うまいなどの価値とうまく組み合わさっていれば、効果を発揮することがあります。

先に無料で始めるなどもこの応用です。また、最初に顧客基盤を広げることが鍵となる事業で、ネットワーク効果が期待できるような場合には、安さは大変重要な戦略となります。ブロードバンド普及期に、ソフトバンクがルーターを無料で配布したのがいい例です。

ただし、「安くしたら売れる」と安易に考えていると、後から値上げの余地がなくなって、いつまでたってももうからないこともあるし、そもそも安さが顧客の購買決定要因でない場合、期待される事業規模に至らないこともあるでしょう。経済学で「価格を下げると需要が広がる」という理論がありますが、限定された局面では真理かもしれませんが、あらゆる市場が混在して異種格闘技になっている現代の社会では、必ずしも「安くすれば売れる」というわけでもなく、現実は一筋縄ではいきません。

10章

アート思考をさらに理解するための視点

アートとは？

3章でも見たように、アートは常に、今ある表現自体を新しくしていきます。アートの定義とは常に表現のイノベーションでした。そして制作者の思いがあり、美術評論もあります。それらを「勉強」して、アートの世界の見方を学ぶのもいいでしょう。一方でそのような勉強はしなくても、作品を見るまま感じるまま受け止めていていい、とも言われます。

この章では、学ぶか学ばないかという切り口ではなく、また、アートの全体的な歴史や網羅的な発想を捉えるのでもなく、ビジネスの視点から定義を巡るお話をして、アートやその発想法がいかに捉えどころがない無限の可能性を秘めたものか、無意識とつながっているかもしれないものか、人間の創造性そのものなのか、を

図 10-1 アートを感覚で捉える

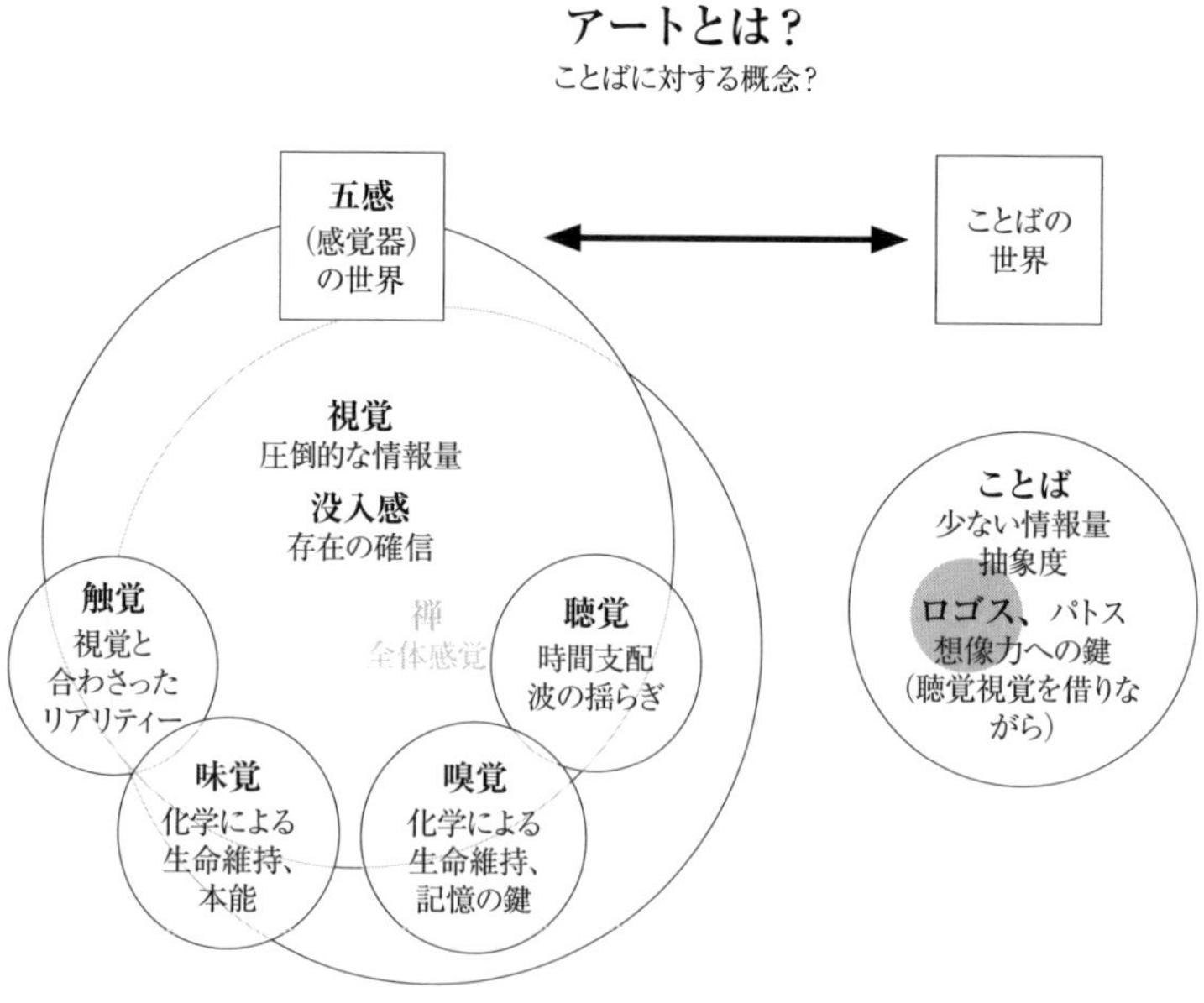

イメージしてみましょう。2018年の夏に京都大学の産官学連携部門のアーツエコノミクスの講演会で私がお話しした内容を交え、ご紹介します。

このときアートとは、「ことば（ロゴス）に対するもの」として定義するところからスタートしてみました。言葉に対するもの、つまり「視覚」です。視覚とは、圧倒的な情報量があり、没入感をもたらし、存在を確信させてくれるものです。

もちろん視覚だけでなく、触覚、味覚、嗅覚、聴覚を含めた「五感」で表せるもの、と定義することもできるわけです。そして五感は組み合わせることができる。例えば触覚は、視覚と組み合わせることで、存在のリアリティーを感じることができる。味覚、嗅覚は、化学構成を「直感的に」知ることで、食べられるか食べられないか、すなわち生命維持と直接つながったり、

図 10-2 アートを美で捉える

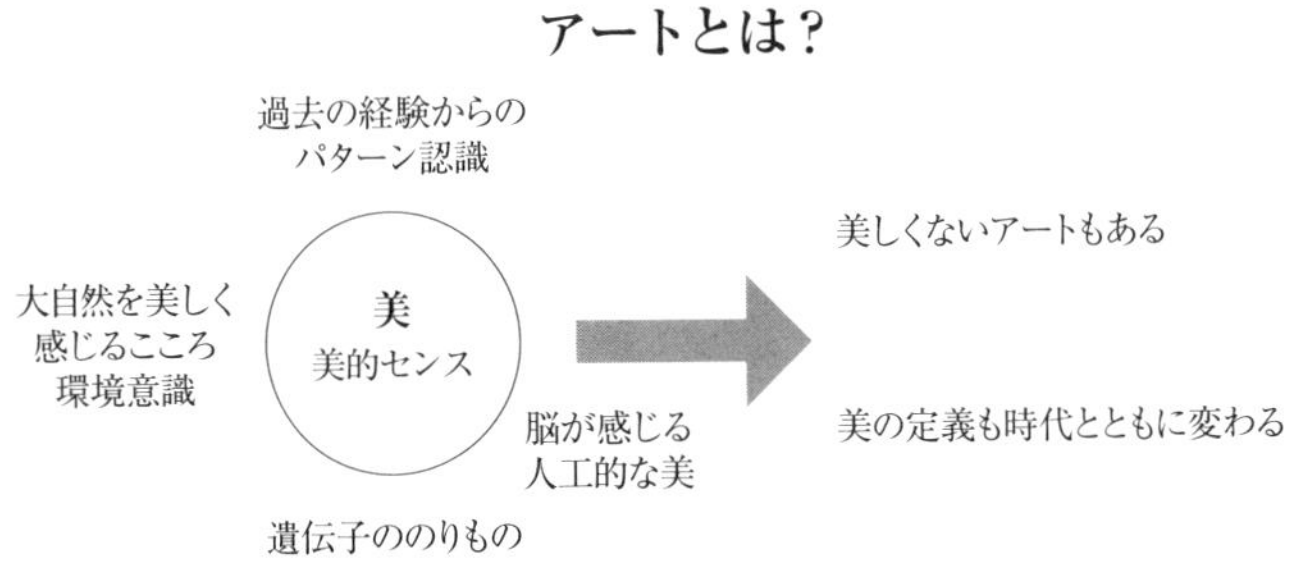

脳の記憶の鍵となったりすることもできる。嗅覚は、雨のにおいと結びつくように、記憶との関係も深いようです。聴覚は音という波を一定時間感じることで、何らかのメッセージを受け取ることができる。音楽がまさにそうでしょう。

一方、これとは全く違う定義として、アートとは「美」である、と定義することもできます。これは大自然を美しく感じる「こころ」とも言えるし、環境意識とも言えます。過去の経験によるパターン認識から、人は自分にとって大事なことを美しいと感じているのかもしれません。数学的幾何学的な図形や模様に美しさを感じることもあります。

ただ、美の定義も時代とともに変わるし、現代アートなどで「これのどこが美しいのか」と思うものが高く評価されていたり、高い値段で取引されたりするのを聞くと、どうも美というだけでは捉えられないな、と思われる方もいらっしゃると思います。

最もアーティストの魂に触れる言い方をするとしたら、「これがアートだと定義したら、その瞬間に、その定義を崩すことがアートである」と言えるかもしれません。

どんどん前提を崩して、人が意図しないアート、偶然性を使ったアートがアートである、というのはどうでしょう。近代美術家で言えば、ジャクソン・ポロックが有名です。糸でつるした絵の具の回転の位置を少しだけコントロールしつつ、図柄を描きました。でも回転自体は重力がつくり出すものです。千住博も、絵の具を上から下に流し、流れる滝を絵の具の流れるままに重力に任せて描いています。

また、「アートとは、分かった瞬間に、分からなくなるもの。分かった気になることが、一番

図 10-3 アートによる定義崩し1

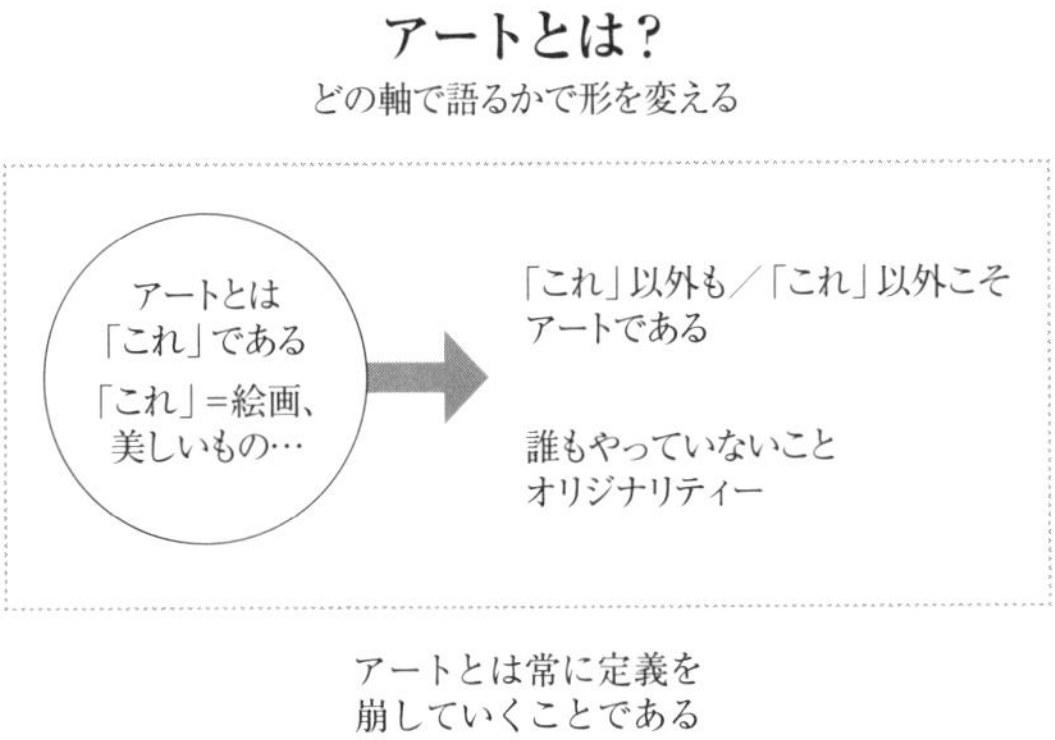

図 10-4 アートによる定義崩し2

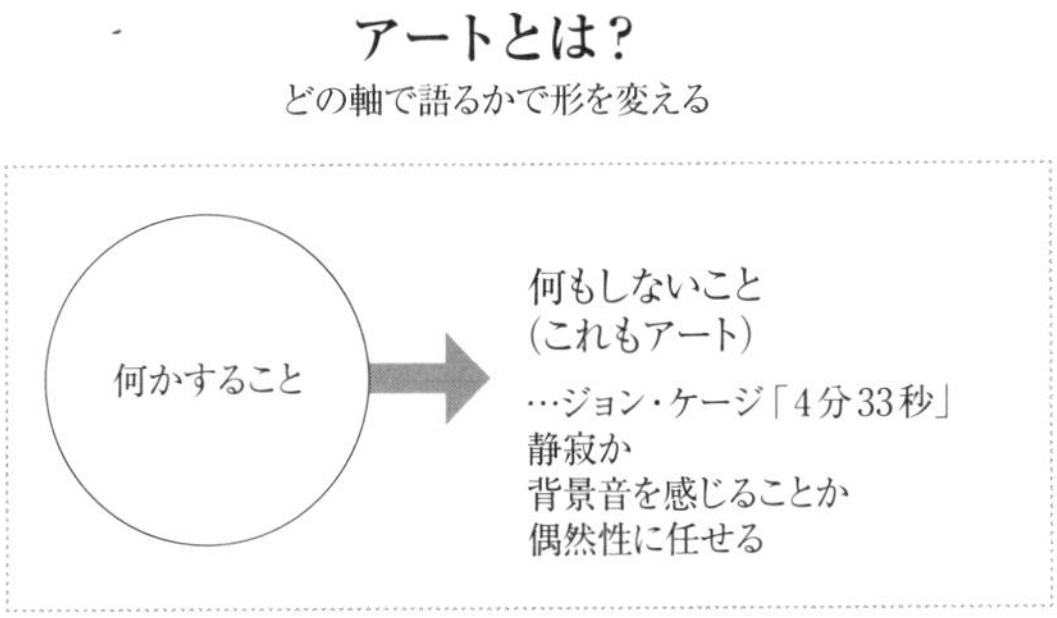

図 10-5 分かった瞬間に、より分からなくなる

アートとは？

分かった瞬間に、分からなくなる
分かった気になることが、一番危険であることを教えてくれている

より分からなくなる
それが、さらに深く分かるための分かり方なのかもしれない

危険であることを教えてくれている。より分からなくなること、それが、さらに深く分かるための分かり方なのかもしれない」という謎掛けのような言い方もあります。

また、最近の現代アートでは、受け手の視点で「どう取ってもいい」「アートとは意味が多義的である」ともいわれます。一方で「つくり手」の視点から見たら、Aは非Aであり、それによってまさにAである（金剛経）との思想に基づき、「自己は自己を否定するところにおいて真の自己である」という哲学的な言い方もできます。このあたりから、「アートとは新たな手法である。表現のイノベーションを常に追い続けているもの」と定義するのが一番しっくりくるようです。

哲学的な言い方も出ましたが、要は「アホなことやれ」という言い方でまとめるところが京都大学の知性の面白いところです。

アートとは、「つくり手と受け手の垣根を越えるもの」という捉え方はどうでしょうか。作家が半分だけ

図10-6 アホなことをやれ

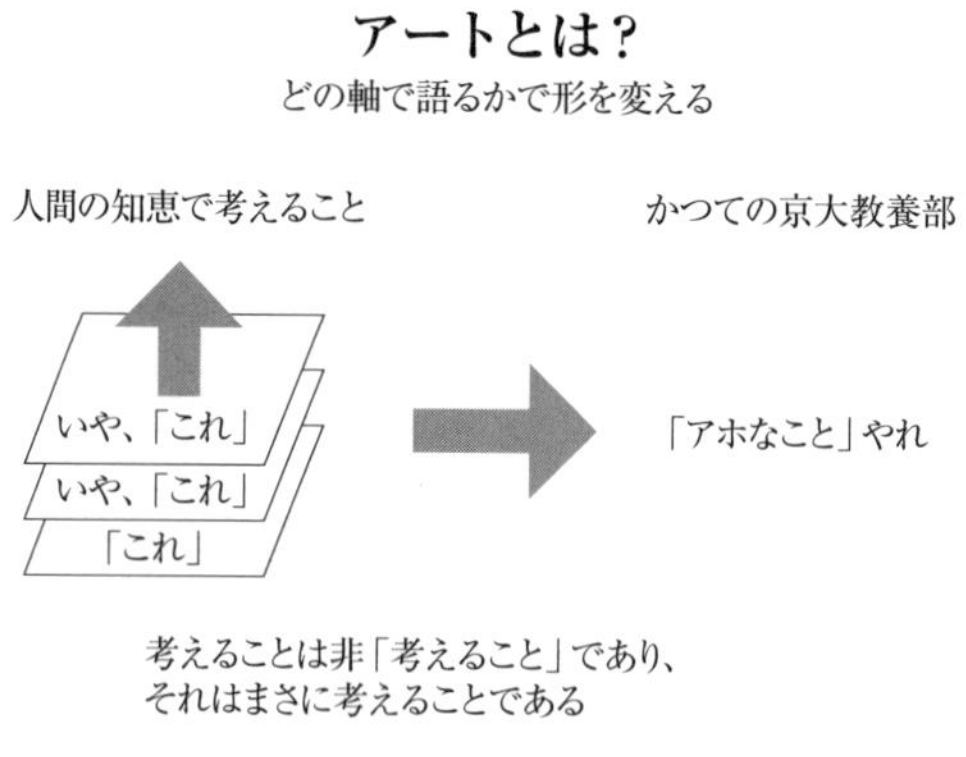

作って、見る側がそこに作品の一部を追加していく。現代アートではこのようなものが増えました。では、どこまでが作家の作品なのでしょうか。作家は場を提供しているプロデューサーだと考えると、どうでしょうか。これはネット上のＳＮＳという場を企業が提供し、ユーザーがコンテンツを独自に進化させてきたことと似ています。最近の現代アートでは増えてきましたが、つくり手が作るだけでなく、受け手や鑑賞者、作品を購入したオーナーが最後の一手間をかけるやり方もあります。

先日、彫刻家の大黒貴之氏に海外顧客への納品映像を見せていただきました。従来は最後のインストールまで大黒氏が行っていましたが、コロナ禍で遠隔地に行けなくなってしまいました。どうしたか。大黒氏は日本からiPadで指示し、オーナーが海外現地で作品のインストールを行い完成する、新しいモデルと言えるものを実行しました。非常に大きな作品なので大変だろうと思いきや、購入したオーナー一家はとても楽

図 10-7 つくり手と受け手で完成させる……+α

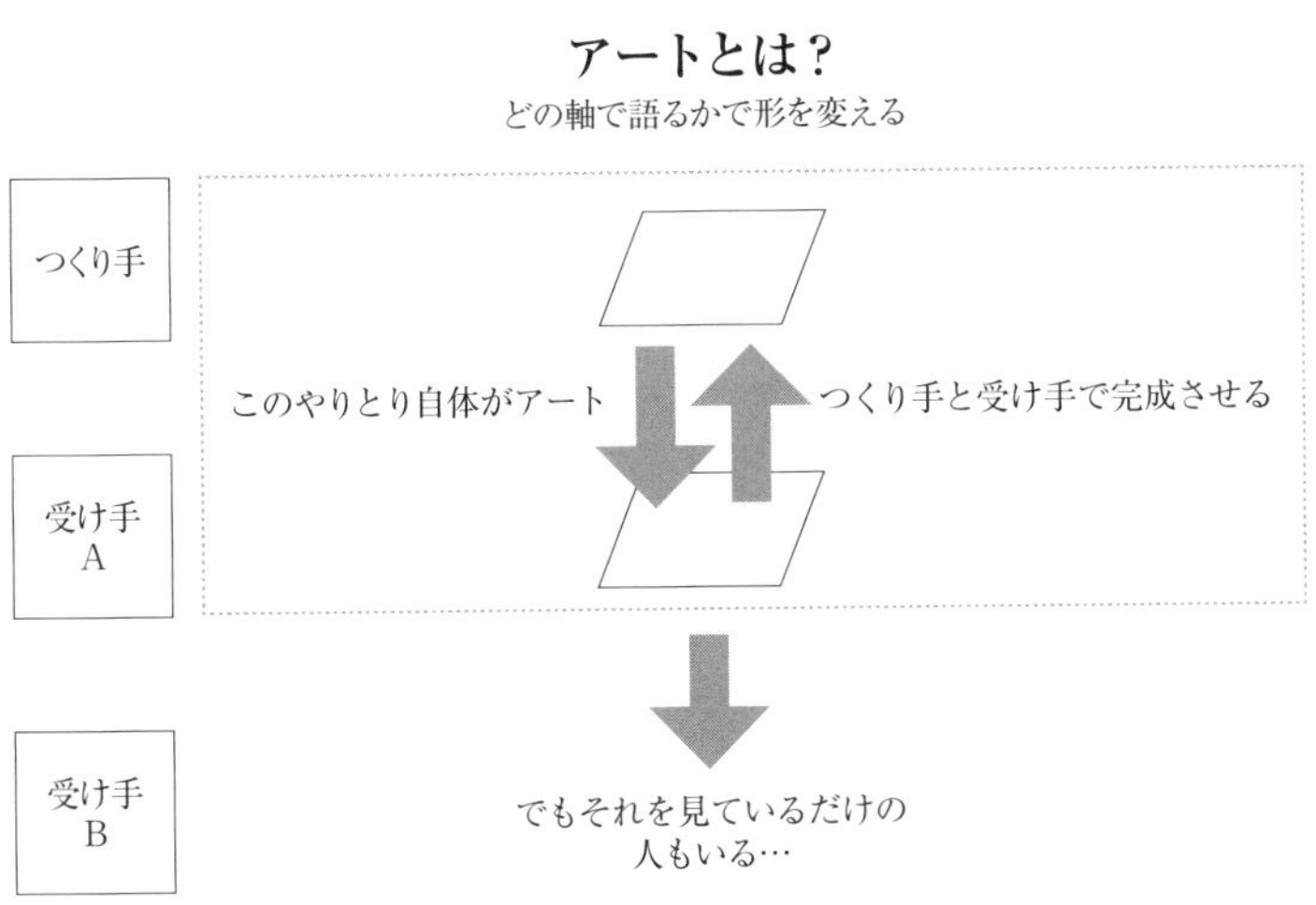

しそうに作業されていて、完成後は非常に満足感、達成感を得ているように見えました。まさにつくり手と受け手が1つのアートを作り出していると感じる事例でした。

「リモート仕上げ」というべきでしょうか。常に何らかの革新性が入っているところも、ビジネス視点からは大いに参考になります。

時間の経過まで入れて「いつが完成か」を問い始めると、さらに定義は広がります。3章でも見たガウディのサグラダ・ファミリアの完成時期がよく話題になりますが、本人は完成形を見ていないわけです。それでも作ったと言えるのか。後の時代の人が加筆した、というような概念なのか。議論が分かれるところかもしれません。

「キワ」を越えることができるものがアートだ、という定義も可能です。世の中にはキワを越えられるものがあると知っているだけでも、「越えてみよう」「越えられないかな」と発想が広がるのではないでしょうか。

以上のような状況をイメージすると、アートとは常に新しい表現を探す中で、様々な「定義崩し」を行っていることがよく

図 10-8 いつが完成？

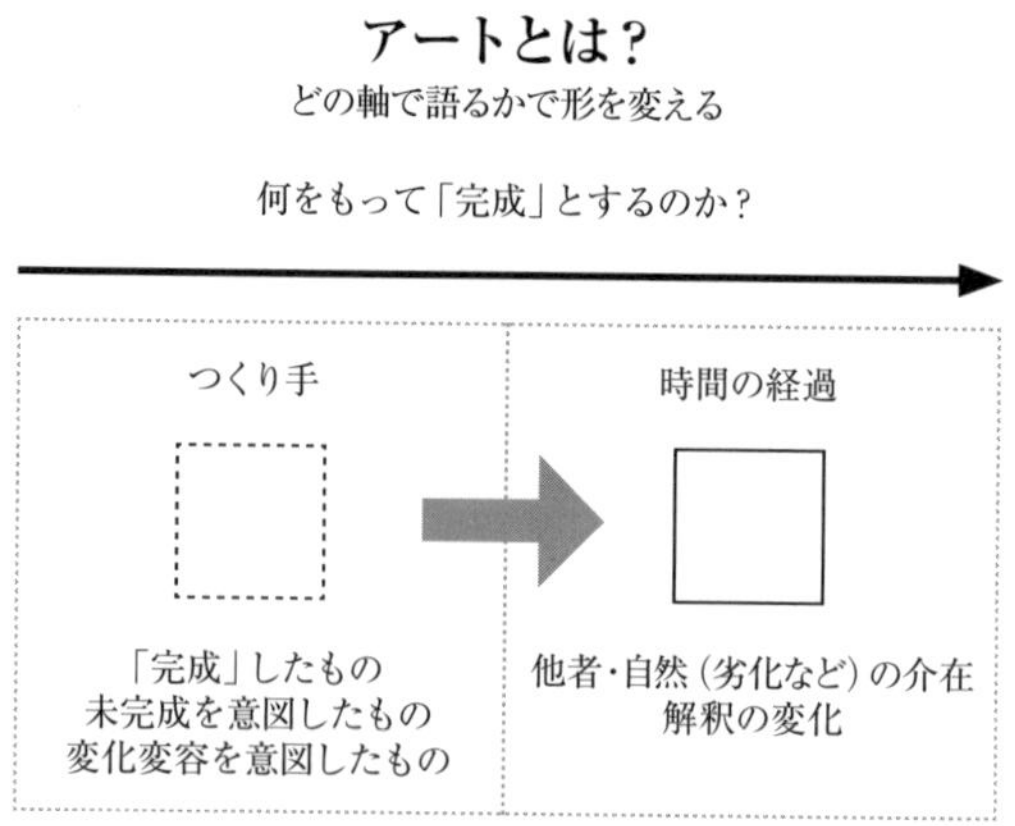

分かります（特に現代アート）。今の定義自体を疑うこと。これは、今のビジネスや世界が大きく変わろうとしている中で、とてもよく似た現象のように感じます。これからのビジネスは、これまでと同じ環境にはない。全く違った視点で見直すべき、定義し直すべきだ、と。

ビジネスパーソンとしてアートに興味を持つ意義は、作品を味わうことだけではありません。物事を常にゼロベースで見直すこと。全く違う視点から、眺めること。全然違うものをつなぐこと。定義を思い切り違うものにしてしまうこと。新しい意味や価値に気づくこと。こういう捉え方を知ると、本当の意義が分かってくると思います。アートと言っても、絵画や現代アートだけでなく、音楽、ロックやジャズ、演劇など、好きなジャンルで深めてみればいいのです。あるいは既にその感覚を無意識に体感していたり、詳しく分析したりしている方もいらっしゃると思います。それらの発想のズラし方を学び、ビジネスに使ってみてはどうでしょう。

図10-9 キワを越える

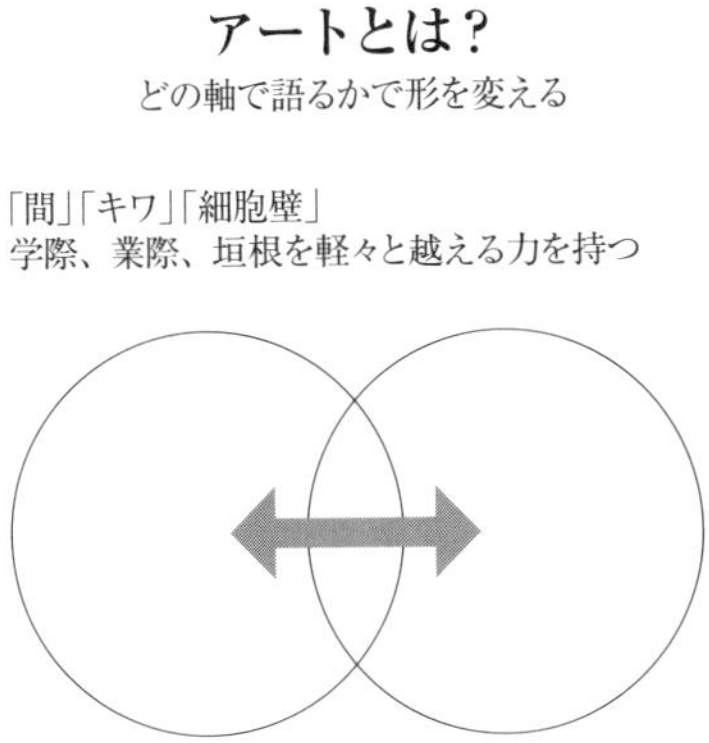

キエン〝アート×ワイン〟

2年ほど前から、自分の内面と向き合い、感性でアートを楽しむ「キエン〝アート×ワイン〟ワークショップ」を主にアートギャラリーで開催しています。アート業界の専門家でありワインにも精通している方と、ソムリエと共に考えスタートしました。「キエン」は「奇縁」、アートとワインの思いがけない出合いを大切にする言葉です。このワークショップでは、人が目、鼻、舌など五感を使って「自由に楽しむ」「それぞれに正解はなく自分の感性で楽しむ」という点を大事にしています。どちらもちょっと難しそうと感じる方もいらっしゃいますが、そんなことはありません。逆にその難しいと感じることを既成概念と捉え、そこから出て自由に感じ発想してみる、これがアート思考で大事なことです。

図 10-10 キエン“アート×ワイン”の様子（都内アートギャラリー）

そのためにも「正解がない」「自由」を大事にした環境――そうです、心理的安全性を確保して行います。知識が必要なのではなく、感じることが大切です。アートとワイン、この2つは一見全く異なるものですが、これらを語るうえで、実は多くが大変似ています。環境、土壌、作り方、こだわり、色、時代背景、イノベーションなどなど。

絵を見て、ワインを味わい、自分が感じたことを、どちらの専門的視点でもない、「自分個人」の視点で「体験」します。どちらの先入観も取り払います。このことで、どの絵が好きか、どのワインが好きかにとどまらず、自分の新たな視点やこだわりに気づきます。アート作品やワインとの距離が縮まり、より深く知り、考えるきっかけにもなります。また、アートやワインとじっくり向き合うことで、苦手意識があった方が「自分の感覚で見たり味わったりしていいんだな」という気づきにつながってもらえれば、という思いがあり

図 10-11　アートとワインの類似性

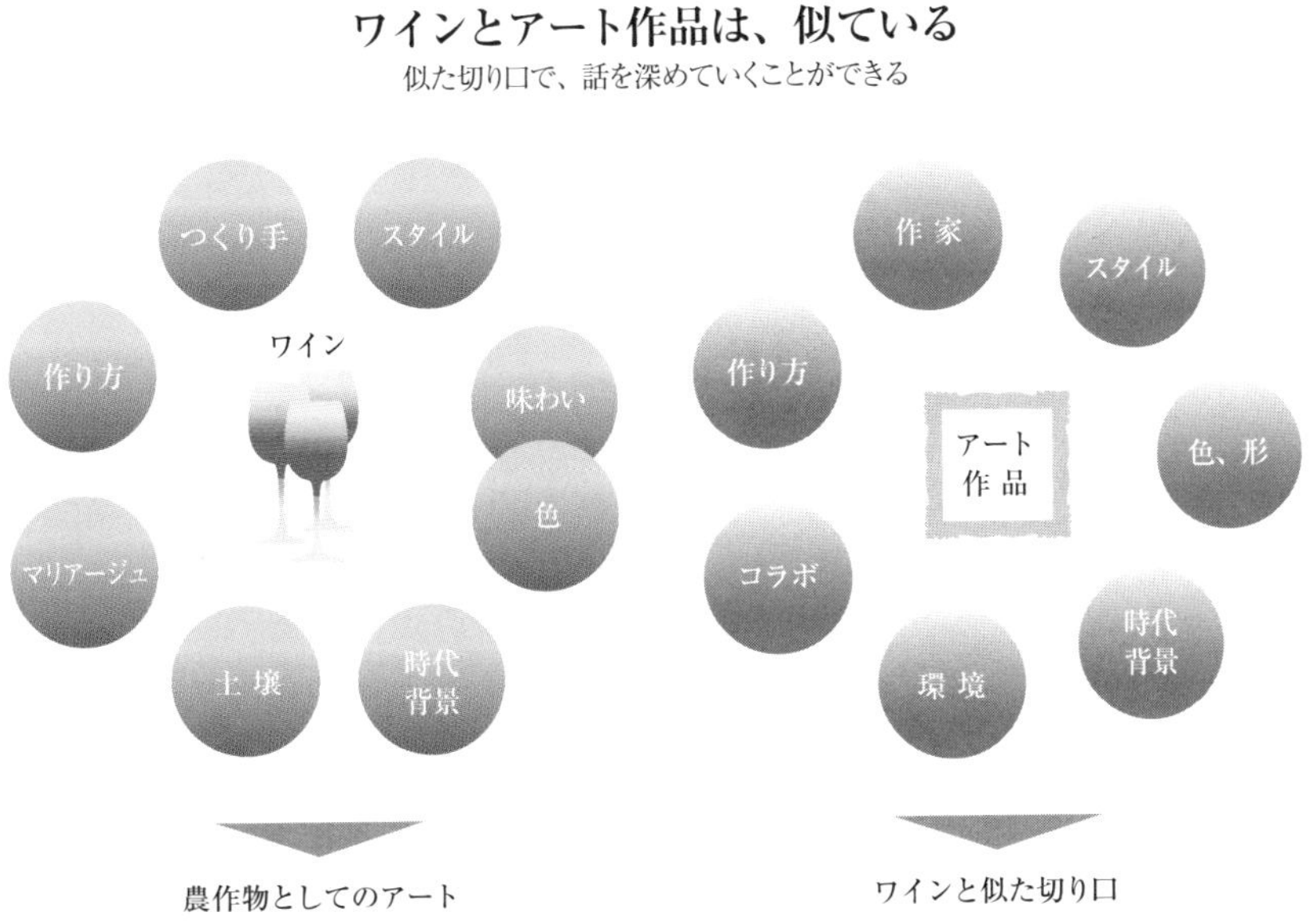

ます。6章で出てきた自己紹介アートで「上手、下手は関係ない」という点を強調している話と全く同じです。感性を開放し、新しい世界観を手にする瞬間です。

アートもワインも知識で分析できますが、それだと自分の感性と対話できるせっかくの機会ではなくなってしまいます。

つまり難しく考える必要はなく、絵を見て楽しみ、ワインを味わって楽しむこと、体験・体感することに集中すればいいのです。さらにワインを味わうと、絵の見方が変わるかもしれません。絵とワインの共通点が見つかるかもしれません。違いが鮮明になるかもしれません。そしてアートとワインへの興味や関心を自

図 10-12 キエン“アート×ワイン”

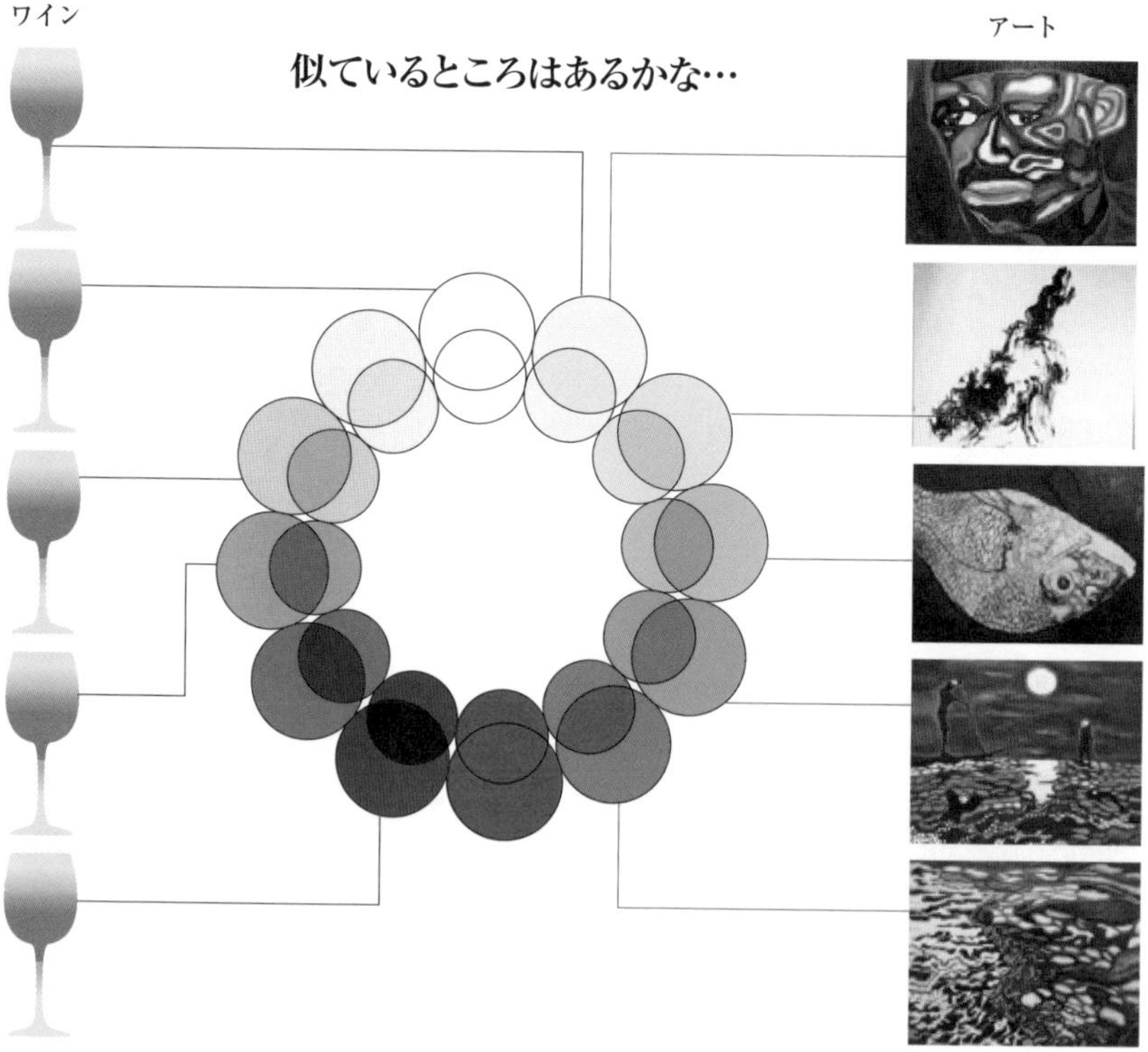

分の感性で高めていただければ、とてもうれしいです。

これも「異質な体験」であり、自分の内面と対峙する大切な時間です。感性を開放し、自由に創造性を出す。アート×ワインに限らず、音楽など様々なものとの掛け合わせで楽しめるものを考えています。皆さんもご自身でアートに触れたり音楽を楽しんだり、踊ったりして、感性を開放して思いっきり楽しむ時間をつくってみてください。その体験、体感が無意識の中に入り、ゆっくりでも何かが変わっていくかもしれません。ぜひご自身の感性を磨いていきましょう。

アート思考とデータ分析

話は変わって「データを感性で見る」話もご紹介します。

アンケートは通常、仮説をしっかり立てて、その仮説を証明するために必要な質問に絞り込んで実施するのが最も有効とされます。ただ、仮説が必ずしもはっきりしない場合は、漠然とした一般的な質問をすることもあります。私がいくつかの企業の新規事業のアドバイスをしている際によく見られるのが、アンケートの回答で上位に位置する項目だけに注目して、他の微妙なトレードオフなどを考えずに、「だからこの新製品は売れる！」と太鼓判代わりに使い、役員会を突破しようとすることです。ではその役員会は、と言うと「アンケートで結果がそう出ているのなら、いいんじゃないか」と、そのままスルーする雰囲気を醸し出していたりします。アンケートの質問が考え抜かれたもので本当に価値があるならいいのですが、あまり仮説を立てないまま

図 10-13 アンケート：食に期待すること

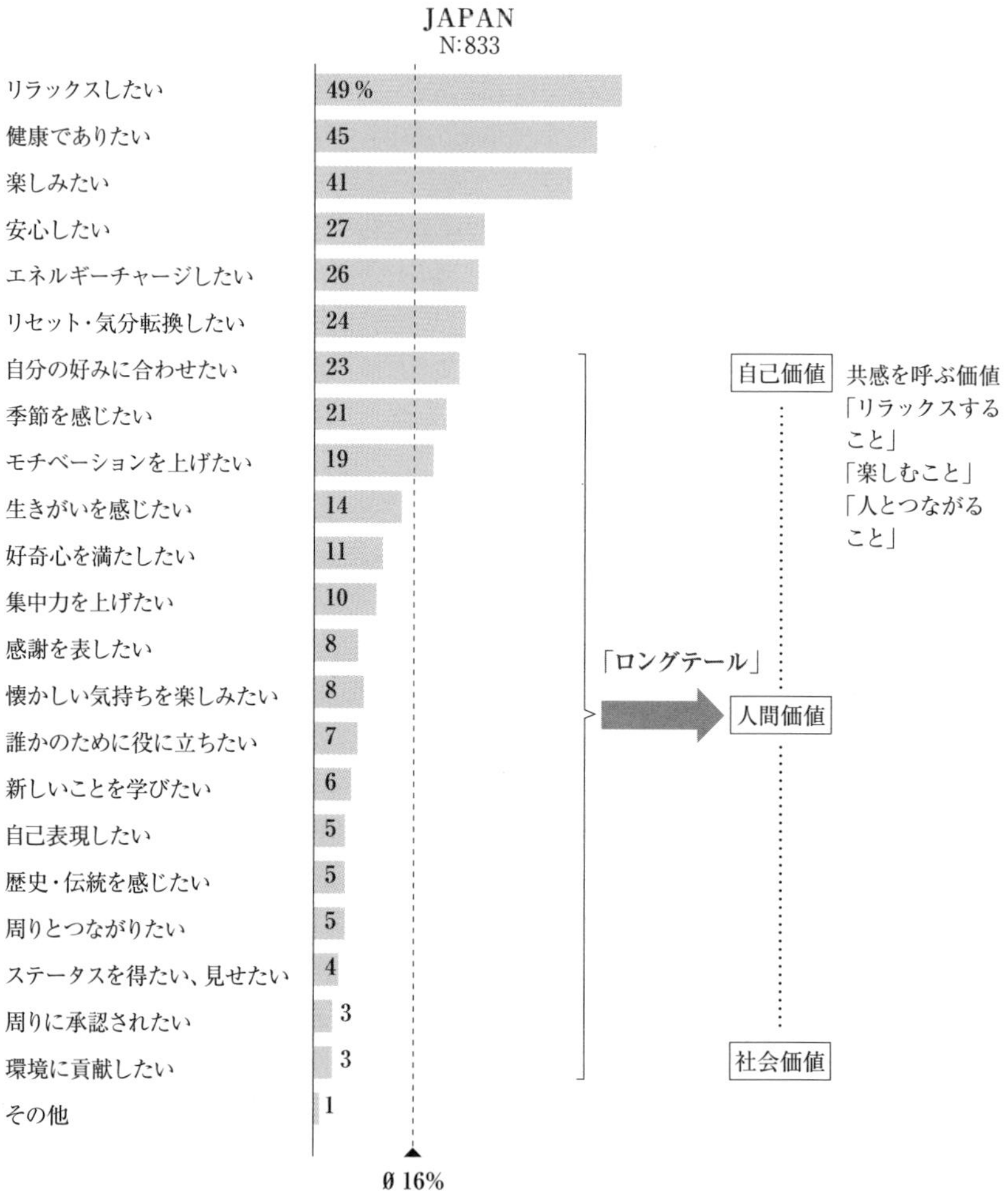

Source：SIGMAXYZ Food for wellbeing 調査（2019年11月）

「思いついた」「ありそうな」項目を並べていることも多いような気がしています。

果たして、それでいいのでしょうか。せっかくたくさんの人の声を集めたなら、もっと活用できるはずです。例えば、コンサルティング会社のシグマクシスさんと「食ビジネス」について考える「食×アート思考」というイベントを行ったとき、消費者が「食に求めること」についてアンケートを使い、ウェルビーイングとは何か、について考えました。右に示したのが、そのときのアンケート結果です。

ここで私は、上位項目ではない部分に注目しました。食で「リラックスしたい」「健康でありたい」「楽しみたい」「安心したい」「エネルギーチャージしたい」のスコアが高く出ていますが、これはよく分かります。スコアが高いものを求めているのは、普通に読み取れます。けれども少し違った視点を持ち込んで、「主従を逆転させて」スコアが高くないところにこそ注目してみましょう。すると、自分の好みに合わせたい、などの「自己価値」や、季節を感じたい、といった「人間価値」、環境に貢献したい、という「社会価値」など、これから大事になりそうで、かつ、今、社会で注目されている価値が「下位」にたくさん並んでいることが分かります。

つまりこのグラフ上の「ロングテール」項目に見える部分にこそ、今後の感性価値が大量に隠れているのかもしれません。そうであれば、この領域の周囲で事業構想の起点を探してみるのも面白いのではないでしょうか。このように、アート思考的に他社と違った視点や視座を持つだけで、気づきにくい意味合いを発見し、異なる思考ができ、同じデータからでも新しい事業を生む可能性を増やすことができます。「本当にそれだけなのか」「もっとこういうこともできるのではないか」など、ぜひ皆さんも様々な視点から物事を捉え、新たな可能性を探っていきましょう。

アート思考はアプリレイヤー

世の中にはビジネス思考（ロジカル思考・課題解決思考）やデザイン思考など、様々な思考法があり、ビジネスの現場に広がっています。しかし、それぞれがどのような関係にあるのか、相いれないものなのか、それとも連携できるものなのか、よく分からない、という方も多いと思います。3章で「デザイン思考とアート思考の連携」について触れましたが、ビジネス思考を含めて様々な思考法をＢＯＤＡＩ式に整理したのが、下記の図です。コンピュータのレイヤーである「物理層→ＯＳ層→アプリ層」に例えてみました。

ＢＯＤＡＩでは、デザイン思考とビジネス思考は思考の「ＯＳ層」、アート思考は思考の「アプリ層」だと考えています。階層的には一番上がアプリであるアート思考、その下に土台となるＯＳとしてビジネス思考やデザイン思考が位置します。ビジネス思考とは、ビジネスで使うロジカルな問題解決思考全般のことです。大き

図 10-14　各思考のレイヤー・イメージ

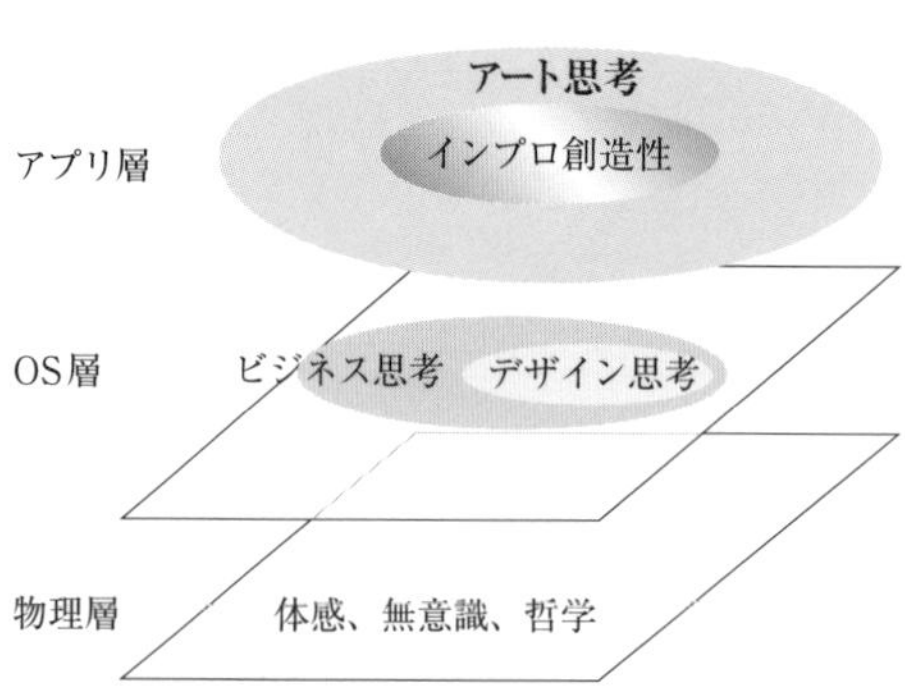

く見ると、デザイン思考もビジネス思考に含まれると言っていいでしょう。

では、そのまた下に位置する「物理層」とは何でしょうか。おそらく、体感だと思われます。身体知という言葉もあるように、意識はされていないが大事な感覚――そうです、センサー開放を行う身体性、身体知や体感体験です。さらに哲学なども物理層にあると考えると、様々な思考法が整理されます。注目を浴び始めた比較的新しいアート思考が体験や体感を重視し、一番下の物理層と相性が良いのも、示唆深いものがあります。

ビジネス思考とアート思考の融合

既に何度もお話しした通り、アート思考をうまくビジネスにつなげることが今、重要になっています。3章で、デザイン思考とアート思考を連携させることの可能性について触れました。デザイン思考を含むビジネス思考にアート思考を取り入れると、ビジネス思考で組み立てていた思考のループが、アート思考を使うことによってもっと広がり、大きな軌道を描くことになります。発想領域や、事業全体の構想を拡大していくようなイメージです。

アート思考はビジネス思考のいろいろな部分に応用できますが、注意すべき点があります。「自分の軸」やこだわりから創造性を出すのは良いのですが、どんな場合も最終的には「市場性」「競合性」「外部を含めた自社」を踏まえた実現可能性を考えねばなりません。

創造性だけがある「糸の切れた凧」ではダメなのです。ビジネスにしっかりつなげる、ビジネスに思考を戻すことが必須です。そのために、構想の初期段階ではアート思考を活用し、中盤から終盤に向けてデザイン思考やビジネス思考の比重を増やしていくようなイメージで進めると効率的でしょう。自分の会社にとって最適なバランスがどういうものか、ここが一番難しいのですが、これは何度も経験して見いだすしかありません。

　これまで様々なパターンのワークショップを実践してきて分かったことは、アート思考は単独のワークショップとしてもできますが、ビジネス思考（デザイン思考を含む）と組み合わせることも可能である、ということです。ビジネス構想づくりの上流に持ってきたり、アート思考とビジネス構築を「一気通貫して」行うこともできる、ということです。アートが様々な領域を「つなぐ」ように、アート思考も「様々な思考をつなぐ」ことができるようです。これは大変大事なことだと感じます。

　このように、アート思考とビジネス思考（デザイン思考を含む）をつなぐ実践が、ＢＯＤＡＩのアート思考の特徴になっています。

アート思考と禅

　レイヤーで言うと、アート思考がアプリ層、ビジネス思考やデザイン思考はＯＳ層という説明を既にしました。このとき、一番下のレイヤーに身体知や哲学が入った物理層が位置します。これには理由があります。

　アート思考では「創造性を無意識からも引き出す」「自分軸をヒントに」ということを言ってい

ます。日常から離れて自分の軸が何かを考える。それも体感を重視して、「身体がこれだと言っている」ような感覚です。このような感覚を重視している思考や考え方とは何でしょうか。最近の言葉で言うとマインドフルネスや瞑想、そして「禅」がこれに近いと言っていいでしょう。スティーブ・ジョブズが禅を大事にしていたことも、ビジネスにとっての禅の効用を裏打ちしているかもしれません。禅などを包括する概念である哲学も、同じレイヤーに入ると思います。

アート思考を実践しているとき、ふと「アート思考は禅と似ているのではないか」という思いが降りてきました。私はもともと禅に興味がありました。特に大学時代、禅の流れを引く西田幾多郎先生の哲学に引かれ、そのお弟子さんの息子さん（高坂正堯教授）の国際政治学ゼミに属していたこともあり、ものごとを「論理的に捉えつつ、同時に全体的に捉える」ことや、そこに矛盾をはらんでいることをむしろ本質として捉えることができることは概念として知っていました。西洋の論理的な学問で

図10-15 アート思考と禅の類似性

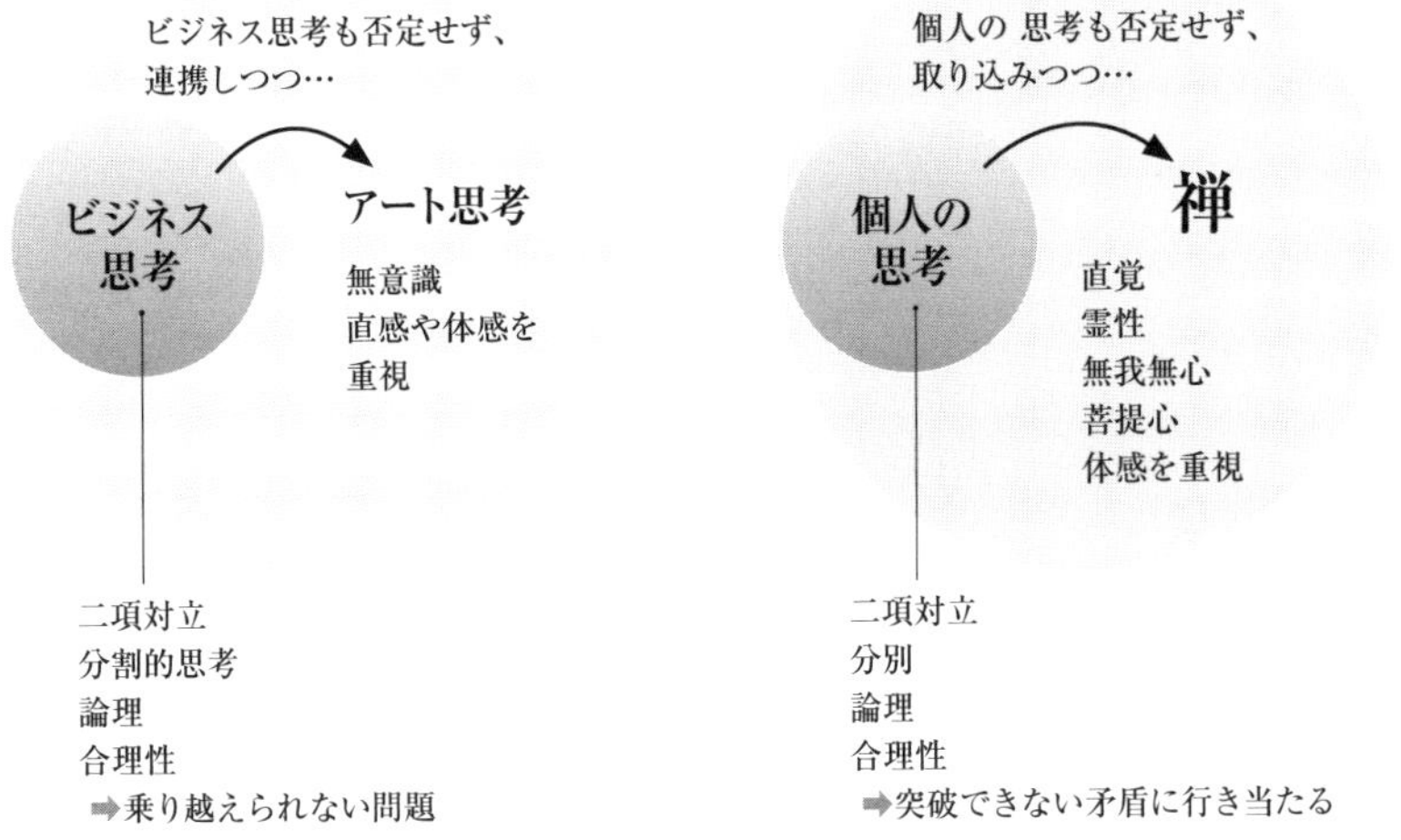

は矛盾を回避し、矛盾がないように体系をつくります。一方、禅など東洋の哲学では、矛盾を全体的に包括して、そこに本質を見いだすので、根本の思考方法は決定的に違います。

特にアート思考と禅が共に「対立しつつ融合するもの」として掲げているものが似ています。アート思考では対立軸は「ビジネス思考」ですが、ビジネス思考の二項対立や論理、分割的思考は、それだけでは乗り越えられない問題を抱えています。そこでアート思考ではいったんビジネスの世界を飛び出て、自由な発想の世界へ出るわけですが、その自由な世界では、直感や体感を重視します。

禅では、対立軸は「個人の思考」ですが、これも二項対立や分別、論理や合理性だけでは突破できない矛盾に行き当たるという問題を抱えています。禅では、それらを包括的に考えることを行い、「直覚」や「霊性」といった言葉を使いながら、かつ体感を重視します。それを無我無心と言ったり、菩提心と言ったりして、世界を体感的に包括的に捉えます。

アート思考では自己探索を重視し、自己探索の力を使って、ビジネスから飛び出ました。事業構想支援でも自己の軸はとても大事な要素です。しかしこの自己が変形し、二項対立の世界、例えば利得や我欲に変わっていくと、結局、元の二項対立を含む既成概念に戻ってしまうかもしれません。それではアート思考を使って既成概念から飛び出た意味がない。そこで禅の出番、なのかもしれません。

禅では「忘我」という言葉を使って、禅的な状態を示します。ある瞑想のお師匠さんによると、アート制作に集中している状態も「忘我」、すなわち我を忘れている状態と同じだそうです。既存の事項から離れるときに瞑想や座禅によって忘我状態に入るように、アート制作も忘我である。

ここにもアート思考と禅の類似性があるのかもしれません。

　アート思考をきっかけに自分軸をより強く意識し、それを維持するためにも、禅的な「包括的」で「統合された」考え方、そして体感や体験を重視することが大切ではないでしょうか。

　この禅には面白い特徴があります。インドで生まれたものですが、インドでは根付かず、中国でも根付かず、鎌倉時代の日本にやってきて根付き、鎌倉武士の精神を支え、熟成しました。その後、長い時間を経て、20世紀になり鈴木大拙からスティーブ・ジョブズにつながり、米国では瞑想サービスという形で大きく成長し、今では日本に「逆輸入」されています。２０２０年には米国のある瞑想ベンチャーは２０００億円の価値があるとされていたようです。つまり、21世紀、論理的な時代が過ぎ去ったとき、日本で熟成された禅的思考や瞑想が、あらためて世界に広がり出している。アート思考が広がり出していることとも何か深い関係がありそうです。

注：参考文献『日本的霊性　完全版』（鈴木大拙著、角川ソフィア文庫、２０１０年）

図 10-16　禅の歴史的・地理的広がり

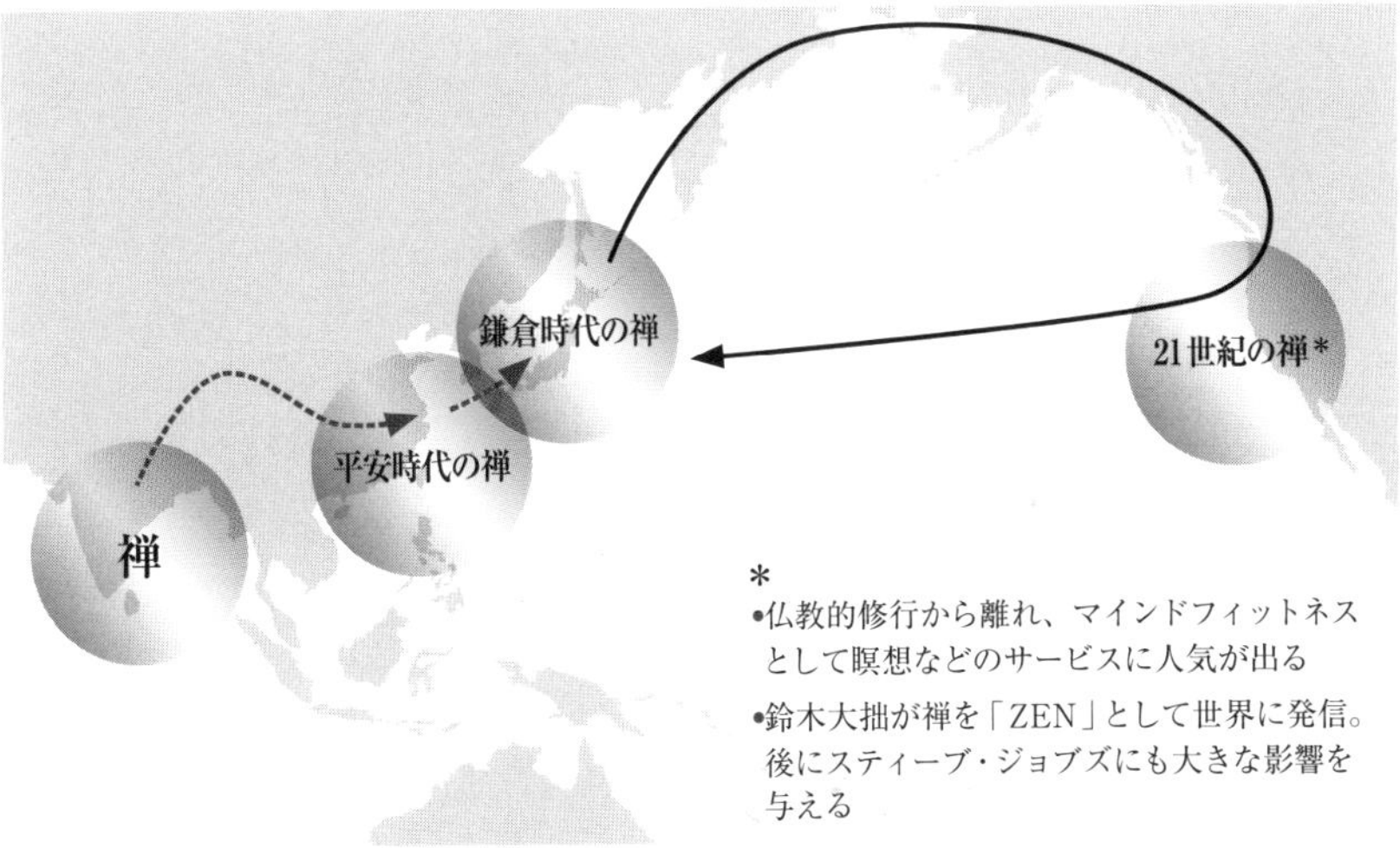

COLUMN

「インプロトロピー」

アート思考でいつも使う2軸、感性（創造性）軸と論理性（実現可能性）軸に、もう1軸「自分軸」を足して立体図にしてみたらどうでしょうか。そのとき、インプロ創造性、そしてそこに至るまでの挑戦の旅と意思決定曲線はどのように見えるでしょうか。2次元で捉えていたものを3次元にしたとき、自分軸がどのように関わるのか。

まずは、いつもの2軸と自分軸との関係をおさらいしましょう。

右上に位置するインプロ創造性をゴールとし、そこを目指す挑戦の旅の途中で、壁や天井が現れます。それらを試行錯誤して越え、役員会などの意思決定の場を何としてでも突破しなければいけません。そのために、自分の意志を持ち、情熱を持って挑戦の旅に挑む。これがインプロ創造性に至るために大事なことです。「全員に納得してもらう」ことだけを念頭に置き発想を出すのではなく、誰か1人でもいいので「心を鷲づかみにする、揺さぶる」といった強い思いで発想を出していくほうが、結果的にうまくいくことが多いように思います。

そして、自分軸を意識して取り組むことは、我を通すということではなく、自分を構成する様々な要素を意識し、ビジネスや社会の中でうまく取り込んでいくことです。もちろん、意に反することや嫌なこともあるでしょうし、反対意見が多く出てそれが天井となって、あなたのやりたいことを阻むこともあるでしょう。しかし、目指すゴールがあるなら柔軟性を持って考え、違う視点でアプローチするなど、あの手この手を使って何とか乗り越えようとすべきです。反対意見があっても自分が否定されていると考えるのではなく、その視点から自分も見てみると、違った情景が広がるかもしれません。その中で、もう一度自分軸を意識してみると、何か違った方法、アイデア、コミュニケーションで壁を乗り越えられるかもしれません。

こういった努力が情熱や執念として表れ、人の心を揺さぶり、壁を乗り越える原動力となります。大事なことは単に自分のやり方に執着し過ぎてかたくなになるのではなく、他人の意見も取り入れ、変えるべきところは変えるなど、柔軟性を持って取り組むことです。難しくても悩んでも、考え抜き努力しましょう。自分のために、自分のこと、自分軸を意識して取り組みアクションを起こすことは大事です。ただ、どうしても無理なときは潔く諦めることも肝心です。

では、自分軸を足した3次元の立体図を見ていきましょう。

注：感性を感じるのは自分だから、感性軸こそが自分軸ではないか、と言うこともできるかもしれません。さらに自分の論理で作る論理性軸も自分軸とも言えるかもしれません。数字のベクトルのように、1つの方向に向かっているベクトルはいくつにも分割できると思います。この辺りの話は、アート思考のために数学の道具立てを疑似的に使っているので、数学的に厳密ではない点に留意してください。

感性と論理性の２軸平面図

まず、いつもの2軸を見ましょう。

斜め上から見てみる

次に、いつもの２軸の平面図を斜め上から見てみましょう。斜めですが、インプロ創造性という目標に向かうのはやはり「右上」になりますね。

図 10-17 いつもの2軸平面

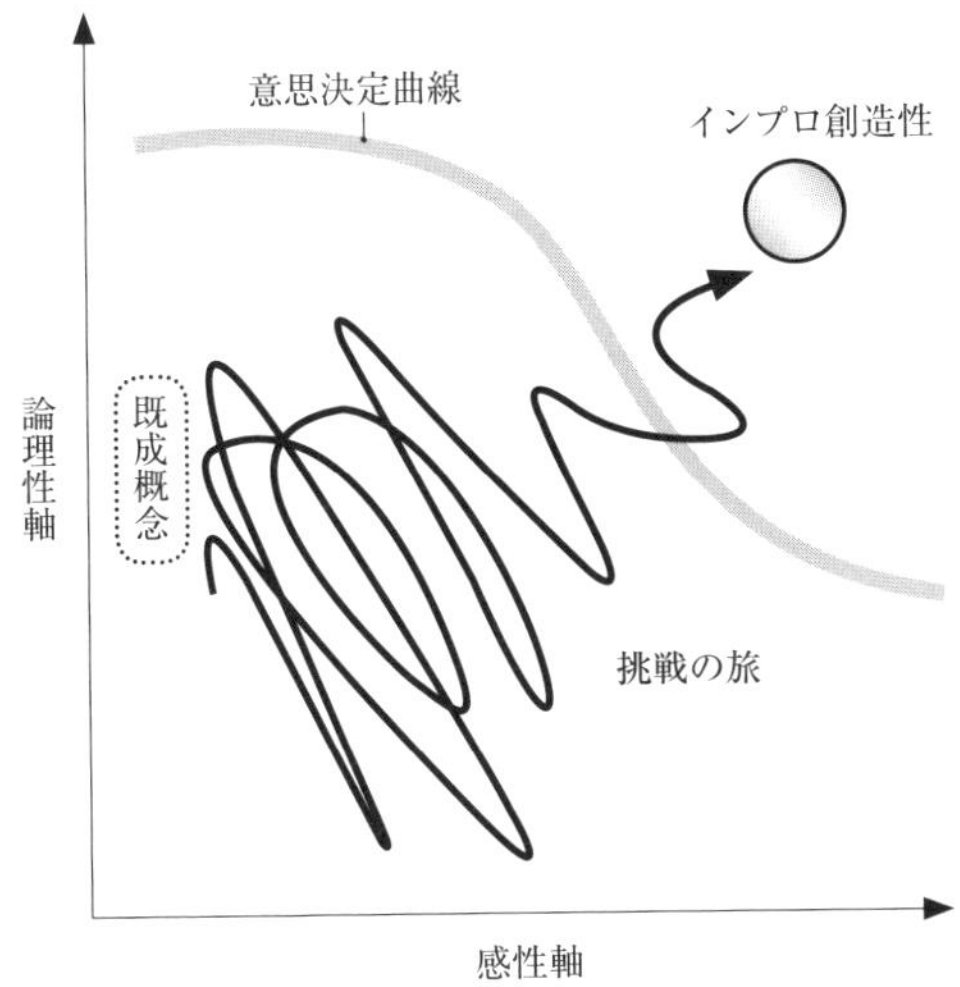

図 10-18 斜め上から見てみよう

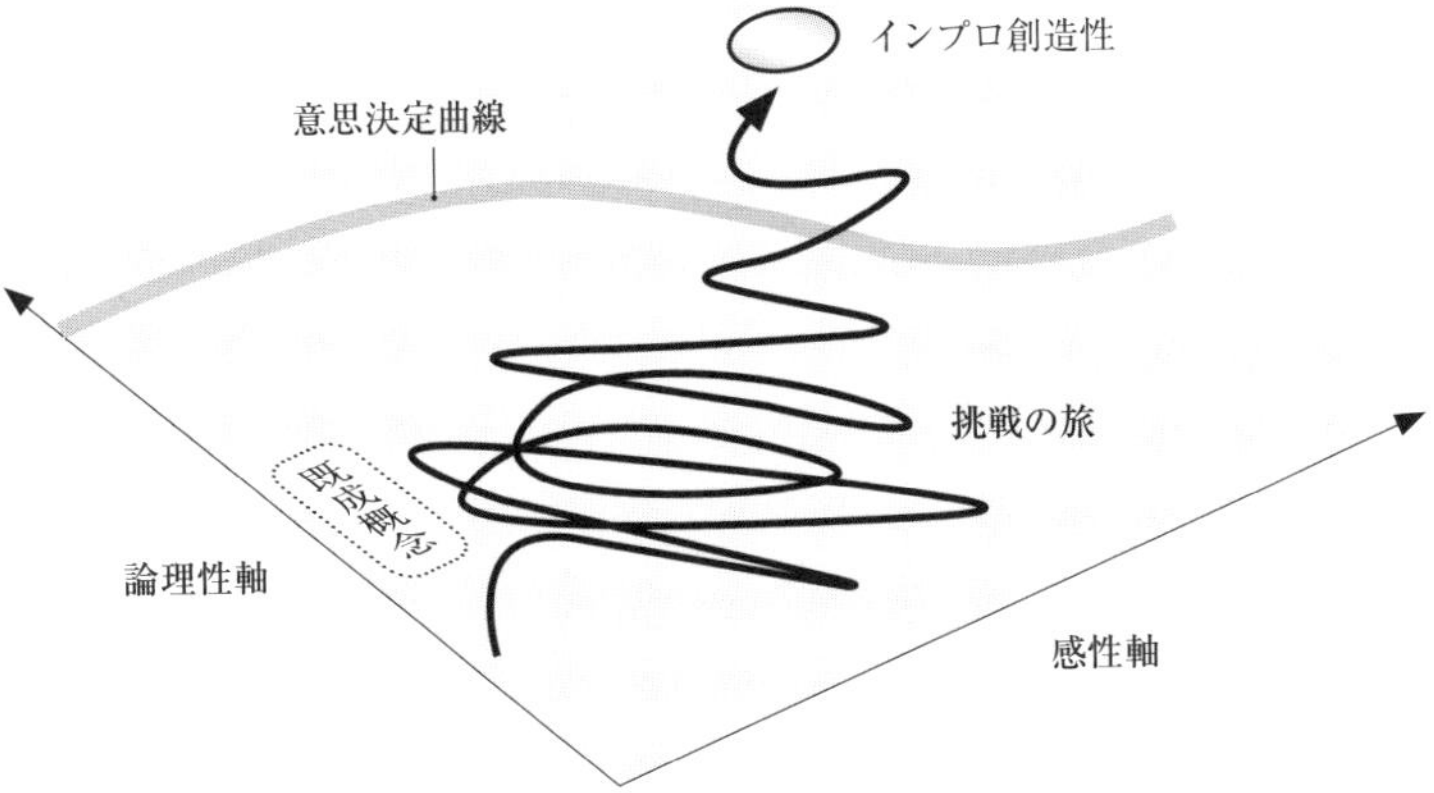

3軸目として「自分軸」を入れてみる

この斜め上から見た2軸平面に、3軸目として自分軸を入れてみると立体図となり、3次元空間に変わります。では、この3次元空間でインプロ創造性に至る「挑戦の旅」はどのように見ることができるでしょうか。

自分軸が上に行くと全体のレイヤーが上がる

まず3軸目の自分軸の動きを見てみましょう。自分軸が上に行くにつれ、「挑戦の旅」のアイデアも上に行き、1つ上の階に上がるように全体のレイヤーが上がります。すると、これまでは右上を目指していたところから、アート思考の目標は「感性軸×論理性軸×自分軸」の3次元空間の「より高いレイヤーの右上」を目指すことになります。

図 10-19 自分軸と2軸平面との統合

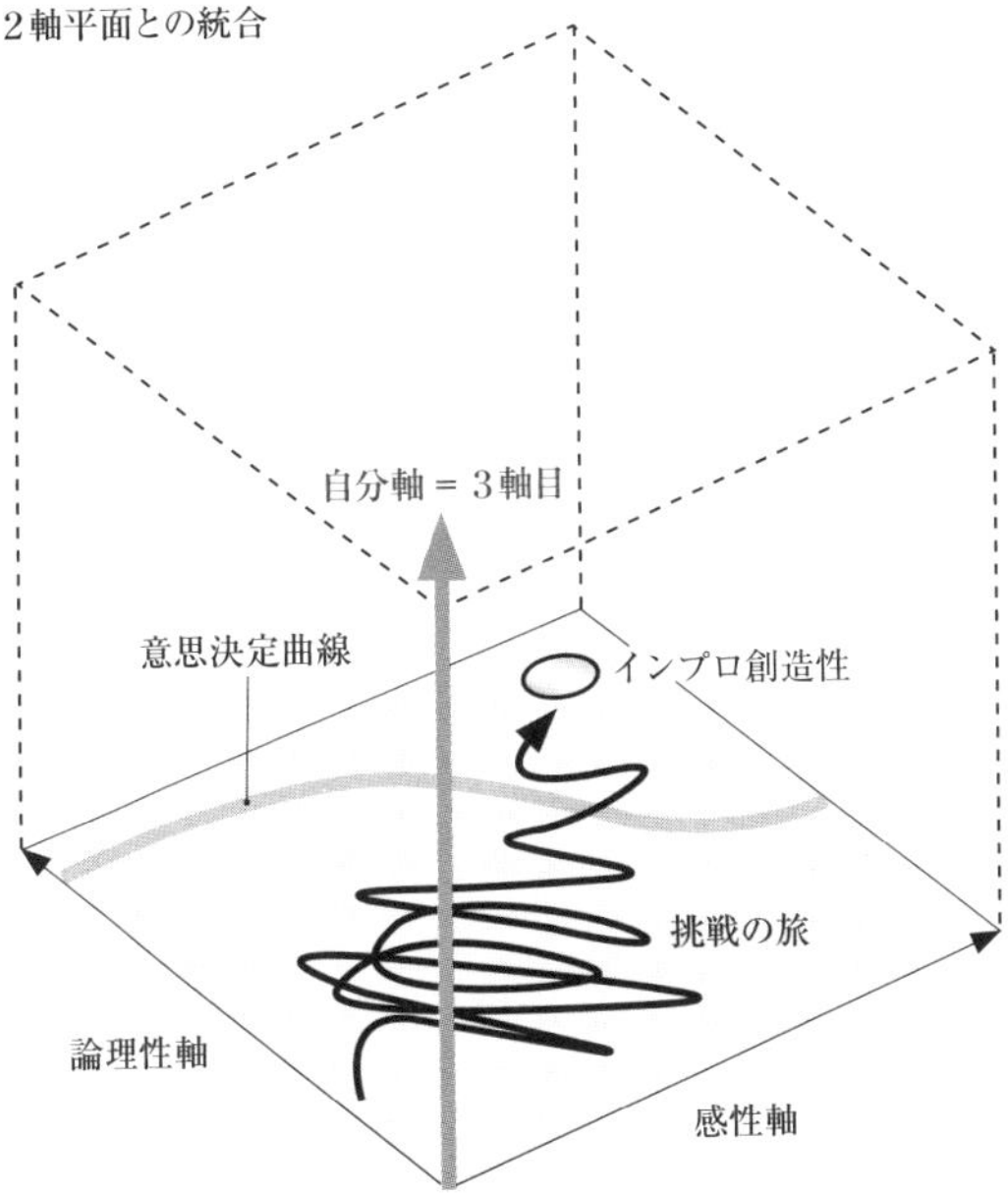

図 10-20 3次元空間で「挑戦の旅」を見てみる

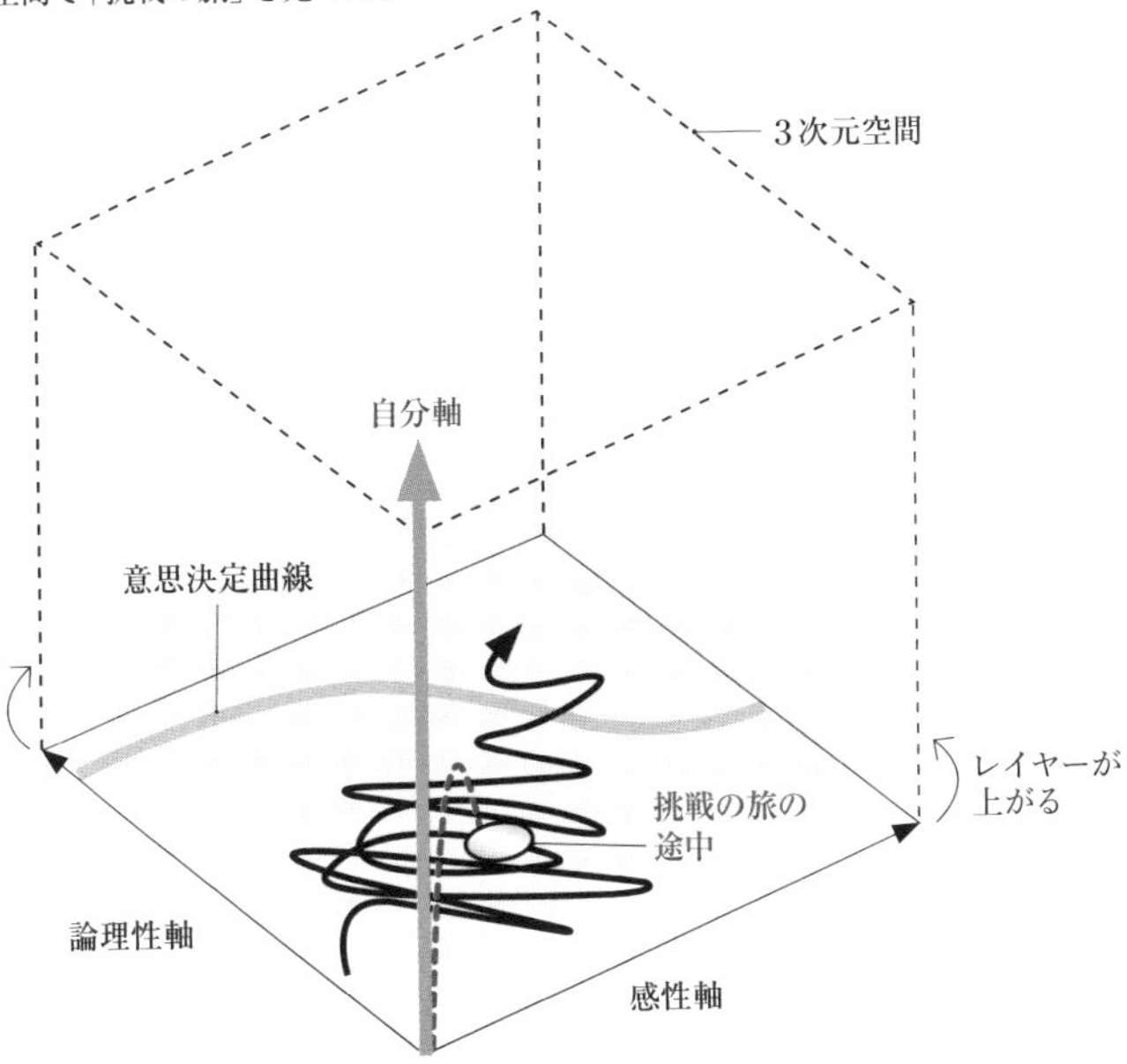

レイヤーが上がると、天井や壁を飛び越えることができる

「より高いレイヤーの右上」を目指すために、自分軸が上に行き、レイヤーが上がると高さが増します。すると、２軸平面で出てきた実現可能性の天井や発想の壁を飛び越え、乗り越えて「挑戦の旅」を走り抜ける描写ができます。

意思決定曲線は高い壁

このとき、意思決定曲線は高い「壁」のように表せます。

図 10-21 レイヤーが上がり、「壁」を突破できる

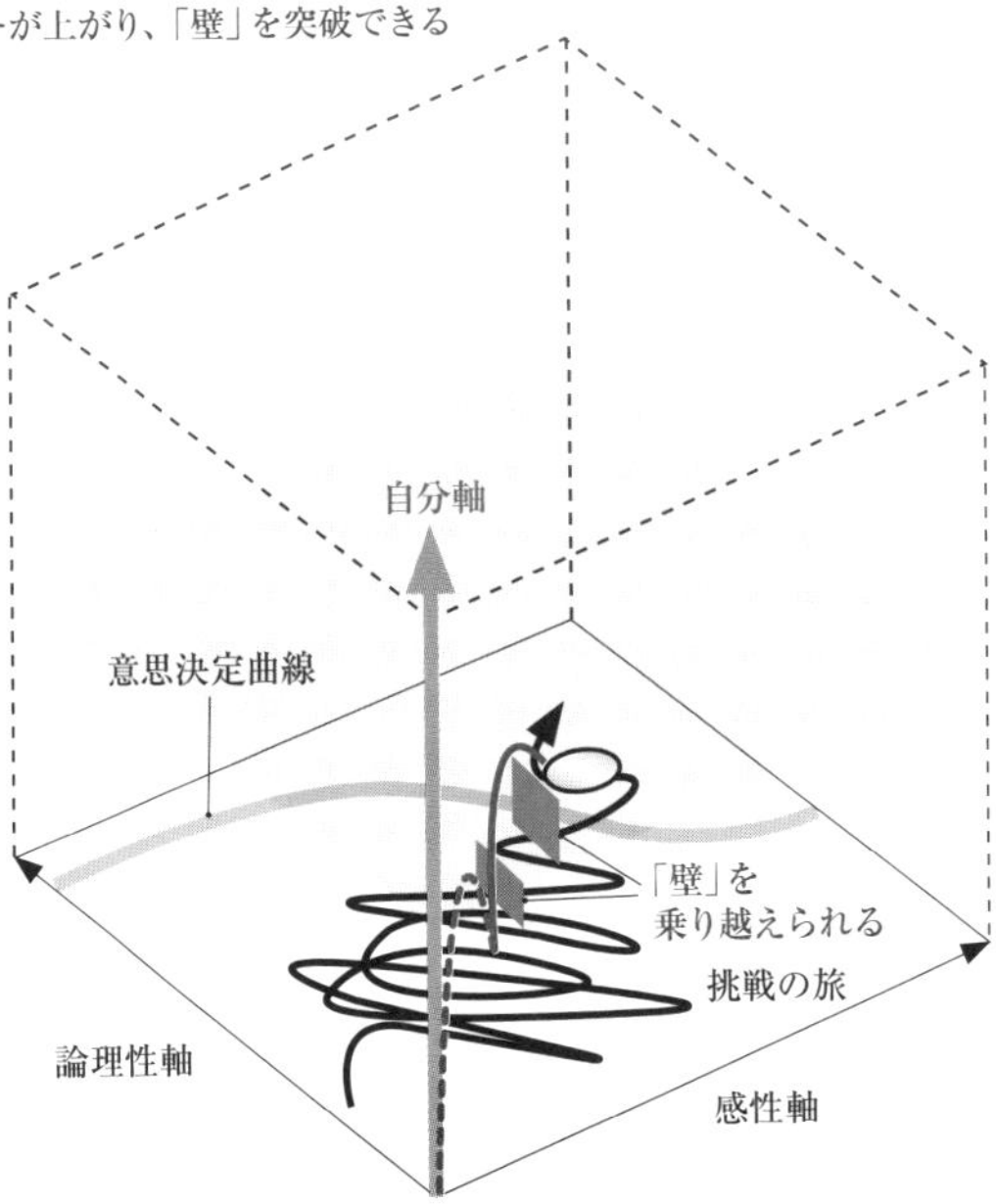

図 10-22 意思決定曲線は「高い壁」のようになる

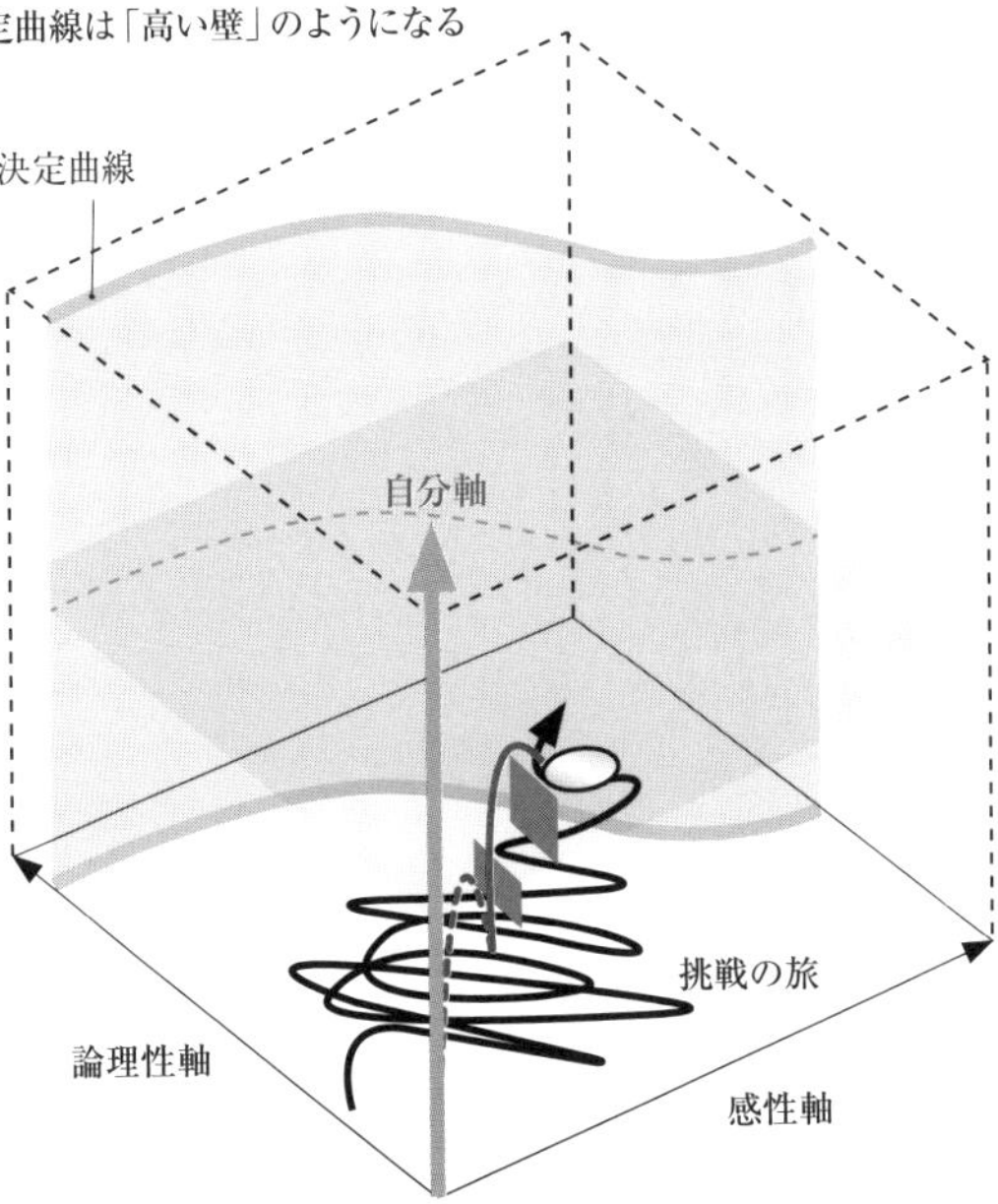

目指すは「より高いレイヤーの右上」

そうして壁や天井を飛び越え「挑戦の旅」を走り抜けると、「より高いレイヤーの右上」に位置するインプロ創造性に至ります。

ここで2軸平面に目を向けてみる

また、これまで2軸平面で見ていたインプロ創造性は、3次元空間のインプロ創造性の写像と言えます。

図 10-23「挑戦の旅」を走り抜け
インプロ創造性へ

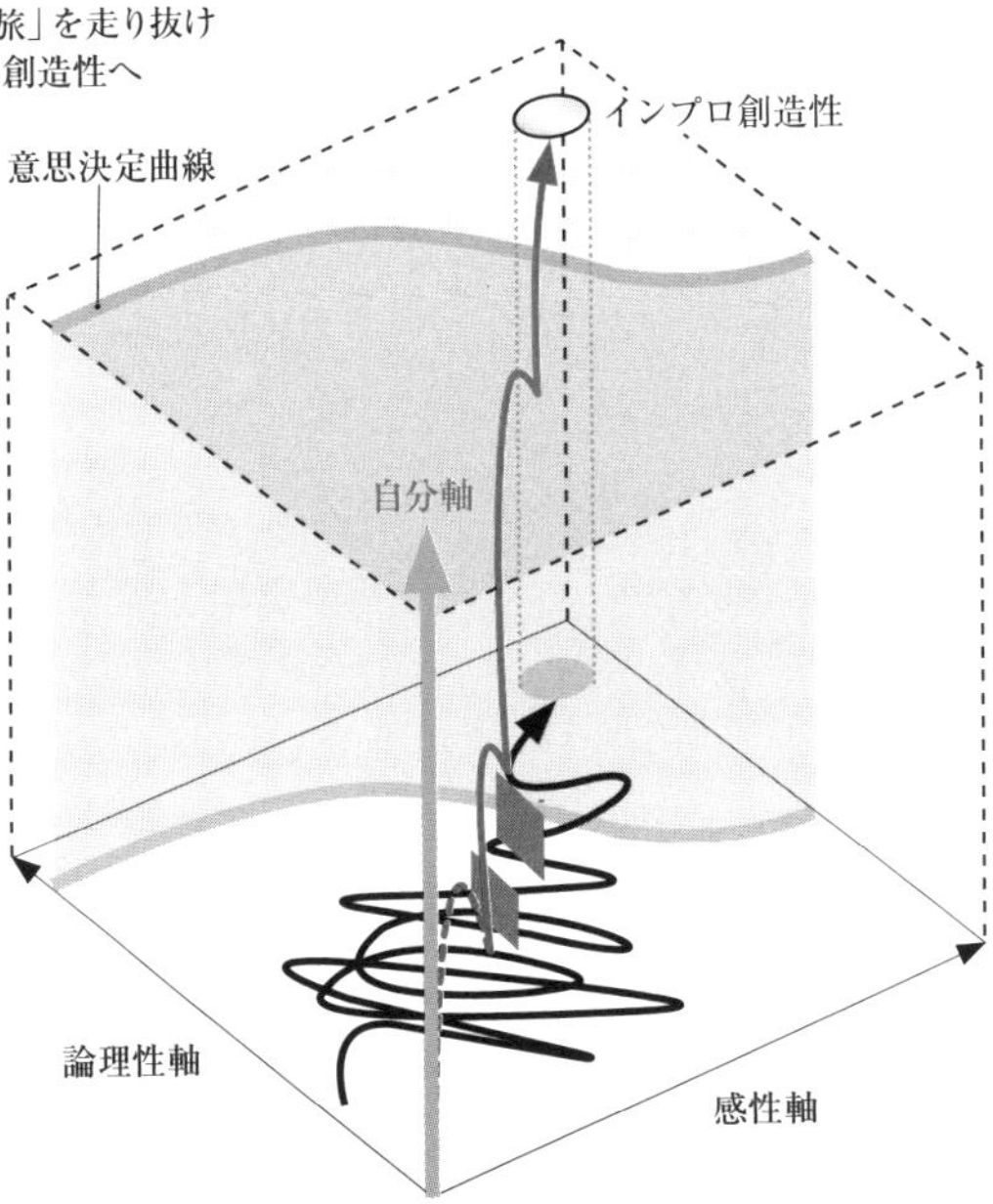

図 10-24 これまでのインプロ創造性は
2軸平面への写像

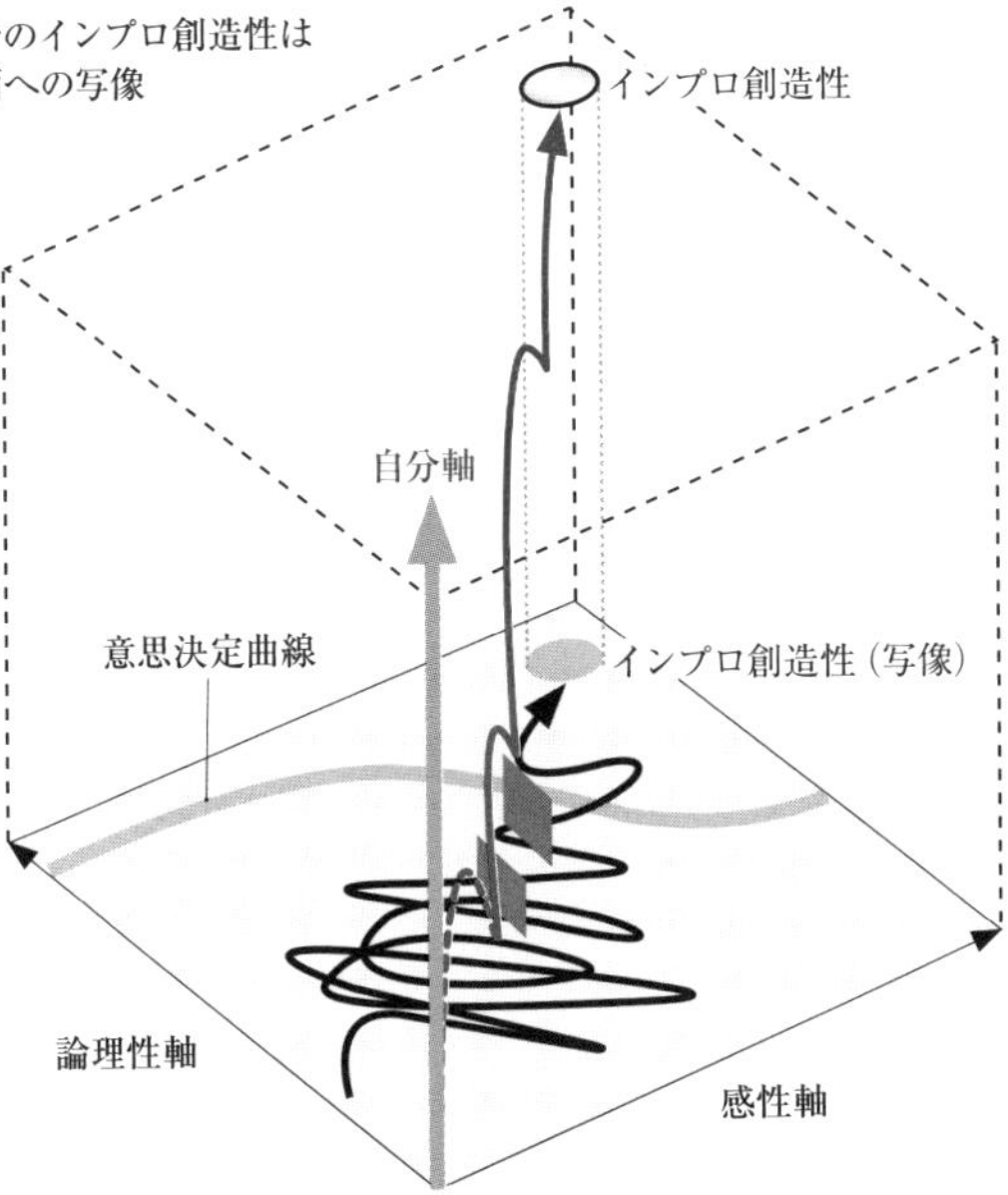

なぜ人は上を目指すのか

こう考えたとき、ハッと気づいたことがありました。

結局、自分軸を意識して上に上がっていく、ということこそが創造性の本質であり、もしかしたらそもそも人間が持っている本質ではないか。逆に下に下がっていくものとは何だろう。意志を持たないで乱雑になっていくことだなぁ。なるほど、熱力学第2法則で言うところの「エントロピーの法則」だ。物質はいずれ乱雑になっていき、デコボコだった山も砂漠のように平坦になっていく。であれば、自分軸の原動力となっている上へ上がっていこうとする力は、エントロピーの反対ではないか。そして私は、自分軸で上に引っ張る力をあり得ないエントロピーという意味を込めて「インプロトロピー」と名付けました。

インプロトロピー

このインプロトロピーは、物質でない有機物である生物が持つ、エントロピーに反する「生物らしい意志を持った本能」ではないだろうか。

そう考えると、エントロピーの対比用語となり、インプロトロピーは生物としての人間の本質を表していると言えるのではないか。

図 10-25 インプロトロピー1

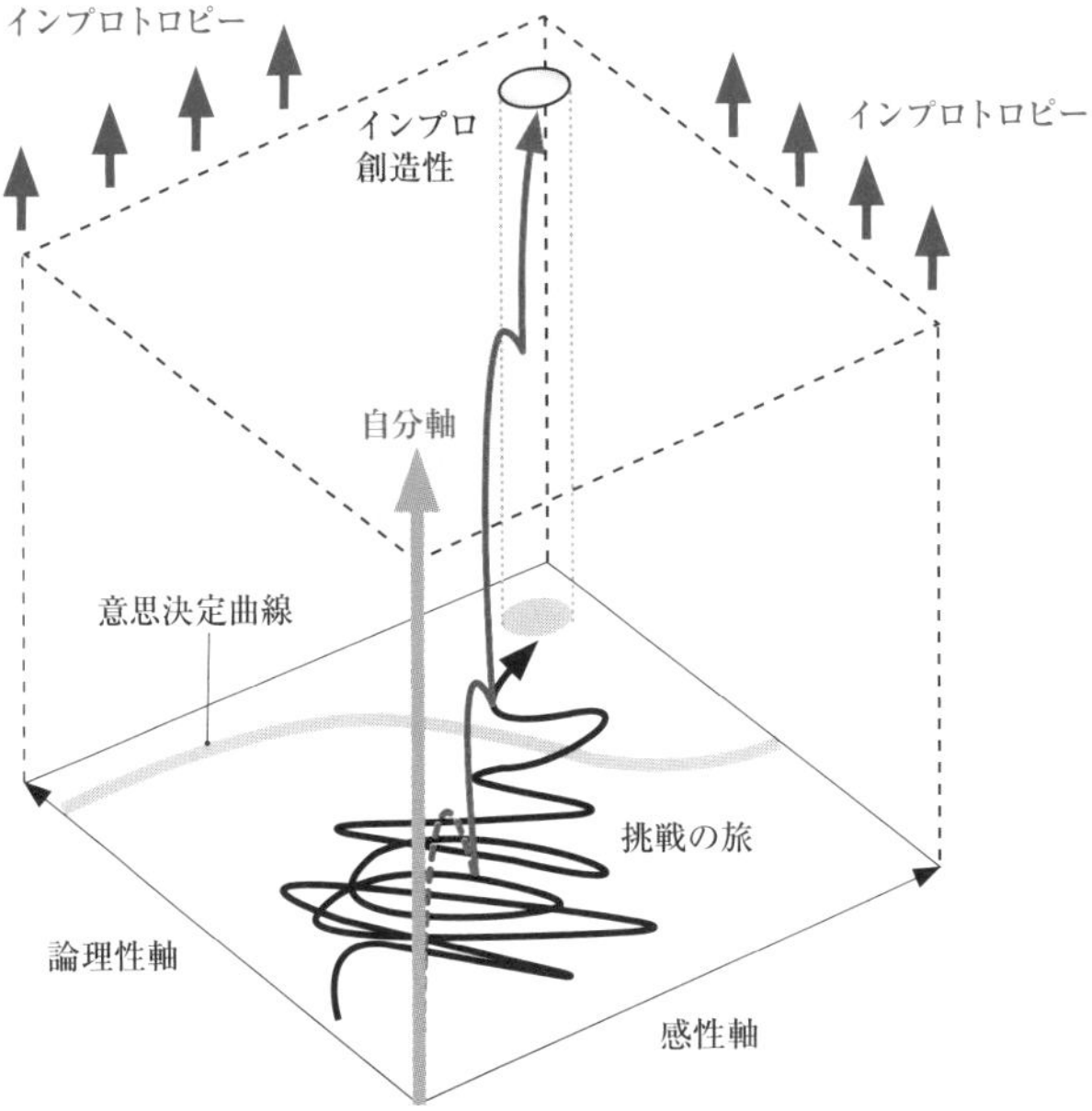

図 10-26 インプロトロピー2

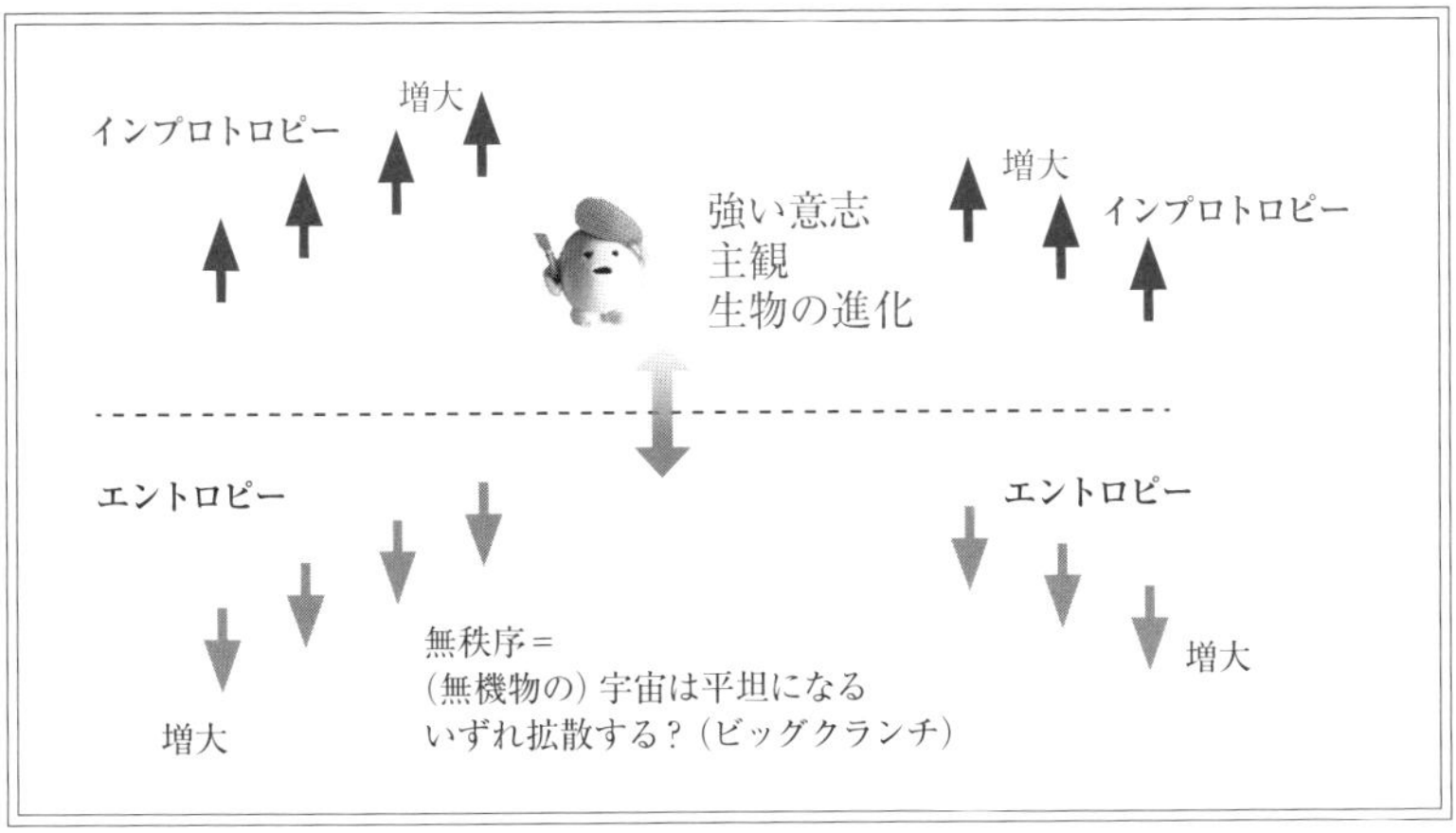

本来の姿

そして自分軸を意識し、感性と論理性のバランスの入った右上を志向することは、生物としての人間の「本来の姿」ではないか。とすると、論理性が強くなり過ぎて、それが既成概念となり、右上を志向せず感性を重視しない状態は、本来の人間の姿を忘れているとも言えるのではないでしょうか。

図 10-27 インプロトロピー

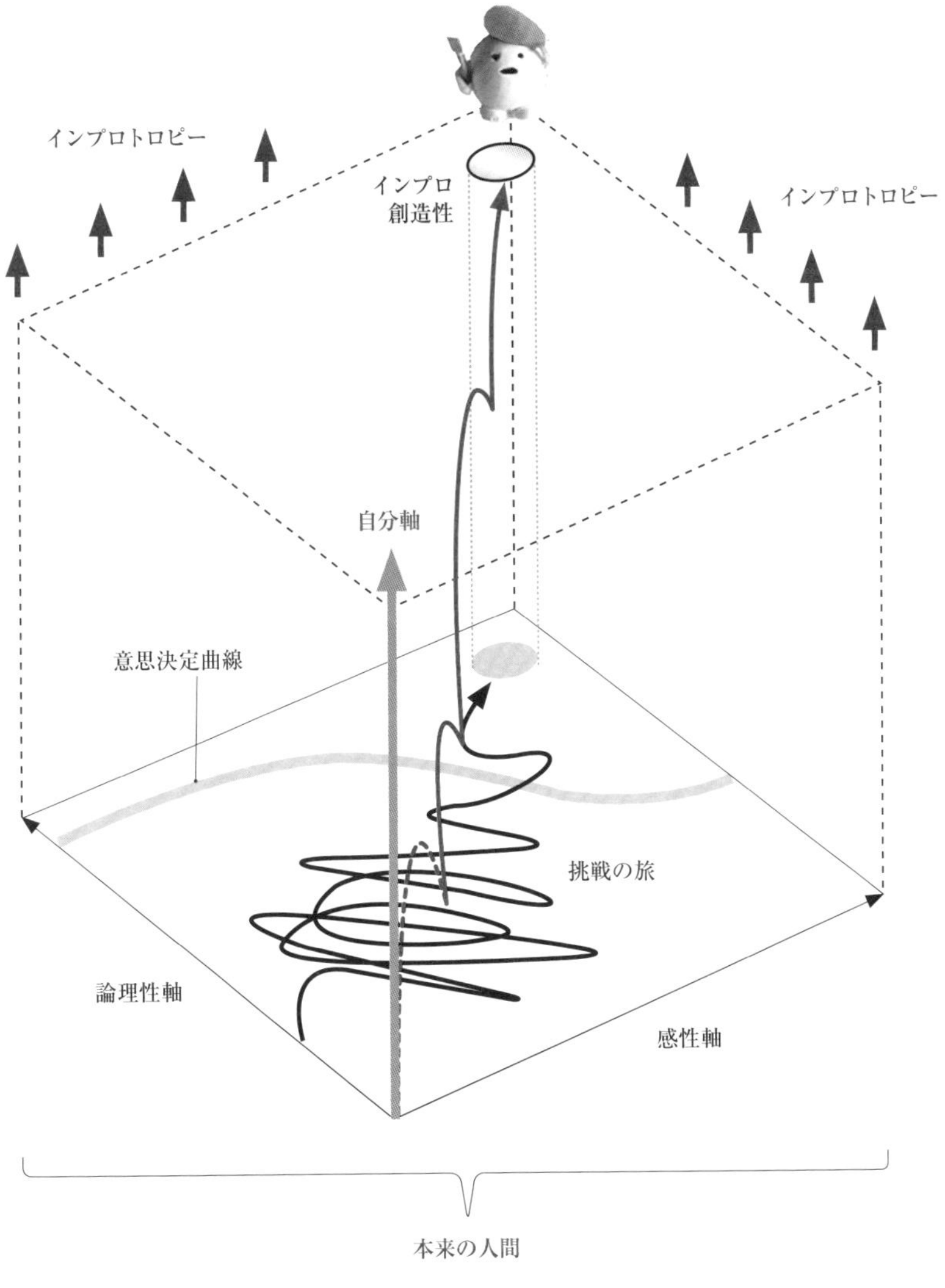

おわりに

社会に出るとたくさんの縛りがあり、気を使う場面もたくさんあります。もちろん多くの人で成り立っている社会なので気遣いは大事なのですが、いつの間にか「自分」への意識が薄れてしまうことが多いようです。自分のことが見えづらくなっている方は、難しいことを考えずに、「昔、言われなくてもやったことは何だっけ？」と思い出してみましょう。面白いと感じたこと、好きだったことは何か、自分の心に聞いてみてください。

例えば私は、昔から様々なアイデアを出し、行動すること、物を作ることが好きでした。それが今につながっているのですが、とても大事にしている考え方があります。きっかけは、中学生の頃の美術の先生との出会いでした。最初の授業で、私たち生徒は校内の様々なところに散らばり、画用紙を広げて各自の好きな風景を「ここかな」と選んで絵を描き始めました。しばらくすると、先生が近寄ってきました。そして「私にも描かせてもらえるかな？」と言って、赤い絵の具でいきなり描き始めたのです。私は「先生、山は緑、川は青ですよ」と伝えました。そのとき先生に言われたことは、一生忘れられません。

「私には、こう見えるの」

そのとき大事なものが私に降りてきました。

「そうか、絵は自分が感じるままに描けばいいんだ」

たった一言でアートの神髄と本質を悟らせる。すごい、と思いました。

それ以降、上手に描こうという意識は一切無くなり、自然を見ても「自分はこの自然から何を感じるかな」ということに関心を持ちました。それが今のアート制作ワークショップの「上手、下手は関係ない。自分の感じるがままを表現しましょう」というメッセージにつながっています。

結局、昔から言われなくてもやったこと、面白いな、好きだな、と思っていつの間にかやっていたこと、そこにヒントがあり、大事なものが隠されている気がします。ワクワクしたこと、興味があることには積極的に取り組んだり、いろいろと考えたりしたはずです。そしてそのときは創造性が自然に出ていたはずなんです。その感覚、忘れてはいけないですよね。

我々はいつの間にかビジネスでの縛りや既成概念にとらわれて、そこに染まってしまっているのかもしれません。だからちょっと昔を思い出して、今からまた同じことをしたり、バージョンアップしてみたり、何かを始めてみたりするのも、いいんじゃないでしょうか。

アート思考は世の中のすべてを解決するものではありませんが、ちょっと変えるきっかけとなればと思います。

創造性は皆にあります。皆さんも「それって面白い？ それってワクワクする？」――そんなことを自分に問いかけながら、楽しんでいろいろなことに挑戦していきましょう。未来から振り返ったとき、皆さんのちょっとした今のひらめきが、社会を大きく変える起点になっているかもしれませんよ。

２０２１年９月

町田裕治

tkts＠NY

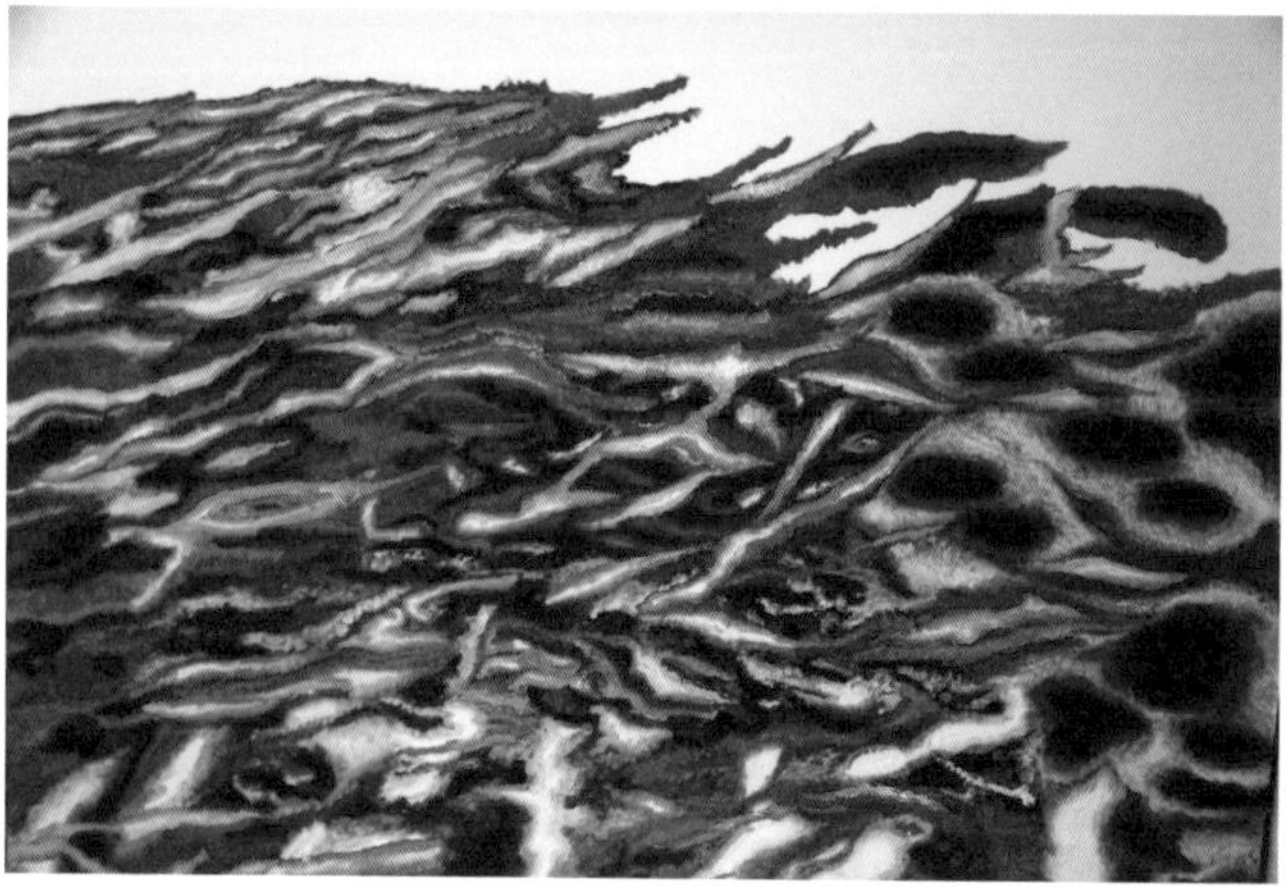

東シナ海

ワイナリー
@Bordeaux

アート思考の旅に 出よう

@Gigondas

Bordeauxの夕暮れ

ヴィンヤード＠Saint-Émilion

ピカソ美術館
@Antibes
ピカソが
見ていた
地中海、青い

セザンヌの
アトリエ
@Aix-en-
Provence

ゴッホ「夜のカフェテラス」のモデル@Arles

Sliced taxis@NY
一眼レフで撮影し、自分で暗室で現像した。楽しかった

60丁目の角@NY

町田裕治 Yuji Machida

BODAI 代表取締役
大学院大学至善館准教授

京都大学法学部卒業後、マッキンゼー・アンド・カンパニーに入社。ハイテク、通信業界、都市開発などを中心に新事業提案、業務改善などのコンサルティングを行い、並行して面接や研修、業績評価の枠組み作成など人事的な仕事に14年にわたり携わる。次席共同経営者を務めた後、リムネット、ユニゾン・キャピタルなどを経て、BODAIを起業。企業再生・組織変革コンサルティング、業務改善、新規事業・IoT/AI事業コンサルティングを行うと同時に、画家としてニューヨークで個展を開くなど、アーティストとしても活動。ビジネス視点で組み立てたアート思考のワークショップを開催している。東京都顧問 都政改革本部特別参与、京都大学産官学連携本部アドバイザーなどを歴任。

仕事に生かすアート思考
感性×論理性の磨き方

2021年9月27日　第1版第1刷発行

著者	町田裕治
発行者	杉本昭彦
発行	日経BP
発売	日経BPマーケティング
	〒105-8308 東京都港区虎ノ門4-3-12 https://www.nikkeibp.co.jp/books/
編集	日経デザイン
装丁	GRAPH＝北川一成
本文レイアウト	エステム
印刷・製本	大日本印刷

ISBN978-4-296-11009-4　Printed in Japan

本書籍に関するお問い合わせ、ご連絡は下記にて承ります。
https://nkbp.jp/booksQA